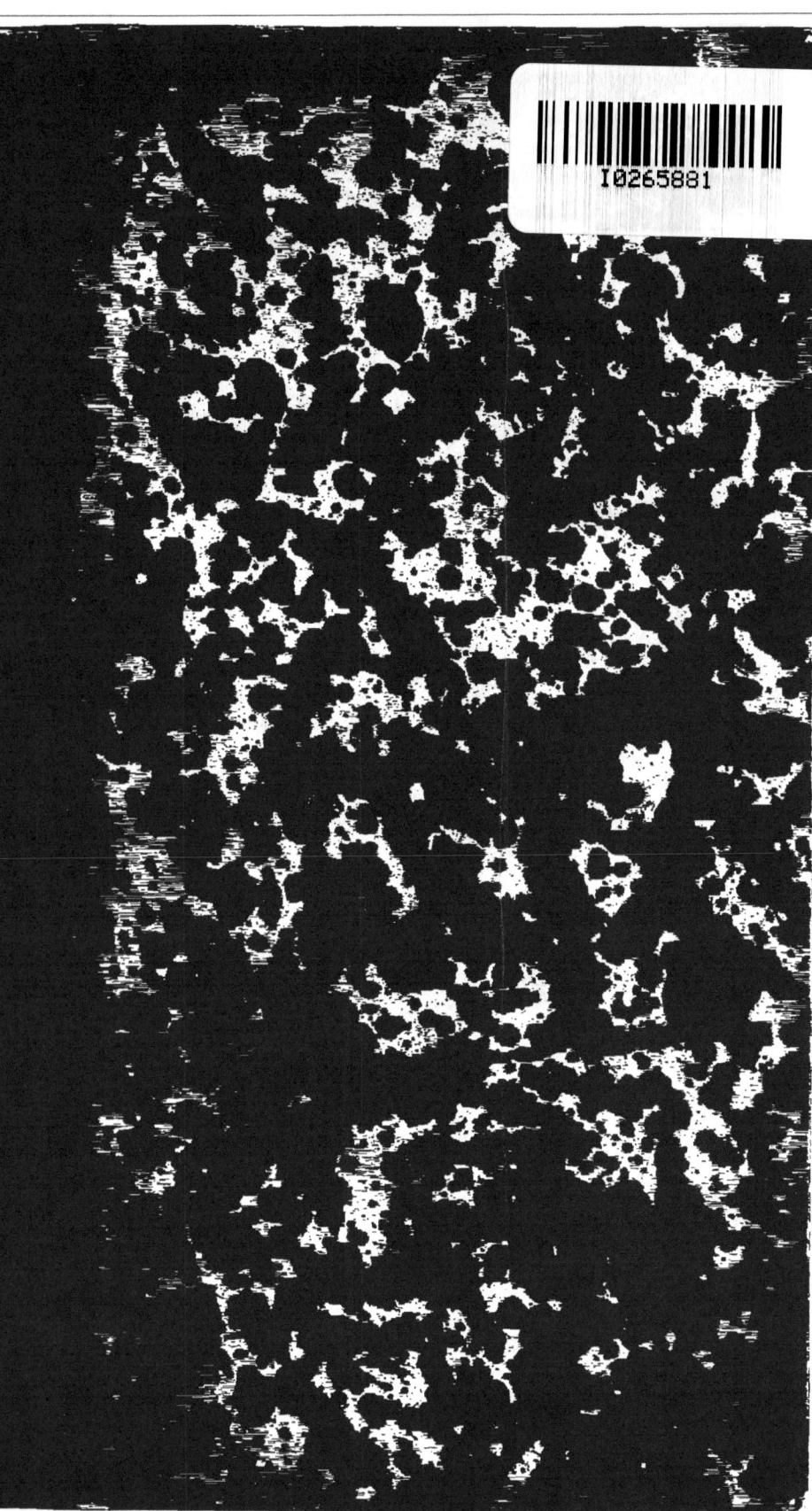

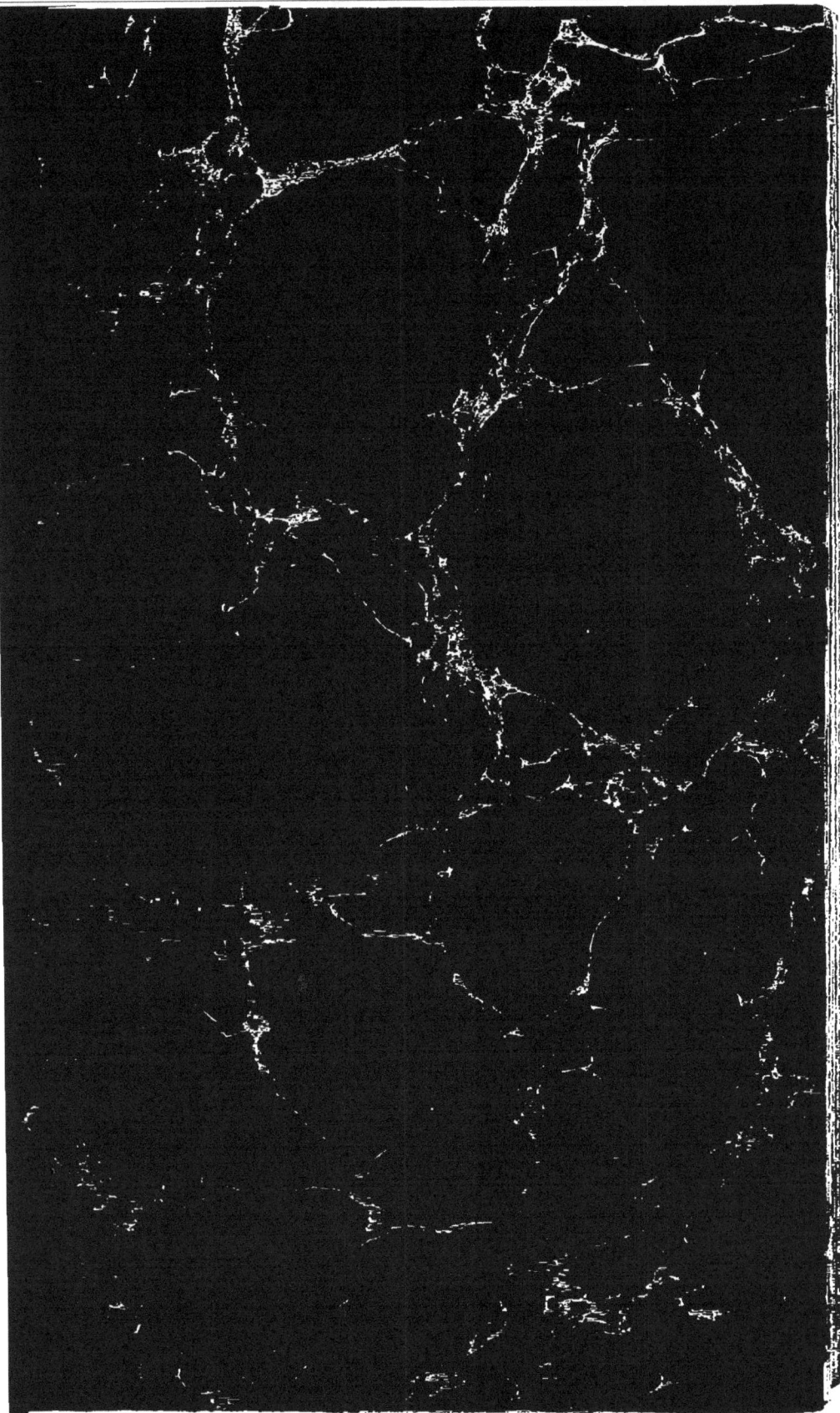

HISTOIRE

DE LA DÉTENTION

DES PHILOSOPHES ET DES GENS DE LETTRES.

IMPRIMERIE DE FIRMIN DIDOT,
RUE JACOB, N° 24.

HISTOIRE

DE LA DÉTENTION

DES PHILOSOPHES

ET DES GENS DE LETTRES

A LA BASTILLE ET A VINCENNES,

PRÉCÉDÉE DE CELLE

DE FOUCQUET, DE PELLISSON

ET DE LAUZUN,

AVEC TOUS LES DOCUMENTS AUTHENTIQUES ET INÉDITS.

PAR J. DELORT.

𝔗ome 𝔇euxième.

PARIS.

FIRMIN DIDOT PÈRE ET FILS, LIBRAIRES,

RUE JACOB, N° 24.

1829.

LA BASTILLE.

Vue du Côté du Pont-Levis.

HISTOIRE

DES PHILOSOPHES

PRÉFACE.

Il me semble entendre crier de toute part à la lecture du titre de cet ouvrage : Encore un écrit pour ou contre les philosophes ! encore une spéculation comme on en voit mille ! Patience : ne jugeons pas trop vite, et hâtons-nous lentement, comme dit Boileau.

Mon but n'est pas de chercher à montrer si les philosophes ont préparé bien à l'avance ou non, les malheurs et les crimes de la Révolution française; et je ne cherche pas plus à faire multiplier les éditions qu'à diminuer la réputation de ces écrivains. D'ailleurs, l'opinion est fixée sur le caractère et les productions des philosophes du XVIIIe siècle. Ce n'est pas non plus, à l'exemple de tant d'autres, avec de vieux livres, que je viens en composer de nouveaux. Voici tout bonnement ce qui a fait naître cet ouvrage, formé de pièces et de morceaux, mais dans lequel il n'entre aucun esprit de parti, quoiqu'il paraisse impossible aujourd'hui d'écrire une seule page sans y glisser un peu de politique.

Le hasard m'a fait déterrer chez un épicier, et dans nos dépôts littéraires, beaucoup de documents authentiques, qui sont le meilleur témoignage que l'on puisse offrir à la postérité, et qui serviront, je l'espère, à redresser des erreurs commises par tous mes devanciers.

Ce n'est pas la première fois qu'il m'arrive de faire de semblables découvertes. Si l'on veut se donner la peine de lire une lettre insérée dans un journal (1), on y verra qu'en parcourant les parchemins et les livres poudreux que vend l'épicier du coin de la rue Montorgueil, j'y ai trouvé une ordonnance de Philippe-le-Bel, qui ne présente point la profession des notaires sous un aspect brillant. En 1304, ce monarque leur interdit le métier de barbier, attendu qu'étant déposi-

---

(1) Le *Drapeau blanc* du lundi 13 août 1821.

taires des secrets de famille, le rasoir les exposait à des écarts trop dangereux. Mais comme le Notariat ne leur offrait point de de quoi vivre, le prince leur permit de se livrer à tout autre métier que celui de faire la barbe.

Si le lieu où j'ai recueilli ces monuments historiques, donnait d'avance mauvaise opinion de l'ouvrage que j'offre au public, je prierais le lecteur de se rappeler que le manuscrit des *Querelles des Deux Frères* fut trouvé chez un épicier de la rue Dauphine (1). Quoique les feuillets de cet ouvrage aient failli servir à envelopper le poivre et la cannelle, on sait que cette comédie, dont l'intrigue est si adroitement conduite, a obtenu le suffrage des hommes de goût.

Qu'on ne s'étonne pas, non plus, de ma manie de fureter dans les vieux papiers que l'on étale dans les rues de Paris. J'ai acquis la certitude qu'en les compulsant, on peut y

---

(1) M. Maugras. Ce fut M. Godde qui le découvrit.

découvrir des chroniques très-curieuses. On sait d'ailleurs, qu'à la prise de la Bastille, les papiers conservés dans cette forteresse depuis des siècles, furent en partie livrés aux flammes, en partie enlevés par des bourgeois et des artisans de toute espèce (1). Mais le prix qu'on a exigé des pièces que j'ai trouvées, prouve combien chaque jour les choses se perfectionnent ici-bas, graces aux progrès de l'esprit du siècle. L'ignorant épicier vendait jadis trois sous la livre de vieux papier, tandis qu'aujourd'hui, connaissant la valeur de sa marchandise, il vend un prix fou la signature d'un roi de France, ou bien la lettre d'un ministre du grand siècle.

Il n'est pas difficile, du reste, d'expliquer la cause de l'augmentation du prix de ces rares monuments qui se rattachent à notre histoire, et que les étrangers nous enlèvent avec une si grande activité, que bientôt nous serons entièrement dépouillés de tout ce qui

---

(1) Voyez, *Histoire de France pendant trois mois*, etc., par le Cousin Jacques, page 80, brochure in-8°, 1789.

pouvait contribuer à la gloire de la France, aussi riche en souvenirs que fertile en grands hommes. La manie de placer des *fac-simile* à la tête de chaque ouvrage, et la création de l'école des Chartes, ont produit ce phénomène, qui paraîtra doublement surprenant, lorsqu'on saura qu'une lettre de François Ier, de mademoiselle de la Vallière ou du bon La Fontaine, sont hors de prix. Que serait-ce, si l'on parvenait à découvrir un autographe de Molière, dont on ne connaît que la signature (1).

Mais, comme on ne doit abuser de rien, surtout de la patience du public, en voilà beaucoup plus qu'il n'en faut pour ennuyer le lecteur et faire courir les amateurs après les vieux papiers.

---

(1) Elle est à la Bibliothèque du Roi.

HISTOIRE

DE LA

DÉTENTION DES PHILOSOPHES

ET DES GENS DE LETTRES.

FRÉRET.

Nicolas Fréret naquit à Paris, le 15 février 1688, de *Charles-Antoine* Fréret, procureur au parlement, et d'*Anne-Antoinette* Ameline, sa femme. Aussitôt qu'il eut appris à lire, il montra un goût si incroyable pour la lecture, dont il faisait son unique amusement, qu'on prévoyait déjà que l'étude serait sa passion dominante. Le vertueux Rollin, connaissant les heureuses dispositions d'un élève si digne de lui, porta tous ses soins à cultiver le génie naissant du jeune Fréret, qui, faisant plus tard son cours de philosophie au collége du Plessis, consacrait ses heures de loisir à l'étude de l'histoire. Ainsi l'on peut dire avec raison que cet homme extraordinaire n'eut point d'enfance, puisque le temps destiné chez les autres aux études élémentaires, fut rempli chez lui par les travaux de l'âge mûr.

La profession honorable mais peu lucrative d'homme de lettres, était donc la seule qui eût des attraits pour lui. Cependant son père avait des vues différentes. Il regardait la carrière du barreau comme plus noble, et surtout plus utile; aussi, par complaisance pour sa famille, le jeune Fréret sacrifia-t-il le goût dominant qui l'entraînait à la volonté d'un père qu'il chérissait. Il étudia le droit, fut reçu avocat, et plaida deux causes avec succès.

Néanmoins, malgré tous ses efforts, comme il luttait contre la nature, et que dans ces sortes de luttes le triomphe appartient toujours au génie, il se vit bientôt forcé de supplier sa famille de ne plus contraindre son inclination. Le père rendit son fils à lui-même. Le jeune Fréret, plein d'ardeur, se livra à l'étude de la chronologie et de la géographie, n'ignorant pas que ces sciences sont les yeux de l'histoire, et qu'avec leur secours on ne s'égare jamais dans les ténèbres de l'antiquité. Avide de connaissances, il n'eut bientôt plus d'autre société que ses livres. On ne le vit sortir de son cabinet silencieux, où il travaillait et méditait sans cesse, que pour converser avec quelques gens de lettres, et surtout avec le comte de Boulainvilliers, dont il devint l'ami, malgré la différence d'âge qui existait entre eux.

Enfin, en peu d'années, il lut presque tous les écrivains de l'antiquité et les auteurs modernes dans tous les genres; mais, quoiqu'il vécût dans la plus grande solitude, la renommée sut déchirer le voile dont il avait voulu s'envelopper. Vers la fin de 1713, l'abbé Sevin le présenta à l'abbé Bignon, qui, habile à connaître les hommes, fut charmé de l'étendue de ses connaissances et de ses travaux précoces, et le regarda comme un sujet si éminemment distingué, que l'Académie des inscriptions se hâta de l'admettre dans son sein. En effet, il fut reçu, le 23 mars 1714, en qualité d'*élève*. Si ce titre était glorieux pour son âge, peut-être était-il au-dessous de son érudition vaste et dirigée par le goût.

Comme il étudiait depuis long-temps notre histoire, il signala son entrée dans ce corps savant par un *discours sur l'origine des Français*, qu'il lut dans la séance publique du 13 novembre suivant.

Ce discours plein d'érudition, mais peut-être trop hardi et peu favorable à la vanité française, quoique appuyé sur des fondements solides, excita, dit-on, l'indignation d'un des membres de l'académie, l'abbé de Vertot, qui dénonça Fréret à l'autorité souveraine, et le jeune érudit fut mis à la Bastille le 26 décembre 1714 (1).

Nous ne contesterons point que ce discours n'ait contribué à appeler sur le savant précoce l'attention du gouvernement; mais cet ouvrage n'en fut pas la seule cause. D'autres motifs avaient provoqué les mesures rigoureuses que le Roi crut devoir prendre à son égard, ainsi que le prouvera la lettre que voici, du chancelier, à M. d'Argenson.

« A Versailles, 26 décembre 1714.

« Monsieur,

« Le Roy a été informé que le sieur Fréret, advocat au parlement, est fort attaché au parti des jansénistes, et cela n'est pas étonnant, puisque sa mère est propre sœur du sieur le Noir de Saint-Claude, qui

---

(1) Ordre contresigné *Voysin*.

demeuroit au Port-Royal des Champs, et qui a été mis depuis, par ordre du Roy, à la Bastille (1). On soupçonne cet advocat d'être autheur de plusieurs libelles contre la constitution, et de faire des écrits et mémoires sur plusieurs natures d'affaires; on me l'a aussi dénoncé comme ayant déjà pris ses mesures pour faire imprimer clandestinement, et sans permission, un livre qu'il a composé contre celui de l'histoire de France du Père Daniel. L'intention du Roy est que vous vous transportiez chez cet advocat sans qu'il puisse en être averti, auparavant que vous le fassiez arrêter et conduire à la Bastille, où il sera

---

(1) En effet Claude le Noir, dit St.-Claude, avocat au parlement, économe des religieuses de l'abbaye de Port-Royal des Champs, fut enfermé à la Bastille le 20 novembre 1707, comme janséniste. Voici d'ailleurs la lettre originale :

« Monsieur de St.-Mars, je vous escris cette lettre pour vous dire que mon intention est que vous receviez dans mon chasteau de la Bastille le nommé le Noir, dit St.-Claude, et que vous l'y deteniez jusques à nouvel ordre. Sur ce, je prie Dieu qu'il vous ayt, monsieur de St.-Mars, en sa sainte garde.

« Escrit à Versailles le 16 novembre 1707.

« Louis.

« Phelypeaux. »

On peut voir aussi, le *répertoire manuscrit des papiers du dépôt de la Bastille, contenant les années et natures d'affaires, etc.*, à la Bibliothèque du Roi, vol. in-folio.

reçu en vertu de l'ordre cy-joint, et que vous saisissiez en même temps touts ses écrits et papiers, soit qu'ils concernent la constitution, l'histoire du Père Daniel, ou toutte autre nature d'affaires telles qu'elles puissent être. Vous connoîtrez, par l'examen exact que vous fairez de ces papiers, si les avis qu'on a donné contre lui sont véritables, et sur ce que vous m'en manderez, Sa Majesté donnera ensuite ses ordres suivant qu'elle le jugera à propos.

« Le sieur Fréret demeure à Paris, chez son père, le sieur Fréret, procureur au parlement, proche Saint-Gervais.

« Je suis, monsieur,

« Vôtre très affectionné serviteur,

« VOYSIN. »

Le lieutenant-général de police s'empressa d'exécuter les ordres du chancelier; et, après avoir fait conduire le jeune Fréret à la Bastille par Pommereuil et Bazin, exempts de robe courte, il adressa la lettre que voici, et le procès-verbal qui suit à M. le garde des sceaux :

« 26 décembre 1714.

« MONSEIGNEUR,

« Les ordres du Roy qu'il vous a pleû de m'adresser à l'égard du sieur Nicolas Fréret fils, advocat, et l'un des élèves de l'académie des inscriptions, viennent d'estre executés, comme la copie de mon procés-verbal vous la faira connoistre : je crois même pouvoir vous asseurer qu'il ne s'attendoit à rien moins; mais comme il s'est trouvé dans son cabinet quantité d'escrits de touttes espèces, l'examen ne pourra s'en faire qu'avec un peu de temps.

« Je suis, etc.,

« D'ARGENSON. »

PROCÈS-VERBAL DE L'ORDRE DU ROY,

Au sujet des papiers scellés et de l'emprisonnement du sieur Fréret fils, avocat au parlement de Paris.

« L'an mil sept cent quatorze, le vingt-sixième jour de décembre, une heure de rellevée, nous Marc-René de Voyer de Paulmy, chevalier marquis d'Argenson, conseiller d'état ordinaire, lieutenant-général de police de la ville, prévoté et vicomté de Paris, en vertu de l'ordre du Roy, porté par une lettre de M. Voysin, secrétaire d'état et chancelier de France, en datte de ce jour, nous sommes transportés avec Jean Haron, que nous avons pris pour greffier d'office, pour l'absence de nos secrétaires ordinaires, et auquel avons fait prêter le serment en ce cas requis, dans la rue des Barres, et en la demeure du sieur Fréret, procureur au parlement, auquel nous avons enjoint de nous conduire dans la chambre de son fils, avocat, à qui nous avions à parler, ce qu'il a fait sur-le-champ; et avons trouvé le dit Fréret fils dans un cabinet qui joint la chambre où couche ordinairement son père, et remarqué qu'il y écrivoit actuellement sur une carte géographique, et lui ayant fait entendre que l'intention de Sa Majesté étoit que nous nous assurassions de tous ses écrits et papiers de quelques natures d'affaires qu'ils concernassent, pour être ensuitte par nous examinés, et rendre compte à monseigneur le chancelier, et après une perquisition exactement faite tant dans le dit cabinet que dans la chambre et la garde-robbe joignante, tous les papiers qui s'y sont trouvés ont été mis dans une cassette de bois blanc qui, aiant été fermée avec deux crochets, nous avons sur icelle aposé les scellés et cachets de nos armes sur les bouts, de quatre bandes de papier, savoir : deux bandes passées à travers la principale ouverture de la dite cassette; une autre bande sur le côté, et la troisième sur le derrière d'icelle; laquelle cassette ainsi scellée, nous avons remise et laissée en la garde du sieur Jean de Chantepie, lieutenant du guet et inspecteur de police, que nous en avons chargé, et qui a signé avec nous, ainsi que le dit Nicolas Fréret fils, avocat au parlement, et le dit sieur Charles-Antoine Fréret, son père, procureur en la dite cour.

« Nicolas Fréret, de Chantepie,

« Fréret, Voyer d'Argenson. »

Fréret, espérant voir l'orage se dissiper, et osant assez compter sur un prompt élargissement pour ne pas concevoir de vives alarmes, tira de cette solitude le même parti que si elle eût été de son choix. Il relut la plupart des au-

DÉTENTION DE FRÉRET. 15

teurs grecs et latins; « fit des extraits, composa des vocabulaires de diverses langues, » selon le témoignage de Bougainville son disciple et son successeur (1). Xénophon, et non pas Bayle, comme quelques biographes l'ont avancé (2), fut un des auteurs auxquels il s'attacha le plus pour charmer sa prison; et c'est sans doute à l'examen approfondi qu'il en fit pendant sa captivité, qui ne fut pas *de peu durée*, ainsi qu'on l'a dit dans la Biographie Universelle (3), qu'il produisit dans la suite son mémoire si remarquable *sur la Cyropédie*.

Bougainville ni personne n'a dit quels furent les ouvrages que Fréret composa à la Bastille. Nous pouvons avancer avec certitude, qu'il travailla à une *grammaire chinoise qu'il écrivit de sa propre main sur du papier rayé rouge.*

Nous pouvons dire également, que lorsqu'il

---

(1) Voyez l'éloge de Fréret, lu à l'assemblée publique de l'académie, le 14 novembre 1749.

(2) Dans le *Dictionnaire Historique* de Chaudon et Delandine, il est dit que « Fréret lut Bayle tant de fois qu'il le savait presque par cœur. »

(3) On ignorait, sans doute, que Fréret resta trois mois et trois jours en prison.

entra dans cette prison, il avait sur lui le *pater*, l'*ave*, le *credo*, les *dix commandements de Dieu*, et trois *formules des lettres traduites en français, avec le ton qui est marqué au côté de la traduction*, ainsi que l'atteste aussi une note manuscrite que nous avons sous les yeux, écrite par un exempt, pour faire connaître les occupations de Fréret lors de sa détention.

Enfin, le 16 mars 1715, ce prisonnier ayant besoin de plusieurs de ses manuscrits pour ses travaux, adressa au commissaire Camuset la note que voici :

« Dans le pacquet intitulé *Iberica*, un vocabulaire et un essay de grammaire de la langue basque, et une dissertation sur le dieu *Endovellicus;* dans le pacquet intitulé *Etymologica*, plusieurs vocabulaires des langues orientales et septentrionales. »

Le lendemain le commissaire Camuset envoya cette même note à M. d'Argenson, en lui écrivant ce qui suit :

« Le sieur Fréret demande, monsieur, les écrits énoncés dans ce mémoire qu'il dit estre dans sa cassette qui est à la Bastille. Je ne les luy donnerois pas que vous ne me l'ordonniez, monsieur.

« Commissaire CAMUSET. »

Le lieutenant-général de police écrivit sur la même note :

« Je ne vois pas qu'il y ayt aucun inconvénient à les luy remettre.

« D'ARGENSON.

« Ce 18 mars. »

Ces manuscrits furent rendus à Fréret le lendemain, et il sortit de la Bastille le dernier jour de mars 1715 (1), et non point le 28 juin, comme l'a dit M. Champollion Figeac, dans la belle édition qu'il a donnée des œuvres complètes de l'homme, dont le nom est célèbre dans l'Europe savante (2).

Le réglement de 1716, qui supprima la classe des élèves académiciens, fit passer Fréret dans celle des associés. Il reprit ses travaux qui offrent les seuls événements de sa vie, et composa un grand nombre de mémoires qui se trouvent dans les différents volumes de la collection académique des Inscriptions et Belles-Lettres. C'est ainsi que renonçant à tout esprit de propriété, et sacrifiant les intérêts de son amour-propre et

---

(1) Note trouvée dans le dossier du prisonnier.
(2) Vie de Fréret, page xxx.

de sa fortune à ceux du corps savant auquel il appartenait, il lui consacra tous les fruits de ses veilles et de sa plume féconde, en mariant sa renommée à celle de ses confrères.

En 1720, le maréchal de Noailles, qui estimait beaucoup ce savant, le pria de présider à l'éducation de ses enfants. Quoique Fréret partageât son temps entre ses livres et quelques amis, ainsi que le font toujours les véritables hommes de lettres, il répondit néanmoins à ce choix flatteur, sans que les soins qu'il donnait à ses élèves nuisissent à ses travaux littéraires.

Comme nous n'avons plus rien à dire maintenant qui ne soit connu, et que l'on a placé avec exactitude sa mort au 8 mars 1749, époque où il entrait dans la 62e année de son âge, nous dirons avec M. Bougainville, que si c'est vivre que de penser, personne n'a vécu plus long-temps que Fréret (1).

---

(1) Il fut inhumé à Saint-Roch, dans le caveau de la chapelle de la Vierge.

VOLTAIRE.

Quoiqu'on ait beaucoup écrit pour et contre Voltaire, on est forcé de convenir que dans cette foule de libelles et d'éloges relatifs au philosophe de Ferney, on ne voit d'un côté qu'une partialité scandaleuse dictée par la passion ; et de l'autre, des éloges si outrés, que la vérité se trouve étouffée sous l'exagération de l'enthousiasme. Si nos historiens, ou, pour parler plus exactement, nos biographes se fussent contentés de suivre l'homme et l'auteur dans sa conduite et dans ses ouvrages, en laissant au public le soin de juger, on n'eût pas été plongé dans une mer d'incertitudes et d'erreurs, et Voltaire serait apprécié à sa juste valeur.

Mais qu'est-il résulté de ce besoin mutuel de plaire aux différents partis, de ces discussions mensongères et déplorables pour la France, cette terre classique de l'honneur ? que les œuvres du philosophe, qui depuis long-temps n'étaient plus les premiers aliments du commerce de la librairie, ont été réimprimées vingt fois depuis dix ans, et envoyées par torrents dans toutes les parties du monde civilisé.

Ainsi donc, les efforts qu'on a faits pour déprécier la gloire de cet homme célèbre, n'ont servi qu'à le rendre plus grand encore aux yeux de la postérité.

Pour nous, qui n'avons vu que de l'indifférence pour les détails (1), et de l'ignorance même dans les divers ouvrages sur la vie de Voltaire (2), quoique écrits par des littérateurs d'ailleurs estimables, nous pensons que le temps n'est pas propice pour montrer le chef de notre littérature sous son véritable jour. Il faut que les passions s'éteignent, que les esprits deviennent calmes, pour entendre raison; que la politique n'envahisse pas le domaine des lettres, et que les coteries et l'intérêt personnel ne guident pas la plume de l'écrivain.

Nous nous bornerons donc, du moins quant à présent, à parler du fondateur de Ferney, du défenseur des *Calas*, du chantre de *Henri IV*, et

---

(1) Condorcet.
(2) Nous n'entendons parler ici que de la partie bibliographique.

de l'historien de *Charles XII*, sous le point de vue des arrestations dont il fut l'objet.

Voltaire porta le nom d'Arouet jusqu'à vingt-trois ans, époque où il fut accusé d'avoir composé une pièce de vers qu'on ne connaît point, et qui avait pour titre : *Puero regnante* ; et les fameux *j'ai vu*, qui ne sont pas de lui (ainsi qu'il le dit dans ses *Lettres sur OEdipe*), mais de Le Brun, *poète du Marais* (1).

Le petit poème satirique déplut fort au Régent. Un jour que ce prince se promenait dans le jardin de son palais, on lui montra le prétendu auteur de cette satire. Il ordonna de le faire approcher. Le poète parut, et le prince lui dit : « M. Arouet, je gage vous faire voir une chose que vous n'avez jamais vue.—Quoi ? répondit le jeune homme à S. A. R. — La Bastille.... — Ah! monseigneur, je la tiens pour vue. »

Néanmoins, le billet suivant fut écrit le lendemain à M. de la Vrillière :

« L'intention de S. A. R. est que le sieur Arouet soit arrêté et conduit à la Bastille.

« Philippe d'Orléans.

« Ce 15 mai 1717. »

---

(1) Voyez ses lettres sur OEdipe.

M. Voyer d'Argenson, lieutenant de police, et que Voltaire désigne sous le nom de *Marc-René* (1), fait prendre le jeune Arouet, qui est conduit, le 17, à la Bastille, et le commissaire Ysabeau s'assure en même temps des papiers du poète, ainsi qu'il est constaté par la lettre suivante à M. Voyer d'Argenson.

« Je me suis rendu, monsieur, à votre porte ce
« matin sur les midy, pour vous assurer de mes très
« humbles respects, et vous rendre compte de l'or-
« dre que vous m'avez envoyé hier de sceller les pa-
« piers du sieur Arouet. Je l'ay exécuté sur le champ,
« et j'ai laissé mes scellés en la garde du sieur Chan-
« tepy, qui s'en est chargé.

« Le commissaire Ysabeau.
« Ce 17 mai 1717. »

On ne permit point sans doute au prisonnier d'emporter la moindre chose avec lui, puisqu'il demanda les objets suivants dont il donna le reçu que voici :

« Deux livres d'Homère, latin-grec ;
« Deux mouchoirs d'indienne ;
« Un petit bonnet ;

---

(1) Voyez la pièce de vers de Voltaire intitulée : *la Bastille*.

« Deux cravattes ;
« Une coiffe de nuit ;
« Une petite bouteille d'essence de geroufle.

« Arouet.

« Ce jeudy 21 may 1717. »

Mais ce n'est pas seulement *pour être accusé d'avoir composé des vers insolents contre le Régent, madame la duchesse de Berri, et contre le gouvernement de l'État,* qu'Arouet fut mis à la Bastille. La pièce suivante, qui paraît être écrite de la main du commissaire Ysabeau, prouvera que le poète avait donné lieu à son arrestation par plusieurs motifs.

« Sur la fin d'avril, me trouvant dans la chambre
« du sieur Arouet avec monsieur de Beauregard, le dit
« Arouet nous demanda s'il n'y avoit rien de nouveau
« et ce que l'on disoit de monsieur le duc d'Orléans et
« de sa fille. Nous luy répondîmes que nous ne savions
« rien. Là-dessus il nous dit que nous étions donc les
« seuls qui ne savoient pas que madame de Berry étoit
« allée accoucher à la Meute. Il se déchaussa, et dit
« en se levant avec fureur, sur ce que nous luy de-
« mandames les raisons qu'il avoit de se plaindre de
« monsieur le Régent. Comment, dit-il, vous ne savez
« pas ce que ce B. m'a fait à l'égard du *Puero regnante*.
« Sur ce que je luy dis en badinant, que c'étoit
« un professeur de jésuite qui l'avoit fait, il me ré-
« pondit que ces messieurs étoient comme le geay de

« la fable, qu'il se paroit des plumes du paon ; qu'il n'a-
« voit point assez de vivacité pour faire de pareil ou-
« vrage, que luy seul les avoit fait. Le jour qu'il a été
« arreté, étant avec luy auprès de la fenêtre, je luy
« demandai pourquoy on l'arretoit. Il me répondit qu'il
« n'en savoit rien. Je lui dis que je croyois que c'étoit
« ses ouvrages qui en étoient cause; il me répondit que
« l'on n'auroit point de preuves qu'il en eut fait, puis-
« qu'il ne faloit se confier qu'à ses véritables amis. Je luy
« demanday s'il n'avoit rien dans ses papiers quy put
« le convaincre. Il me répondit que non, que heu-
« reusement pour luy l'exempt ne s'étoit point saisi de
« la culotte où il y avoit des vers et des chansons, qu'il
« étoit monté aux lieux où il avoit jeté les dits vers et
« chansons. »

L'acte d'accusation qui suit, ne laisse aucun doute que la pièce qu'on vient de lire ait donné lieu à la rédaction de ce procès-verbal :

« François-Marie Arouèt, sans profession, fils du
« sieur Arouet, payeur de la Chambre des Comptes, en-
« tré à la Bastille le 17 may 1717, accusé d'avoir com-
« posé des pièces de poésie et vers insolents contre M. le
« Régent et Mme la D. de Berry, entr'autres une pièce
« qui a pour inscription : *Puero regnante*. Accusé aussi
« d'avoir dit que, puisqu'il ne pouvoit se vanger de
« M. le duc d'Orléans d'une certaine façon, il ne l'é-
« pargneroit pas dans ses satires, sur quoy quelqu'un
« lui ayant demandé ce que S. A. R. lui avoit fait, il
« se leva comme un furieux, et répondit : « Comment,

« vous ne savez pas ce que ce B. m'a fait? il m'a exilé
« parce que j'avois fait voir en public que sa Messaline
« de fille étoit une P. »

« *Signé* M. d'Argenson;
« Deschamps, greffier;
« Le commissaire Ysabeau;
« Bazin, exempt de robe courte. »

Arouet, en effet, avait été exilé à Tulles, le 5 mai 1716, pour le couplet suivant qu'il nia être de lui.

Sur l'air de Joconde, alors fort à la mode.

« Déjà votre esprit est guéri
Des craintes du vulgaire,
Grande duchesse de Berri,
Consommez le mystère :
Un nouveau *Loth* vous sert d'époux,
Reine des *Moabites* :
Faites bientôt sortir de vous
Un peuple d'*Ammonites.* »

Arouet fit la réponse que voici :

« Non, monseigneur, en vérité,
Ma muse n'a jamais chanté
Ammonites ni *moabites;*
Brancas (1) vous répondra de moi;

---

(1) Un des favoris du Régent.

> Un rimeur sorti des jésuites,
> Des peuples de l'ancienne loi
> Ne connait que les sodomites (1). »

S. A. R. accorda au sieur Arouet père, qu'au lieu de la ville de Tulles, son fils fût dans celle de Sully-sur-Loire, où il avait quelques parents dont on espérait que les instructions et les exemples pourraient corriger son imprudence et tempérer sa vivacité. Ce fut là, dit-on, qu'en *faisant l'amour* à une demoiselle des environs de ce château, il composa sa tragédie d'*Arté-*

---

(1) Voyez le recueil manuscrit de chansons, anecdotes satyriques et historiques, tom. IX, page 441, à la Bib. Mazarine.

On lit dans le tom. X, page 357, ce qui suit :

« Sur Marie Louise d'Orléans, duchesse de Berri, morte à la *Meute* d'une indigestion de figues et de melons à la glace..... le 20 juillet, âgée de 24 ans :

> « Babet vient de perdre la vie,
> Quel chagrin pour le dieu d'Amour !
> — Quoi ! Babet de la comédie ?
> — Non, c'est la Babet de la cour. »

On ne sait pourquoi on appelle cette dame *Babet*, car on ne voit point qu'elle s'appelât *Élizabeth*. Quant à la *Babet de la comédie*, c'était une bouquetière très-connue.

mire, et détermina sa maîtresse à se charger du principal rôle. On ajoute même qu'il obtint du duc d'Orléans de revenir à Paris, où sa tragédie et sa maîtresse furent agréées des comédiens français, et l'on raconte l'anecdote suivante à ce sujet :

« Les sifflets étaient alors d'un grand usage. Au premier acte on siffla, et l'on déconcerta la débutante ; au deuxième acte les sifflets redoublèrent. Voltaire, indigné d'un pareil accueil, saute de sa loge sur le théâtre et harangue le public. On le régale d'abord lui-même de fréquents coups de sifflets ; mais lorsqu'on reconnaît l'auteur d'*OEdipe*, on l'écoute d'un grand silence : il parle de l'indulgence qu'on doit aux nouvelles productions et aux nouveaux talents. Dans tout ce qu'il dit, il met tant de raison et surtout tant d'honnêteté, qu'on bat des mains, et qu'on finit par demander *Artémire* et mademoiselle de ***. La tragédie continue au bruit des applaudissements. Peu de jours après cette scène bizarre, il retire du théâtre sa maîtresse et sa tragédie, et va de nouveau, avec l'une et l'autre, s'ensevelir dans la retraite de Sully. »

Tout cela est plein d'erreurs, un seul mot suffit pour le prouver. Cette pièce fut représentée pour la première fois sur le Théâtre Français, le 15 février 1720. Le rôle d'Artémire fut rempli par mademoiselle Lecouvreur, et celui de Céphise par mademoiselle Quinault-Dufresne (1).

Enfin, pour en revenir à l'arrestation d'Arouet, le Régent, par ordre duquel le jeune poète était à la Bastille, ainsi qu'on l'a vu, fut, dit-on, si content du brillant succès de la représentation d'*OEdipe* à laquelle il assistait, qu'il rendit la liberté au prisonnier ; et l'on ajoute que le poète vint sur-le-champ en remercier S. A. R., qui lui dit : « Soyez sage, et j'aurai soin de vous. — Je vous suis infiniment obligé, répondit l'auteur, mais je supplie Votre Altesse de ne plus se charger de mon logement ni de ma nourriture (2). »

Cette scène aurait eu lieu sans doute le 11 avril 1718, puisque c'est à cette époque qu'Arouet sortit de la Bastille ; et cela serait

---

(1) Voyez les journaux du temps, ou bien la vie de Voltare, par M.***, page 47.

(2) Dans les *Remarques historiques et anecdotes sur la Bastille*, il est dit : Il fut (Voltaire) présenté au Régent, qui lui ayant offert gracieusement sa protection : « La seule chose, dit Voltaire, que je prends la liberté de demander à Votre Altesse royale, c'est qu'à l'avenir elle veuille bien ne plus se mêler de mon logement. »

d'autant plus exact, qu'il dit lui-même, dans la préface de sa Henriade, de 1730, qu'il est resté près d'un an à la Bastille.

Je ne conteste pas du tout ce que dit Voltaire; mais pour l'anecdote, elle est tout aussi vraie que la première. Ceux qui l'ont brodée ignoraient sans doute que le jeune poète était sorti depuis long-temps de la Bastille lors de la première représentation d'*OEdipe*, puisqu'elle n'eut lieu que le 18 novembre 1718 (1).

Il faut donc attribuer la sortie d'Arouet à un autre motif, et, pour moi, je ne peux le trouver que dans l'injustice de l'arrestation ou dans la durée de la captivité, si elle ne fut pas due à la sollicitation des parents, ce qui est plus vraisemblable.

On a prétendu que quelques mois après son

---

(1) On a prétendu que Voltaire n'avait pas vingt ans, lorsqu'il produisit son *OEdipe* au théâtre. C'est une erreur, il était dans sa vingt-quatrième année, puisqu'il était né en 1694.

En sortant d'une des représentations d'*OEdipe*, le maréchal de Villars lui dit « *que la nation lui avait bien de l'obligation de ce qu'il lui consacrait ainsi ses veilles.* » — « *Elle m'en aurait bien davantage, monseigneur*, lui répondit le jeune poète, *si je savais écrire comme vous savez agir.* »

entrée à la Bastille (1), M. de Voltaire fut mis dans la tour de la Basinière, et que c'est là qu'il composa plus de la moitié de la *Henriade,* poème connu d'abord sous le titre de *la Ligue.* Malgré nos recherches, nous n'avons pu rien découvrir à l'appui de cette assertion. Nous croirions plutôt qu'il resta sans encre et sans papier.

Quoi qu'il en soit, après cet événement, Arouet changea son nom contre celui de Voltaire, sous lequel il espérait être plus heureux (2), ainsi qu'il l'écrivit à la fille cadette de madame Dunoyer (3), dont il était éperdument amoureux, et qu'il appelait sa *chère Pimpette;* mais il n'en

---

(1) *Remarques historiques et anecdotes sur la Bastille,* page 99, nouvelle édition.

(2) « Plus tard, dit-il, j'ai changé mon nom d'Arouet en celui de Voltaire, afin de n'être pas confondu avec ce malheureux poète *Roi.* »

Arouet de Voltaire est grand, sec et a l'air d'un satyre. C'est un aigle pour l'esprit, et un fort mauvais sujet pour les sentiments.

Note inédite de la police du temps. (Bibliothèque du Roi.)

(3) Madame Dunoyer, auteur des *Lettres historiques et galantes.* Elle demeurait en Hollande avec sa fille, d'une beauté médiocre, qu'elle avait élevée dans la religion protestante.

fut pas moins remis à la Bastille plus tard, et voici à quelle occasion.

Le chevalier de Rohan-Chabot étant à dîner chez le duc de Sully avec Voltaire, trouva mauvais que le jeune poète ne fût pas de son avis. « Quel est cet homme, demanda-t-il, qui parle si haut? — M. le chevalier, repartit Voltaire, c'est un homme qui ne traîne pas un grand nom, mais qui sait honorer celui qu'il porte. »

Le chevalier se leva et sortit; mais à quelques jours de là, il fit guetter Voltaire lorsqu'il était encore chez le duc de Sully, et l'ayant attiré dans la rue sous quelques prétextes, il le fit *rosser* par *six* misérables en sa présence (1). Voltaire vou-

---

(1) Dans un manuscrit du temps nous avons trouvé ce qui suit :

Voltaire reçut, auprès du Pont de Sève, des coups de bâton de la main de M. de Beauregard.

M. Chabot lui en fit donner vis-à-vis l'hôtel de Sully, rue St.-Antoine.

ON FIT LA CHANSON SUIVANTE.

(Or nous dites Marie.)

Or nous dites, poète
Tant de fois critiqué,
Quelle est votre défaite,
Plaideur mal conseillé?

lut prendre M. le duc de Sully à témoin de cet assassinat, et en poursuivre la vengeance. Le duc s'y refusa. Voltaire ne le revit plus : il se ren-

---

Quand le barreau raisonne
De vos piteux exploits,
Un violon vous donne
De l'archet sur les doigts.

Pensez-vous qu'on oublie
Beauregard et Chabot,
La carcasse qui plie
Sous les coups de tricot?
La récompense est digne
De vos nobles écrits;
Mais sauvez votre échigne
De messieurs les Berris.

Dans son poème de la *Bataille de Fontenoi*, le régiment de Berry eut lieu de se plaindre de ce qu'il dit :

MÊME SUJET.

Du Châtelet
Vous n'êtes pas, mon cher Voltaire,
Trop satisfait,
Il vous donne un cruel soufflet :
Thémis paraît, dans cette affaire,
Moins déesse que la Mégère
Du Châtelet.

Voyez le *Recueil de chansons, anecdotes satyriques et historiques*, pag. 247 et 248, tom. XVII. (Bibliothèque Mazarine.)

ferma quelque temps pour prendre des leçons d'escrime, puis il alla trouver le chevalier de Rohan dans la loge de mademoiselle *Le Couvreur*. « Monsieur, lui dit-il, si quelque affaire d'usure ne vous a point fait oublier l'outrage dont j'ai à me plaindre, j'espère que vous m'en ferez raison. »

Le chevalier accepte le défi pour le lendemain, et assigne lui-même le rendez-vous à la porte Saint-Antoine ; mais le soir il porte l'alarme dans sa famille. Pour écarter ce rival, on lui cherche des torts : le plus sûr fut de montrer au duc, Régent du royaume, et qui, comme on sait, était borgne, les vers que Voltaire avait disait-on adressés à sa maîtresse, la marquise de Prie (1) :

> « *Io*, sans avoir l'art de feindre,
> « D'*Argus* sut tromper tous les yeux;
> « Nous n'en avons qu'un seul à craindre,
> « Pourquoi ne nous pas rendre heureux ? »

Quoique ces vers ne fussent pas de Voltaire,

---

(1) Mademoiselle Bertelot de Pleneuf. On fit plus de mille chansons abominables sur cette dame. Voir le tom. II, aux manuscrits de la Bibliothèque Mazarine.

mais bien de Desaleur (1), il fut arrêté le 26 mars 1726, et conduit à la Bastille le 17 avril suivant (2). Voici le billet qu'il adressa au ministre du département de Paris.

« Je remontre très-humblement que j'ai été assassiné par le brave chevalier de Rohan, assisté de six coupes-jarrets, derrière lesquels il était hardiment posté.

« J'ai toujours cherché depuis ce temps à réparer, non mon honneur, mais le sien, ce qui était trop difficile.

« Si je suis venu dans Versailles, il est très-faux que j'aie fait demander le chevalier de Rohan-Chabot chez M. le cardinal de Rohan. »

Voltaire ne sortit pas le 29 avril 1726, comme plusieurs écrivains l'ont avancé ; ils auraient dû dire qu'il obtint à cette époque la faveur d'avoir un *domestique à son choix*.

Nous avons aussi sous les yeux plusieurs lettres qui prouvent que MM. Patu (3), le comte de

---

(1) Voyez la vie de Voltaire par Duvernet, édition de 1797, page 63.

(2) L'ordre était contre-signé Maurepas. On peut consulter le manuscrit original de la Bastille, qui appartient à M. le chevalier de Pixérécourt.

(3) C'est peut-être du fils de ce même Patu, que parlait

DÉTENTION DE VOLTAIRE. 35

Goisbriant, Tiriot, et Domart, son parent, reçurent la permission de le voir (1), ainsi que *Germain du Breuil, chargé de la procuration du sieur de Voltaire pour agir pour ses affaires, et de luy parler toutes les fois qu'il le desirerait*, en pre-

---

Voltaire dans une lettre qu'il écrivit à Palissot, et que voici quoiqu'elle ne soit point inédite :

« Au Chêne à Lausane, 27 octobre.

« La mort de ce pauvre petit Patu me touche bien sensiblement, monsieur. Son goust pour les arts et la candeur de ses mœurs me l'avait rendu cher. Je ne vois point mourir de jeune homme sans accuser la nature. Mais jeunes ou vieux nous n'avons presque qu'un moment. Et ce moment si court à quoy est-il employé? J'ay perdu le temps de mon existence à composer un énorme fatras, dont la moitié n'aurait dû jamais voir le jour. Si dans l'autre moitié, il y a quelque chose qui vous amuse, c'est au moins une consolation pour moy. Mais croyez moy, tout cela est bien vain, bien inutile pour le bonheur. Ma santé n'est pas très bonne. Vous vous en appercevrez à la tristesse de mes reflexions ; cependant je m'occupe avec madame Denis à embellir mes retraittes auprès de Genève et de Lausane. Si jamais vous faittes un nouveau voiage vers le Rone, vous savez que sa source est sous mes fenetres, je serais charmé de vous voir encore, et de philosopher avec vous. Conservez votre souvenir au Suisse Voltaire. »

(1) Nous ne donnons pas ces lettres, attendu que ce ne sont que de simples permissions.

nant néanmoins les précautions ordinaires. Mais les visites devinrent si fréquentes, que la lettre suivante fut écrite à ce sujet au gouverneur de la Bastille.

« Lorsque j'ay permis, monsieur, à M. de Voltaire de voir quelques-uns de ses amis, je n'ay point entendu qu'il recevroit des visites de la part de tous ceux qui le connoissent, et mon intention a été de restraindre cette liberté à cinq ou six de ses amis; engagés-le à vous en donner les noms, afin qu'il ne voye que ceux qui seront compris dans son état, qui ne doit pas comprendre plus de six personnes. Je me compromettrois si les choses étoient autrement, et il est à propos que vous luy fassiés sentir.

« Je suis, avec un dévoument entier et respectueux, monsieur, votre très-humble et très-obéissant serviteur,

« Herault (1).

« Ce 1er may 1726. »

Nous ne pouvons pas connaître les personnes que Voltaire aurait désignées sur sa liste, attendu que la lettre qui suit fut écrite le lendemain à M. Delaunay.

« Je viens de charger, monsieur, le sieur Condé d'un ordre du Roy pour faire sortir le sieur Voltaire de la Bastille; et M. le comte de Maurepas me marque en même tems, par sa lettre du 29 du mois dernier,

---

(1) Lieutenant-général de police.

que l'intention du Roy et de S. A. S. Mgr. le duc est qu'il soit conduit en Angleterre. Ainsi le sieur Condé l'accompagnera jusqu'à Calais, et le verra embarquer et partir de ce port. Je vous suplie de faire faire au sieur Voltaire une soumission par écrit de se conformer à ces ordres.

« Je suis avec un respectueux dévoüement, monsieur, votre très-humble et très-obéissant serviteur,

« HERAULT.

« Ce 2 may 1726. »

Voltaire se soumit à cet ordre, et partit pour l'Angleterre, après un séjour de quinze jours à la Bastille, et non de six mois, comme on l'a dit.

Maintenant qu'il est prouvé qu'on prêta bien des vers au philosophe de Ferney de son vivant, je laisse à penser combien d'ouvrages on a pu lui attribuer depuis sa mort.

Les trois lettres qui suivent sont de Voltaire; nous croyons faire plaisir au lecteur en les joignant à son article, d'autant plus qu'elles ne sont point connues :

A MONSIEUR DE MARVILLE, LIEUTENANT-GÉNÉRAL DE POLICE.

« Me pardonerez-vous, monsieur, mes fréquentes importunitez. Le comissaire La Vergée n'étoit point chez luy. Si vous aviez la bonté de donner un ordre par écrit, son clerc expédieroit les pièces, et les donneroit au porteur chargé de vos ordres. Je vous demande très-humblement pardon; mais le temps me presse. Je vous suplie d'être persuadé de la tendre et respectueuse reconnoissance de   oltaire.

« Ce mardy. »

AU MÊME.

« Mars, 1732.

« Je vous renvoie, monsieur, l'indigne et impertinent ouvrage en question; je vous souhaitte toujours de pareils ennemis. Ceux qui écrivent contre vous ne méritent pas d'écrire mieux. Je vous suplie de me regarder toutte ma vie comme l'homme de France qui a le plus de mépris pour les écrivains d'un parti si odieux, qui est le plus pénétré d'estime pour votre sage administration, et qui a le plus tendre attachement pour votre personne. Quiconque aime la justice tempérée par la vertu la plus douce, doit vous aimer. C'est avec ces sentiments et avec la plus respectueuse reconnaissance, que je serai toujours,

« Monsieur,

« Votre très-humble et obéissant Serviteur,

« VOLTAIRE. »

AU MÊME.

« 25 juillet 1738.

« Monsieur,

« Je me donnerai bien garde de vous prier de vous

ennuyer à la lecture du livre que j'ay l'honneur de vous présenter (1); mais je ne peux m'empêcher de saisir cette occasion de vous marquer combien je vous suis attaché, et de vous faire souvenir d'un ancien serviteur qui compte toujours sur vos bontés. Je suis avec respect,

« Monsieur,

« Votre très-humble et très-obéissant serviteur,

« VOLTAIRE. »

Ces couplets, faits sur madame de Marville, une des femmes les plus coquettes de cette époque (1747), laissent à penser que Voltaire n'était pas seulement l'ami du mari.

Fils de Vénus, daigne changer
La beauté qui m'enchante :
Le tourbillon est moins léger,
L'onde est moins inconstante :
Tout nouvel objet est le sien;
Pour la fixer que faire ?
Sans vouloir s'attacher à rien,
Elle veut toujours plaire.

Courir le bal et le sermon,
L'abbé, le militaire,
Un philosophe, un papillon,
Un pantin, *un Voltaire :*

---

(1) Éléments de la philosophie, de Newton.

Tout amant lui devient égal,
    Sans peine et sans mesure,
Et je me trouve le rival
    De toute la nature.

Amans, dans son volage cœur
    Un jour vous aurez place :
Goûtez promptement ce bonheur,
    Le temps qui fuit s'efface :
Mais flattés d'un espoir si doux,
    Quelle erreur est la vôtre,
Quelquefois même son époux
    Est traité comme un autre (1).

---

(1) Recueil déjà cité, page 265 et 266, tom. XVII, Bib. Mazarine.

LENGLET DU FRESNOY.

Nicolas Lenglet du Fresnoy, dont le père était perruquier, naquit à Beauvais, le 5 octobre 1674, et fit ses premières études à Paris. La théologie fut le principal objet de ses travaux. Il était encore sur les bancs de l'école, et dans la seconde année de son cours de théologie, lorsqu'à l'âge de vingt-deux ans il publia, au mois de mai 1696, un opuscule en forme de lettre, d'autant plus remarquable, qu'on l'attribua à un savant dominicain. Cet ouvrage excita la curiosité publique, par la manière vive et piquante dont il était écrit; mais on sut bientôt quel en était le véritable auteur, et il n'en fallut pas davantage pour faire connaître le jeune Lenglet. Ses talents, en effet, se développaient de la manière la plus rapide. L'on voyait déja, qu'écrivant avec une liberté cynique, il n'exagérerait point le mérite des écrivains sur lesquels il exercerait sa plume. On prévoyait aussi le goût (pour ne pas dire la fureur) qu'il aurait un jour de s'ériger en juge littéraire, ignorant sans doute le danger inévitable qu'offrent toujours les fonctions délicates de la magistrature du Parnasse.

Pendant qu'il faisait sa licence, il donna, en 1698, un *Nouveau-Testament*, avec des notes historiques et critiques. Il arriva, au sujet de ce livre, une aventure assez plaisante pour être rapportée. La voici :

Comme Lenglet n'avait pas mis son nom à cet ouvrage, un chanoine de Sainte-Geneviève, professeur de théologie au séminaire de Reims, se l'attribua modestement. Il en fit des présents à tous les supérieurs de la congrégation, et en reçut des compliments ; mais quelque temps après les journalistes de Trévoux rendirent compte de l'ouvrage, et le restituèrent à Lenglet. L'abbé et le prieur de Sainte-Geneviève, qui croyaient que les jésuites voulaient dérober au professeur de Reims la gloire de son travail, se proposaient d'agir pour obliger les journalistes à se rétracter ; cependant ils voulurent avoir auparavant une explication avec l'abbé Lenglet. On chargea de cette commission le Père Saboust, bibliothécaire. Le jeune auteur laissa entrevoir la vérité, et lui conseilla de ne pas ébruiter une affaire fâcheuse pour le professeur de Reims, qui d'ailleurs, assure-t-on, était un habile homme. Celui-ci ayant appris ce qui se passait, et craignant surtout les brocards de ses confrères, s'enfuit un matin de son couvent, après avoir laissé dans sa chambre un billet par lequel il avertissait qu'il quittait la congrégation, mais qu'il se conduirait de façon à ne lui faire jamais de déshonneur. Il se retira chez les Grisons, où il enseigna la théologie jusqu'à sa mort.

On attendait avec impatience, du précoce et savant théologien Lenglet, quelque nouvelle production relative à l'état qu'il embrassait, quand tout à coup le ministre des affaires étrangères (1) l'envoya à la cour de l'électeur de Cologne, Joseph-Clément de Bavière, qui résidait à Lille, et où il fut admis en qualité de premier secrétaire pour les langues française et latine. Lenglet se livra à la politique et aux négociations, en abandonnant momentanément la théologie et le culte des Muses, sans s'arrêter à l'idée que cette nouvelle carrière pourrait le conduire à la fortune qu'il ambitionnait peu.

Étant à Lille lorsque le prince Eugène se rendit maître de cette ville, il obtint un sauf-conduit pour tout ce qui appartenait à la cour élec-

---

(1) Le marquis de Torcy, en 1705.

torale, et sa position le mit à même de déjouer les projets de quelques traîtres que les ennemis avaient su gagner en France. Mais « la découverte la plus importante qu'il fit dans ce genre, fut celle d'un capitaine des portes de Mons, qui devait livrer aux ennemis, moyennant cent mille piastres, non-seulement la ville, mais encore les électeurs de Cologne et de Bavière qui s'y étaient retirés (1).... » Le traître fut convaincu et subit la peine de son crime : il fut rompu vif.

Lors de la conspiration du prince de Cellamare (2), en 1718 et 1719, Lenglet du Fresnoy fut choisi par le ministère pour pénétrer cette intrigue, et Michault, de Dijon, rapporte qu'il ne voulut s'en charger que sur la promesse qui lui fut faite, qu'aucun de ceux qu'il découvrirait ne serait condamné à mort. Il rendit de grands services à cet égard, ajoute le même auteur; et non-seulement on lui tint parole par rapport à la condition qu'il avait exigée, mais

---

(1) Mémoires pour servir à l'Histoire de la Vie et des ouvrages de M. l'abbé Lenglet du Fresnoy, pag. 3, édition de 1761, in-12.

(2) Il était ambassadeur d'Espagne, et logeait alors à l'hôtel Colbert, rue Neuve des Petits-Champs.

encore le Roi le gratifia dès-lors d'une pension dont il a joui toute sa vie (1).

Il y a une grande erreur dans tout ceci, et l'historien ignorait sans doute que Lenglet fut mis à la Bastille le 15 septembre 1718.

Nous allons placer les pièces authentiques sous les yeux du lecteur : il verra qu'il n'est pas douteux que cet abbé voulait brouiller M. le Régent avec M. le duc de Bourbon, et par là faire naître la guerre civile dans le royaume. Voici la première lettre écrite à M. le duc de Bourbon.

« Monseigneur,

« Un inconnu qui a cherché plus d'une fois à donner à Votre Altesse Sérénissime des marques de son zèle, se trouve chargé, depuis quelques jours, de lui découvrir des choses d'une extrême importance pour la seureté et la gloire de votre personne ; mais je n'ose, monseigneur, m'hazarder de me présenter devant Votre Altesse Sérénissime, sans en avoir auparavant obtenu la permission.

« Je suis connu du sieur Aymon, officier de la chambre de Sa Majesté, qui demeure à l'hôtel des Ambassadeurs. Comme il est pénétré d'un zèle très

---

(1) Mémoires pour servir à l'Histoire de la Vie et des ouvrages de M. l'abbé Lenglet du Fresnoy, pag. 35.

sincère et très vif pour V. A. S., il rendroit témoignage jusqu'où je souhaiterois porter celui que j'ai toujours eu pour le plus respectable de nos princes.

« Je suis avec un très profond respect,

« Monseigneur,

« De Votre Altesse Sérénissime,

« Le très humble et très obéissant serviteur,

« L'abbé Lenglet du Fresnoy.

« Paris, ce 7ᵉ septembre 1718. »

Peu de temps après, Lenglet fabriqua le mémoire suivant au nom du Parlement, et le présenta, non pas au duc du Maine, comme on l'a dit dans la Biographie universelle, mais au duc de Bourbon, ce qui est bien différent.

« La conjoncture présente est très heureuse pour monseigneur le duc, parce qu'elle peut lui être très glorieuse ; et que la gloire doit être le principal objet d'un prince de Condé. L'État est près de sa chûte, par une déprédation des finances qui n'a point d'exemple ; par un mépris des loix et des usages qui ont été respectés des rois les plus absolus. S'il se présentoit un chef entreprenant, on ne doit pas douter, quand ses intentions ne seroient pas bonnes, qu'un grand nombre de mécontens ne se joignissent à lui.

« Que ne doit-on pas espérer de M. le duc, lorsqu'il voudra remettre tout en règle, et que, soutenant l'autorité des loix du royaume, il soutiendra en même temps la puissance royale dont elles sont le plus ferme appui. On n'a jamais douté de la droiture de ses intentions. La démarche qu'il vient de faire en demandant l'éducation du Roi, en est une preuve ; mais elle ne le mènera à rien de grand ni d'utile, s'il ne pense sérieusement à réunir à la surintendance le commandement de la maison du Roi, qui en a été séparé contre le droit naturel, puisque celui qui est chargé de sa personne sacrée doit avoir les moyens de la défendre.

« Ce commandement devient aussi un moyen pour sauver l'État, parce que, quand on prouvera qu'on donne de mauvais conseils au Régent, il sera obligé d'en suivre de bons. M. le duc est en état de les appuyer, et M. le Régent ne pouvant alors lui rien opposer qui fût capable d'arrêter ses bons desseins.

« M. le duc ne peut douter de la disposition du Parlement, par l'attachement que cette compagnie a toujours eu pour la sérénissime maison des Condé. Tous les vœux sont pour lui, et tous les yeux sont tournés vers lui. S'il ne répond pas à l'idée que l'on a conçue ; s'il trompe nos espérances, il perdra un avantage qu'il ne recouvrera jamais ; et il sera regardé comme complice d'un désordre qui parviendra aux plus grands excès, et qui détruira un grand royaume auquel sa naissance lui donne droit, et qu'il est engagé par elle d'aimer et de défendre.

« Nous pensons trop avantageusement d'un prince qui voit tant de héros parmi ses aïeux, pour croire qu'il soit détourné d'une entreprise si juste et si glorieuse par l'amour des plaisirs. Il peut les accorder avec sa gloire : c'est ce qu'a su faire le grand Condé, quand à dix-neuf ans il gagnoit des batailles.

« On ne soupçonne point non plus M. le duc de se laisser séduire par des artifices et par une facilité à lui fournir de quoi satisfaire ses goûts. Law s'est déjà vanté qu'on l'amusera agréablement avec de l'argent. Si M. le duc en vouloit, il en auroit d'une manière qui seroit plus digne de lui, en prenant, dans le royaume, l'autorité que lui donnent sa naissance et ses grandes charges. Il n'a pas même lieu de se flatter: s'il ne se fait craindre, il ne disposera de rien.

« Si ce mémoire étoit plus étendu, on entreroit dans un détail qui prouveroit tout ce qu'il contient; mais pour peu que l'on y réfléchisse, on y suppléera aisément: et, plus M. le duc examinera la situation des affaires et la sienne propre, plus il se convaincra de la nécessité d'entrer dans la connoissance de toutes les affaires d'une manière convenable à son rang. A l'égard des moyens, il faut les concerter avec de bonnes têtes du Parlement; et ce petit mémoire ne s'étendra point sur cet article. Mais on supplie S. A. S. de faire attention que ceux qui approchent le plus de M. le Régent, sont plus hardis et moins habiles que n'étoit le cardinal Mazarin. Ils pourront bien se permettre ce qu'il n'a pas exécuté; ainsi il n'y a point de temps à perdre.

« On doit ajouter ici une réflexion, c'est que le président de Novion, très-habile et très-attaché à la maison de Condé, ne peut cependant donner le branle à cette affaire que sourdement. Le peu de contentement que sa compagnie paroît avoir de sa conduite, le rend presque inutile; et il seroit à craindre que le premier président né se raccommodât avec la cour, pour se mettre à couvert du crédit du président de Novion auprès de M. le duc, peut-être aussi qu'il pourroit être gagné.

« Il faut, surtout, que M. le duc fasse attention que le secret est l'âme des grandes affaires. Un prince a plus de mesures à prendre qu'un autre pour garder le sien : il a toujours dans sa maison les pensionnaires de la cour. Ceux que l'on voit inaccessibles à l'argent, sont pris à des piéges moins grossiers. Ainsi, les princes ne doivent, dans les affaires, mettre dans leur confiance que ceux dont ils ne peuvent se passer. Si M. le duc présente sa requête brusquement, et sans que son dessein soit connu, il sera exempt de tant de contraintes, et à couvert des infidélités. C'est de quoy j'ose le supplier par un pur effet de zèle pour S. A. S. »

Le prince après avoir lu ce mémoire, l'envoya à l'abbé Pucelle, et mit en marge du premier feuillet :

« M. l'abbé Pucelle peut prendre confiance à celuy
« qui luy portera ce mémoire.

« L. Bourbon. »

Peu de jours après, Lenglet du Fresnoy adressa au duc de Bourbon un nouvel écrit sur le même objet. Le prince écrivit de sa main des réponses à la marge. Ces réflexions, qui étaient restées inconnues, méritent d'être recueillies.

Les voici telles qu'elles sont disposées dans la pièce originale :

REPRÉSENTÉ.	RÉPONSES.

A S. A. S. Monseigneur le duc.

1º L'attachement du Parlement à S. A. S. et à la sérénissime maison de Condé.

Le Parlement ne m'en a pas donné de preuves au lit de justice, ni le lendemain.

2º Que le Parlement, sur les mauvais traitemens qu'on luy faisoit, n'a point voulu rompre avec la cour, dès qu'il a vu que S. A. S. avoit la surintendance de l'éducation de S. M.

J'ai fort peu de reconnoissance de ce fait, parce que si le Parlement est demeuré tranquile, c'est par raport à luy, et non par raport à moy.

3º Que S. A. S. peut voir, par la déclaration violente que l'on avoit dessein de publier contre le Parlement, ce que l'on pourroit faire contre elle, si les personnes qui approchent de monseigneur le Régent trouvoient leur intérêt dans ces violences.

Étant avec M. le duc d'Orléans, comme j'y suis, je ne crains point les mauvais offices que l'on me peut rendre auprès de luy.

4º Que le seul moyen qu'ait S. A. S. pour se mettre à couvert, est de demander le commandement de la maison du Roy.

Que ce commandement m'est inutile, parce que, comme l'on ne peut rien faire contre moy que l'on ne fasse contre M. le Régent, par l'union qu'il y a entre nous deux, non-seulement j'aurois la maison du Roy, mais j'aurois toutes les troupes françoises.

5º Que le Parlement est disposé à y contribuer pour la conservation du chef de la maison de Condé, que la cour regarde comme celui de nos princes en qui elle peut avoir plus de confiance, tant par rapport à la droiture de ses intentions pour le bien public, que par l'attachement que cette compagnie a toujours eu pour la sérénissime maison de Condé.

Si j'avois à l'avoir, je le voudrois tenir du Roy, et non d'aucun autre.

6º Que les membres de cette compagnie ne desirent rien tant que de prendre de concert, avec S. A. S., les mesures nécessaires pour y réussir.

Je m'imagine que le Parlement voudroit prendre des mesures avec M. le duc d'Orléans, parcequ'il doit être seur que je ne ferai rien sans lui en parler.

7º Le Parlement ne parle point en cela dans l'intention de lever autorité contre autorité. C'est au contraire pour maintenir la puissance

Il ne s'agit point de comparer l'autorité du Roy avec celle du Parlement; car pour comparer deux autorités, il faut qu'elles soient à

royale dans toute sa pureté, sans que personne puisse y donner atteinte. Ceux qui font faire ces représentations sont éloignés de tout ce qui s'appelle parti. Leur attachement de devoir et d'inclination à S. A. S. fait qu'ils risqueront tout pour témoigner à ce prince, à quel point le Parlement veut concourir avec monseigneur le duc dans les vues droites et sincères qu'il a toujours eues.

peu près égales, et comme en cette occasion la différence est du maître au valet, il n'étoit pas nécessaire de parler de cet article.

8° Nous savons que l'indisposition de M. le duc d'Orléans est plus sérieuse qu'on ne le fait paroître dans le public, et il seroit nécessaire que S. A. S. commençeat de bonne heure à prendre des mesures secrètes avec le Parlement, pour éloigner tous les obstacles que l'on pourroit former contre la régence de S. A. S., en cas que M. le duc d'Orléans vînt à mourir.

9° Comme on ne compte pas au Palais-Royal que M. le duc d'Orléans soit immortel, nous savons encore, qu'en cas de mort de S. A. R., l'on y a eu déja des vues pour faire déclarer Régent M. le duc de Chartres, en luy donnant néanmoins une Régente, soit Madame, soit madame la duchesse d'Orléans. C'est un embarras que M. le duc ne peut éviter que par une liaison secrète avec le Parlement.

Comme M. le duc d'Orléans a eu la Régence par sa naissance, et qu'un enfant, qui a besoin d'un tuteur, ne peut pas l'être d'un autre, si nous étions assez malheureux de le perdre, je ne crois pas qu'il y eût de difficultés.

10° On n'ignore pas dans le monde l'ascendant que monseigneur le duc a sur M. le Régent; et l'on scait aussi que c'est la cause principale de la jalousie secrète que S. A. R. a conçue contre ce prince; et s'il montoit sur le trône, monseigneur doit compter qu'il croiroit n'avoir plus rien à ménager, et feroit éclatter tout son ressentiment contre S. A. S.; elle ne peut se mettre à couvert de ce côté-là, qu'en se tenant étroitement lié avec le Parlement.

M. le Régent vient, dans le lit de justice, de montrer assez qu'il n'a aucune jalousie contre moy; et de plus, comme je sçais sa manière de penser à mon égard s'il devenait Roy, bien loin de craindre son ressentiment, je suis bien seur qu'il me donneroit encore plus de preuves de son amitié.

Du Fresnoy fut arrêté le 15 septembre de la

même année, et constitué prisonnier au château de la Bastille. Voici les différents interrogatoires qui eurent lieu au sujet de cette détention.

INTERROGATOIRE DU SIEUR LENGLET.

« Ce jourd'huy vingt-septième septembre 1718, Nicolas Lenglet, prêtre du diocèse de Paris, licencié en théologie, demeurant rue des Quatre-Fils, au Marais, à Paris, déclare qu'il y a environ six semaines qu'il reçut une lettre du sieur d'Hoym, fils d'un ministre du Roy de Pologne, adressée à la dame présidente Ferrand, demeurant rue Saint-Honoré, près le cul-de-sac de l'Orangerie; par cette lettre le sieur d'Hoym marquoit que le sieur Lenglet méritoit d'être connu de la dite dame. Ayant remis cette lettre à la dite dame chez elle, la première conversation qui se passa en présence du président de Gournay, roula sur des matières indifférentes. Deux jours après, luy abbé Lenglet, étant retourné chez la dite dame, et se trouvant seuls, elle lui parla beaucoup sur la mauvaise administration du gouvernement, et lui lut un mémoire qu'elle avoit composé à ce sujet; et après différens propos sur ces matières, ils se séparèrent. Environ huit jours après, étant retourné chez la dite dame sur les quatre ou cinq heures après midi, il la trouva avec différentes personnes, desquelles il ne connoît que le sieur abbé Gedouin, chanoine de la Sainte-Chapelle; la dite dame le mena dans un cabinet en particulier, où, étant seuls, elle lui parla de rechef sur le gouvernement, et lui fit lire le mémoire qu'elle lui avoit montré la première fois. Après cette lecture, la dite présidente demanda, à lui Lenglet, s'il ne connoissoit personne chez M. le duc, parcequ'elle avoit dessein de lui faire remettre ce mémoire, qu'elle souhaitoit cependant qu'il ne fut point écrit de sa main; à quoi, lui Lenglet, ayant répondu qu'il pouvoit trouver de l'accès auprès de M. le duc par le sieur Aymond, officier de la chambre du Roy, dont il est portemanteau, et que lui Lenglet copieroit le mémoire; elle lui remit l'original, le priant de lui raporter le lendemain, ce qui fut exécuté. Le lendemain matin, lui Lenglet, étant revenu chez la dite dame Ferrand, qu'il trouva dans son lit, il lui remit l'original du mémoire, et lui montra la copie qu'il en avoit faitte, lui proposant de corriger certains endroits dont les expressions paroissoient trop fortes, ce que la dite dame approuva; et le dit Lenglet lui lut les corrections qu'il avoit faittes (nous déclarant, le dit sieur Lenglet, que la copie qu'il fit du mémoire de la dite dame, et sur laquelle il mit les corrections, est la même qu'il a dans sa poche, dont il l'a tirée pour nous la représenter, et qu'il a paraphée), ce qui finit la conversation, dans laquelle cependant le sieur Lenglet s'engagea à trouver des moyens de présenter le mémoire à M. le duc. Le lendemain le dit sieur Lenglet alla trouver le sieur Aymond, qui loge à l'hôtel des Ambassadeurs extraordinaires, et lui expliqua qu'il avoit un mémoire important concernant le Parlement qu'il vouloit présenter à M. le duc. Aymond répondit qu'il n'étoit pas à portée de se mêler de cette affaire; mais qu'il alloit parler au sieur Destain, contrôleur de M. le duc, et qu'il rendroit réponse à lui Lenglet, qu'il n'avoit qu'à l'attendre dans le jardin de l'hôtel de Condé. Trois quarts d'heure après, Aymond rejoignit l'abbé Lenglet, et lui dit que le sieur Destain avoit répondu qu'étant domestique de M. le duc, il ne lui convenoit point de parler de pareilles affaires. Sur cette réponse, lui Lenglet se détermina d'écrire à M. le duc la lettre dont il nous a représenté la minute qu'il a paraphée, laquelle il porta le lendemain chez la présidente Ferrand; et l'ayant informée de ce qui s'étoit passé, elle approuva la lettre proposée, ajoutant que l'on prendroit son parti suivant la réponse. Que si le duc demandoit si quelques auteurs des mémoires vouloient être nommés, il pourroit citer l'abbé Pucelle, parceque M. le duc pouvoit le voir lui-même, ou envoyer chez lui quelques personnes de confiance, et que, suivant la démarche que feroit M. le duc, elle, présidente, donneroit un état des chefs de meutte de chaque chambre. Le sieur Langlet porta lui-même la lettre au suisse de l'hôtel de Condé, lequel l'envoya le même jour à Chantilly. Le dimanche suivant, M. le duc fit avertir le sieur Aymond que l'abbé Lenglet pouvoit se trouver le lendemain lundi, à trois heures après midi, à l'hôtel de Condé; mais lui Lenglet, se trouvant à la campagne, ne fut averti que le lundi, à six heures du soir; de quoi, ayant rendu compte à la présidente Ferrand, et qu'il espéroit voir incessamment M. le duc, elle lui dit qu'il y avoit plusieurs choses omises dans le mémoire, qu'il conviendroit de représenter verbalement à M. le duc, lesquelles elle expliqua au dit Lenglet, qui les retint par mémoire, et ne les écrivit que lorsqu'il fut de retour chez lui. Mais le lendemain il retourna chez la dite dame Ferrand, et lui lut le mémoire qu'il avoit fait de ce qu'elle lui avoit dit la veille, qu'il nous a pareillement représenté et paraphé. La dite dame ayant approuvé son second mémoire, proposa à l'abbé d'aller à Chantilly, parceque M. le duc ne reviendroit peut-être pas sitôt. Il promit d'y aller; mais ayant appris que M. le duc devoit revenir le dimanche, il l'attendit à Paris le lundi suivant, qui étoit le dix-neuf du mois. Lui Lenglet alla trouver M. le duc à l'hôtel de Condé, s'étant fait annoncer par un valet de chambre, M. le duc le fit entrer; et le valet de chambre étant sorti, lui Lenglet présenta à M. le duc ses mémoires, lui demandant la permission de les lire, ce qu'il fit sur le champ, et lut ensuite le mémoire des choses que la présidente l'avoit chargé de dire de bouche. Sur chaque article M. le duc répondoit, marquant peu de satisfaction du Parlement, et témoignant qu'il ne vouloit rien faire que du consentement de M. le duc d'Orléans, que ce n'étoit pas l'objet du Parlement, puisqu'ils n'agissoient que comme des personnes aigries qui ne cherchoient qu'à brouiller, et vouloient pour cela le secours de son autorité; mais que le Parlement devoit sçavoir que l'intérêt du royaume étoit que les princes du sang fussent unis. M. le duc ajouta que si ces mémoires ne lui étoient pas présentés par un éclésiastique, qu'il croiroit que ce seroit un piège que ses ennemis lui auroient voulu tendre, et demanda ensuite le nom des auteurs; à quoi l'abbé Lenglet répondit qu'il n'avoit permission de nommer que l'abbé Pucelle, auquel il falloit s'adresser pour dresser la requête de M. le duc, parceque, dans les Parlemens, la forme souvent faisoit décider sur le fond. M. le duc dit audit Lenglet qu'il pouvoit se retirer, parcequ'il croyoit qu'il n'avoit pas fait cette démarche à mauvaise intention; le dit Lenglet s'en fut rendre compte sur le champ de cette conversation à la dite présidente Ferrand; il la trouva avec un homme qu'il ne connoît point, et étant passé avec elle dans son cabinet, il lui détailla ce qu'il avoit dit et lu à M. le duc, et ce que M. le duc avoit répondu. La dame répartit que cette conversation n'avoit rien d'extraordinaire; qu'il ne falloit point être surpris que M. le duc ne se fut point ouvert avec un homme inconnu, que cela produiroit toujours un bon effet, et que M. le duc ne manqueroit pas de l'envoyer chercher, parcequ'elle sçavoit d'une personne de l'hôtel de Condé, que M. le duc prenoit actuellement des mesures secrettes avec le Parlement, et que M. de Fortia étoit à la campagne, où il se concertoit avec divers membres du Parlement; que cette même personne de l'hôtel de Condé avoit dit, à elle présidente, que le cinq octobre il y auroit un grand événement, et qu'elle se souvint bien de cette date; et la dite dame Ferrand questionna beaucoup le dit Lenglet, tâchant de démêler ensemble ce que pouvoit dire cette prédiction. Lui, Lenglet, répondit que le conseil de Régence devant rentrer dans ce temps là, il y auroit peut être quelque événement. La conversation ayant fini ainsi, le dit Lenglet quitta la présidente Ferrand, et ne l'a pas revue depuis, étant allé à la campagne.

« Fait à Paris, le dit jour et an que dessus.

« De Machault,

« Lenglet du Fresnoy. »

INTERROGATOIRE DE Mme FERRAND.

« Ce jourd'hui vingt-septième septembre mil sept cent dix-huit, la dame présidente Ferrand étant comparue devant nous, en exécution des ordres du Roy, après serment par elle prêté de dire vérité, nous l'avons interpellée de nous déclarer si elle connoît le sieur Lenglet, prêtre.

« A dit qu'elle ignore si le sieur Lenglet est prêtre, mais qu'elle le connoît parcequ'il lui a remis une lettre du comte d'Helm; qu'elle ignore où demeure le sieur Lenglet, et ne croit pas l'avoir vu quatre ou cinq fois chez elle.

« Interpellée de déclarer si elle n'a jamais donné aucuns mémoires à copier au dit sieur Lenglet, dont il lui ait rendu l'original.

« A dit qu'il pourroit être qu'elle lui eût donné à copier quelques chansons ou pareilles bagatelles, pour envoyer au sieur comte d'Helm; mais qu'elle ne lui a jamais donné rien de sérieux à copier.

« Interpellée de nous dire si elle a engagé le sieur Lenglet à porter à M. le duc un mémoire au sujet du gouvernement et de l'administration des affaires.

» A dit que non.

« Interpellée de nous déclarer si, outre le contenu dans le mémoire, elle n'a pas chargé le dit abbé Langlet d'expliquer à M. le duc certaines particularités qui n'étoient point contenues dans le mémoire.

« A dit que non.

« Interpellée de déclarer si elle n'a pas chargé le dit Lenglet de dire à M. le duc qu'il convenoit qu'il s'adressât à M. l'abbé Pucelle.

« A dit que non.

« Interpellée de nous déclarer si elle n'a pas dit au dit Lenglet, qu'au cas que M. le duc écoutât les propositions, elle lui nommeroit dans la suitte les chefs de meutte de chaque chambre du Parlement de Paris.

« A dit que non ; qu'elle n'est pas en situation de connoître le Parlement, qu'il ne va chez elle aucunes personnes de robbe que M. Amelot.

« Interpellée de nous déclarer si le dit sieur Lenglet n'a pas été lui rendre compte de la conversation qu'il avoit eue avec M. le duc.

« A dit que non.

« Interpellée de nous déclarer s'il n'est pas vrai que le dit Lenglet, ayant dit que M. le duc ne vouloit entrer dans aucun projet, elle répondit qu'il n'étoit pas extraordinaire que M. le duc eût parlé ainsi à un homme inconnu ; mais que M. de Fortia étoit en campagne pour ménager plusieurs membres du Parlement.

« A dit que tous ces discours sont faux, et qu'elle ne peut comprendre pourquoy on la mêle dans de pareilles affaires.

« Lecture faite de la présente déclaration, a dit ses réponses contenir vérité, qu'elle ne se mêle nullement des affaires de l'État, qu'elle est très affectionnée au service du Roy et à la personne de M. le Régent, étant amie intime de plusieurs personnes attachées à M. le duc d'Orléans, et a signé.

« Anne de Bellinzani,

« De Machault. »

INTERROGATOIRE DE LA DAME FERRAND ET DU SIEUR LENGLET.

« Et le dit jour vingt-sept septembre dix sept cent dix huit, avons fait comparoître le dit sieur Lenglet en présence de la dite dame Ferrand, lesquels, après leur avoir fait prêter serment de dire vérité, avons interpellé de nous déclarer s'ils se connoissent; le sieur Lenglet a dit connoître madame la présidente Ferrand, et que c'est d'elle qu'il a entendu parler dans la déclaration qu'il nous a donnée ce matin.

« La dame présidente Ferrand a dit qu'elle connoît le dit sieur Lenglet, parcequ'il lui a apporté une lettre du comte d'Helm; mais qu'elle ne lui a jamais parlé d'aucune affaire concernant le gouvernement et les affaires de l'État.

« Avons interpellé la dite dame Ferrand de nous déclarer si elle a donné au dit sieur Lenglet à copier un mémoire qu'elle avoit composé au sujet du gouvernement présent, et qu'elle le chargea de remettre à M. le duc; et avons aussi interpellé le dit abbé Lenglet de nous déclarer s'il n'est pas vrai, qu'après avoir copié le dit mémoire, il remit l'original à la dite dame, et si elle ne le chargea pas de remettre la copie à M. le duc, de lui faire plusieurs autres propositions, et de lui expliquer même que, s'il vouloit connoître un des auteurs du mémoire, on pourroit lui nommer l'abbé Pucelle, auquel M. le duc s'adresseroit pour composer une requête qui seroit présentée au Parlement.

« Le dit sieur Lenglet a dit que tout ce qu'il avoit déclaré ce matin est véritable, qu'il a copié un mémoire qui lui a été remis par madame Ferrand ici présente; qu'après avoir retiré l'original, elle lui a ordonné de porter la copie à M. le duc, et de lui dire plusieurs circonstances que lui, Lenglet, mit par écrit; qu'elle lui dit aussi que si M. le duc demandoit les auteurs du mémoire, il pouvoit nommer l'abbé Pucelle qui dresseroit la requête.

« La dame Ferrand a dit que tout ce qui est exposé ci-dessus par le sieur Lenglet, est entièrement faux; qu'elle ne lui a donné aucun mémoire à copier ni à porter à M. le duc, et qu'elle ne peut comprendre pourquoi le dit sieur Lenglet veut la mêler dans une affaire pareille.

« Le dit sieur abbé Lenglet, au contraire, soutient que tout ce qu'il a dit est véritable, ajoutant une circonstance qui est que, sur la fin des délibérations du Parlement, la dame présidente Ferrand le pria d'aller au palais pour sçavoir de M. le président de Gournay quelle auroit été la résolution de la grande chambre, et qu'elle écrivoit à M. de Gournay de lui dire ce qui se seroit passé. La dite dame a dit qu'elle peut rendre compte de ce qui s'est passé en cette occasion; que l'abbé Lenglet ayant dit qu'il iroit le lendemain au palais, elle le chargea, s'il voyoit M. de Gournay, de lui demander ce qui se seroit passé, et qu'une pareille curiosité ne peut être imputée à crimes.

« Le sieur Lenglet a dit que, sans une commission particulière, il n'auroit pas cherché M. le président de Gournay, qu'il ne connoissoit point.

« Lecture faitte à la dite dame Ferrand et au dit sieur Lenglet, de leurs présentes déclarations et dénégations, ont dit icelles contenir vérité ny vouloir augmenter ny diminuer, y persistèrent et ont signé.

« Fait le dit jour et an que dessus.

« Anne de Bellinzani.
« Lenglet du Fresnoy.
« De Machault. »

AUTRE INTERROGATOIRE DU SIEUR LENGLET.

« Interrogatoire fait par nous Louis Charles de Machault, chevalier, seigneur d'Arnouville, conseiller du Roy en ses conseils, maistre des requestes ordinaires de son hostel, lieutenant général de police de la ville, prevosté et viconté de Paris, commissaire député de S. M., et par son ordre estant au château de la Bastille.

« Au sieur Lenglet, prestre, prisonnier dans ce château,

« Ayant avec nous, Nicolas Poussy, nostre sécrétaire ordinaire, pris pour greffier ordinaire, ayant serment à justice.

« Du lundy, 17ᵉ jour du mois d'octobre 1718, de relevée, estant dans une salle du dit château.

« Après serment de répondre vérité, et mis la main *ad pectus*,

« Interrogé de ses noms, age, qualité et demeure,

« A dit se nommer Nicolas Langlet, prestre du diocèse de Paris, dont il est natif, agé de 44 ans, demeurant rue des Quatre-Fils, au Marais, parroisse Saint-Jean en Grève, avant qu'il fut arresté en ce chasteau.

« Interrogé d'où il est originaire, et de quelle profession estoit son père.

« A dit qu'il est natif de Beauvais, et son père perruquier.

« Interrogé depuis quel temps il est demeurant en la dite ville, et pour quel sujet il y est venu.

« A dit qu'il est venu à Paris, en l'année 1693, pour faire ses estudes, et qu'il y est toujours resté jusques en 1705 ; qu'il devint sécrétaire de M. l'électeur de Collogne, avec lequel il a demeuré en Flandres, jusques en l'année 1711.

« Interrogé s'il n'a pas desja esté constitué prisonnier, et pour quelle cause?

« A dit qu'il a esté pendant deux mois prisonnier à Lisle, où il avoit esté envoyé par M. l'évesque de Tournay, à l'effet de soutenir ses droits à la nomination des bénéfices dont les Hollandois voulloient disposer, et que M. le prince Eugêne le fit sortir de prison.

« Interrogé s'il y a eu quelque relation particulière avec M. le prince Eugêne.

« A dit qu'il n'en a eu que pour acheter des livres.

« Interrogé s'il n'a point eu correspondance avec M. le prince Eugène pour d'autres affaires, et s'il n'a pas esté cy-devant recherché et exillé pour raison de ce.

« A dit qu'il est vrai que, sur des soupçons, on l'a voulu constituer prisonnier; mais que l'ordre fut suspendu, qu'il lui fut enjoint de se retirer dans un séminaire où il est resté dix mois, après quoi il lui fut permis d'en sortir, à condition de se retirer à Nancy, où il est resté quinze mois, et en fut rappellé deux mois avant la dernière paix.

« Interrogé s'il connoist particulièrement le fils du ministre du Roy de Pologne, et s'il en a reçu quelques lettres, et comment il a fait ceste connoissance.

« A dit qu'il a conu à Paris le comte de Hoym, fils du dit ministre du Roy de Pologne, pour l'avoir rencontré chez des libraires, cherchant des livres, il y a environ trois ans ; et depuis que le dit sieur comte de Hoym est retourné en son pays il y a neuf mois, il en a reçu trois lettres qui concernoient des livres dont le dit sieur comte de Hoym voulloit estre instruit, et des quelles lettres le répondant en a remis deux au sieur Martin, qui étoit correspondant du dit sieur comte de Hoym.

« Interrogé s'il connoît la dame présidente Ferrand, et depuis quel temps.

« A dit qu'il ne la connoist que depuis la my-aoust dernier, auquel temps il reçeut du dit sieur comte de Hoym une lettre pour la remettre à la dite dame, d'autant que, pendant que le dit sieur d'Hoym avoit esté à Paris, il avoit eu beaucoup de relation avec elle, et qu'il n'en avoit point reçeu de nouvelles depuis son départ.

« Interrogé s'il a eu depuis plusieurs conférences avec la dite dame présidente Ferrand?

« A dit qu'ouy, et qu'il l'a vue depuis fort souvent.

« Interrogé pour quelles causes il a rendu des visites si fréquentes à la dite dame Ferrand.

« A dit que la première fois fut uniquement pour remettre la lettre du dit sieur comte d'Hoym, et qu'alors la dite dame ne lui parla d'aucunes choses; mais que la seconde visite, qui fut le lendemain, elle lui communiqua un mémoire escrit de la main de la dite dame, contenant sept pages d'escriptures dont elle lui fit lecture, et qu'elle ne voulut pas lui confier, en lui disant qu'il s'agissoit de sa liberté, si quelqu'un pouvoit savoir que ce fut son ouvrage.

« Interrogé ce que contient le dit mémoire.

« A dit qu'il s'agissoit dans ce mémoire d'engager M. le duc à demander le commandement de la maison du Roy.

« Interrogé si la dite dame présidente Ferrand lui a depuis confié le dit mémoire.

« A dit que deux jours après la dite dame lui confia le dit mémoire pour le transcrire.

« Avons remonstré au répondant qu'on ne peut douter qu'il ne soit l'autheur du dit mémoire, d'autant qu'il n'est pas à présumer qu'il soit l'ouvrage d'une femme, et que, s'il l'eust esté, la dite dame présidente Ferrand eust esté asséz imprudente pour la confier au répondant, qu'elle ne connoissoit que très ressamment.

« A dit que le mémoire est l'ouvrage de la dite dame Ferrand, et qu'elle le lui a confié à lui respondant; au quel le sieur comte d'Hoym avoit escrit qu'elle pouvoit se confier.

« Interrogé s'il n'a pas corrigé le dit mémoire, en cas que suivant qu'il l'allègue contre toute vraysemblance, il eut esté originairement composé par la dite dame présidente Ferrand.

« A dit qu'il le corrigea, parcequ'il trouva quelques expressions trop fortes et trop dures, suivant qu'il paroist par les changements qui se trouvent à la marge de sa minutte.

« Interrogé s'il rendit à la dite dame présidente Ferrand le dit prétendu mémoire, escrit de la main de la dite dame.

« A dit qu'il le rendit le lendemain en lui faisant voir ses corrections, sur quoi la dite dame connut qu'elles estoient justes, et ajouta que les dames escrivoient avec plus de vivacité, et les hommes avec plus de réflection.

« Interrogé s'il a fait quelques usages de ce mémoire.

« A dit que la dite dame luy ayant communiqué, elle luy demanda s'il n'avoit point quelque connoissance auprès de M. le duc, pour luy faire remettre ce mémoire.

« Avons remonstré au répondant qu'il ne nous dit pas la vérité, et qu'il est hors de toute vraysemblance qu'un homme tel que lui, qui s'est meslé d'affaires de différentes natures, et qui est convenu d'avoir esté cy-devant emprisonné et exillé, ait pu, à la persuasion d'une femme seulle, dont le crédit et la réputation ne sont pas d'une grande considération dans le monde, ait pu faire une démarche aussy hardie que de se charger d'un mémoire pour M. le duc, au nom du Parlement, puisque ce mémoire tendoit tant à causer du trouble dans l'estat, qu'à brouiller M. le duc avec M. le Régent; ainsy qu'on ne peut douter que le dit mémoire n'ait esté composé par le répondant, et qu'il n'ait esté excité par d'autres personnes à le présenter.

« A dit qu'il n'a point composé ce mémoire, qu'il l'a seullement corrigé, et n'a point esté excité par d'autres personnes, et qu'il a sy peu cru brouiller l'estat, qu'il avoit mis à la marge, que ce n'estoit point pour eslever authorité contre authorité, et que la dame Ferrand ayant paru surprise de cette correction, le respondant lui tesmoigna qu'il savoit, par quelques personnes de l'hôtel de Condé, que M. le duc ne voulloit point s'oposer à M. le duc d'Orléans.

« Interrogé à qui le répondant s'adressa pour estre introduit chez M. le duc.

« A dit qu'il s'adressa d'abord au sieur Aymond, portemanteau du Roy, qui est fort bien chez M. le duc, et qui refusa de s'en mesler lorsqu'il sceut le dessein du répondant, mais qui promit d'en parler au controlleur de la maison de M. le duc, nommé le sieur Destre, chez lequel il alla sur le champ, et fit attendre le répondant dans le jardin de l'hôtel de Condé; et le dit Destre ne voullut pas aussi se charger de cette commission, ce qui engagea le répondant d'en aller rendre compte à la dite dame présidente Ferrand, à laquelle le répondant dit que, si cela lui tenoit si fort, il escriroit lui mesme à M. le duc, quoy qu'il n'en fut pas connu, pour luy demander la permission de luy aller présenter ce mémoire.

« Interrogé si dans les conférences qu'il eut avec la dite dame Ferrand, elle ne tesmoigna point qu'il y eut quelques personnes de distinction qui eûssent part au dit mémoire, ou qui fût disposé à soutenir ce qu'il contenoit.

« A dit que la dite dame lui marqua qu'il pouvoit nommer à M. le duc le sieur abbé Pucelle comme adhérant au dit mémoire, et prest à dresser une requeste au nom de M. le duc, en conséquence du contenu en iceluy, et que si M. le duc voulloit faire parler au dit sieur abbé Pucelle par quelqu'homme de confiance, elle donneroit à M. le duc une liste qu'elle avoit des chefs d'esmeute qui estoient dans chaque chambre du Parlement.

« Interrogé s'il connoist le sieur abbé Pucelle, ou quelques autres personnes du corps du Parlement.

« A dit qu'il ne connoist pas mesme de veue le sieur abbé Pucelle, et ne conoist du corps du Parlement que le président Couchet, qu'il a rencontré quelquefois chez M. l'ancien évesque d'Avranches aux Jésuistes, où se rassemblent différentes personnes de lettres.

« Interrogé s'il écrivit à M. le duc.

« A dit qu'ouy, après avoir communiqué sa lettre à la dite dame présidente Ferrand.

« Interrogé s'il a reçeu quelque réponse de M. le duc, et s'il lui a présenté le dit mémoire.

« A dit que M. le duc luy fit dire, par le sieur Aymond, qu'il pouvoit se trouver à l'hôtel de Condé, un lundi, sur les trois heures après midy; mais que le répondant estant en campagne, il ne put s'y rendre le dit jour, et y alla le lundi suivant.

« Interrogé si le dit jour il présenta à M. le duc le dit mémoire, et s'il n'y adjouta pas verballement plusieurs autres choses.

« A dit qu'il fit lecture du dit mémoire de M. le duc, et lui remit ensuite, et qu'il y joignit un autre mémoire contenant quelques articles que la dite dame avoit chargé le répondant de représenter à M. le duc.

« Interrogé qui avoit composé ce second mémoire.

« A dit qu'il le composa chez luy, sur ce que la dite dame luy avoit dicté, afin de pouvoir s'en souvenir, et dont il monstra la minutte à la dite avant que de le transcrire.

« Interrogé s'il connoist M. le président de Gournay, et s'il a eu quelque conférence avec luy.

« A dit n'avoir jamais veu M. le président Gournay, qu'une fois chez la dite dame et qu'en la présence du dit sieur président; il ne fut parlé d'aucunes choses, et que la seconde fut au palais, où la dite dame avoit chargé le répondant d'aller parler pour sçavoir ce que le Parlement avoit décidé au sujet de trois lettres de cachet, en vertu des quelles MM. de Blamont, de Feydeau et de Saint-Martin avoient esté exillez, et si le parlement continueroit de s'assembler.

« Avons remonstré au répondant que c'est vainement qu'il tâche à se disculper, en attribuant à la dite dame présidente Ferrand un ouvrage qui ne peut estre d'elle, et qui, suivant ce que nous luy avons représenté cy-devant, est l'ouvrage de luy répondant, qui l'a composé et concerté avec quelques autres personnes d'un plus grand crédit et d'un rang plus eslevé. C'est pourquoy il devroit nous développer le mistère qu'il affecte de nous cacher, d'autant plus que sa conduite n'en est pas moins répréhensible, et qu'il n'a pu ignorer qu'il se rendoit très criminel et s'exposoit à des suittes très fâcheuses, en se chargeant d'une commission aussi délicate qui ne pouvoit guères estre ignorée, et qu'il ne pouvoit se flatter que M. le duc eût la facilité de l'escouter, et de suivre le projet de mémoire qu'il soutient estre l'ouvrage d'une femme.

« A dit qu'il est, à la vérité, très coupable de s'estre chargé du mémoire, pour le présenter à M. le duc; mais qu'aucune autre personne n'y a eu part que la dite dame présidente Ferrand, et qu'il avoit si peu cru et connu les suittes du dit mémoire, qu'il avoit escrit et signé la lettre à M. le duc, et qu'il avoit aussi présenté le dit mémoire escrit de sa main, ce qu'il n'auroit pas fait s'il en avoit conu les conséquences.

« Interrogé ce qui se passa dans la conférence qu'il eut avec M. le duc, et ce que M. le duc luy répondit après avoir ouy la lecture du dit mémoire.

« A dit que M. le duc lui respondit toujours avec beaucoup de mescontentement du Parlement, et qu'il voyoit bien que c'estoit des gens mescontens qui vouloient avoir une personne à leur teste; mais qu'il n'estoit point sur ce pied là avec M. le duc d'Orléans, ne voullant point se brouiller avec luy, et que le Parlement devoit savoir que l'intérêt de l'estat estoit que tous les princes fûssent unis ensemble ; que d'ailleurs il feroit ses réflections sur le mémoire.

« Interrogé si le répondant est retourné chez la dite présidente Ferrand, et ce qui s'est passé depuis.

« A dit qu'il retourna le jour mesme, et qu'après que le répondant lui eut dit qu'il avoit fait une fausse démarche, mais que la dicte dame lui respondit qu'elle savoit, par une personne de l'hôtel de Condé, qu'elle avoit veu le mesme jour ; que M. le duc pensoit sérieusement à demander le commandement de la maison du Roy, et que mesme M. de Fortia estoit actuellement en campagne pour prendre à ce sujet, des mesures avec différentes personnes du corps du Parlement, et qu'enfin il n'estoit pas estonnant que M. le duc ne se fût pas ouvert au répondant qu'il ne connoissoit pas.

« Interrogé s'il a depuis reveue la dite dame présidente Ferrand ?

« A dit qu'il ne l'a veue que chez M. le Blanc.

« Nous avons ensuite représenté au répondant six pièces.

« La première contenant deux feuilles de papier à lettres, contenant cinq pages escrites, avec six nottes marginales, commençant par ces mots : « La conjonc-« ture présente est très heureuse », et finissant par ceux-cy : « C'est de quoy j'ose le supplier par un pur « effet de zèle. »

« La deuxième commançant et finissant par les mesmes mots, escrits sur du papier à la Telliere, et contenant quatre pages d'escritures.

« La troisième contenant une feuille de papier à lettre, dont trois pages sont escrites, commençant

par ces mots : « Représente Son Altesse Sérénissime, » et finissant par ceux-cy : « Cause principale de la ja-
« lousie secrète que Son Altesse Royale a conçeue. »

« La quatrième contenant une feuille de papier à la Tellière, et trois pages d'escritures, avec neuf différentes réponses à la marge, commençant par les mesmes mots que la précédente pièce, et finissant par ceux-cy : « Elle ne peut se mettre à couvert de ce costé
« là, qu'en se tenant estroitement liée avec le Parle-
« ment. »

« La cinquième contenant une feuille de papier à lettre et une seulle page d'escriture, commençant par ces mots : « Monseigneur, un inconu, etc., » et finissant par ceux-cy : « Pour le plus respectable de nos princes. »

« La sixième contenant un feuillet de papier à la Tellière, escrit des deux costés, commençant par les mesmes mots que la précédente, et finissant par ceux-cy : « Le très humble et très obéissant serviteur,
« Lenglet du Fresnoy. »

« Avons interpellé le répondant de nous déclarer s'il ne reconnoist pas les dites six pièces pour avoir esté escrites de sa main, et si les quatre premières pièces ne sont pas les minuttes et les copies des deux mémoires qu'il a présentés à M. le duc.

« A dit, après avoir examiné les dites six pièces qui luy ont esté représentées, qu'il les reconnoist pour avoir esté écrites de sa main, et que les quatre premières sont les minuttes et les copies au net des deux mémoires qu'il a présentés à M. le duc; et que les deux dernières sont, l'une, la minutte de la lettre, et la lettre que lui, respondant, a escrit à M. le duc, pour parvenir à lui présenter les dits mémoires.

« Ce fait, les dites six pièces ont esté paraphées de nous et du répondant, *ne varietur.*

« Lecture faite du présent interrogatoire, a dit qu'il persiste en ses réponses qui contiennent vérité, et a signé.

« De Machault.

« Lenglet du Fresnoy. »

Lenglet du Fresnoy eut beau soutenir que le mémoire lui avait été remis par madame la présidente Ferrand, qui nia le fait; il en fut reconnu seul l'auteur, et resta à la Bastille jusqu'au 21 décembre 1719.

Dans une lettre autographe, datée de septembre 1721, qui m'a été confiée, et qui se rattache à mon sujet, on voit qu'il prit la résolution de partir par la route de Lille, Bruxelles et Cologne, pour se rendre à Vienne en Autriche, et y implorer la protection du vertueux empereur Charles VI, et le supplier, par la médiation du prince Eugène de Savoie, chef de ses conseils, de prendre les mesures convenables *pour mettre pareillement à couvert la personne de Sa Majesté, sur laquelle de justes alarmes avoient redoublé;* auquel voyage il dépensa la somme de huit mille livres, que ledit abbé avait amassées par ses épargnes : et au bout de six mois, après avoir heureusement réussi dans sa négociation, il revint en France par la voie de Munich, Augsbourg et Strasbourg, en mai 1722. Mais il fut arrêté à Strasbourg, et mis prisonnier au fort Pierre, où il resta six mois, n'en étant sorti qu'en octobre 1723.

Les uns ont prétendu que son séjour en Autriche avait offusqué la cour de France, et que pour cela il fut détenu dans la citadelle de Strasbourg. D'autres, au contraire, ont pensé que quelques infidélités littéraires, dont on se plaignit contre lui en Hollande, furent la cause de cette détention; mais je crois que les premiers sont mieux fondés en raison, attendu qu'à peine arrivé en France, il fut enfermé à Vincennes, ainsi que le prouvera l'ordre suivant rendu contre lui :

DE PAR LE ROY.

« Sa Majesté ordonne et enjoint à l'officier de la compagnie du prévot général de la connetablie ou autre de maréchaussée ou de robbe courte, premier requis, de saisir et arrêter le sieur abbé Lenglet en quelque part qu'il se trouve, et de le conduire en toutte sureté au château de Vincennes, où il sera reçu en vertu de la lettre ci-jointe que Sa Majesté écrit à cet effet au gouverneur du dit château. Mande et ordonne Sa Majesté à tous ses officiers et sujets de donner à celui chargé du présent ordre toutte aide, assistance et main forte si besoin est pour l'exécution de celui sans difficulté, à peine de désobéissance.

« Fait à Versailles ce XXIII mars 1724.

« Louis,

« De Breteuil »

En vertu de cet ordre, l'abbé Lenglet fut arrêté et conduit au donjon de Vincennes le 25 mars, d'où on le transféra le 29 juin suivant à la Bastille, comme prévenu d'être aussi l'auteur d'un mémoire séditieux, au sujet de l'affaire de M. le Blanc (1). Mais, ce qui peut-être paraîtra surprenant, c'est que toutes ces détentions ne l'empêchaient pas de travailler et de se livrer même à des recherches minutieuses sur l'histoire et la géographie. Cependant, il faut croire qu'un homme tel que lui, qui voulait *écrire, agir, vivre librement,* et dont le mot *liberté* était la devise, ainsi que le rapporte Michault de Dijon

---

(1) Ce ministre de la guerre, arrêté en Brie dans la maison de campagne du marquis de Renel, et conduit à la Bastille. La chambre de l'Arsenal eut ordre de lui faire son procès.

dans ses mémoires (1), dut être souvent contrarié d'être mis à l'étroit. Ce qui vient à l'appui de cette assertion, est une lettre de madame de la Barre, sa sœur, et qui nous servira à redresser quelques erreurs, ainsi qu'à prouver que le séjour de la prison était funeste à sa santé, et surtout fut plus long qu'on ne l'a cru.

A MONSIEUR LE LIEUTENANT DE POLICE.

« Monsieur,

« Il y a pres de deux ans et demy que labbé Lenglet, mon frere, est enfermé à la Bastille, permeté moy de vous suplier tres humblement de vouloir bien luy acorder la permission de se promener en attendant que je puisse obtenire sa liberté; ce seras un adousisement a seis penne qui contribura a retablire sa santé. Jespere cette grace de votre bonté, et que vous voudere bien avoire pitié du malheureux qui soufre depuis sy lonten. Je suis avec une respectueuse requonoisence, monsieur, votre tres humble e tres obeisente servante,

« Lenglet de la Barre.

« 28 avril 1726. »

Le lendemain, le lieutenant de police adressa la note suivante à M. de Breteuil :

« Madame de la Barre, sœur de l'abbé Lenglet, pri-

---

(1) Page 45.

sonnier à la Bastille par ordre du Roy, demande que son frère ait la liberté de se promener à la Bastille, en attendant une entière liberté. Elle représente que cet adoucissement à sa peine, contribuera à rétablir sa santé qui est languissante, et qu'il y a deux ans qu'il est prisonnier. »

Le quatre mai, M. de Breteuil fit écrire par M. Hérault au gouverneur de la Bastille, de laisser promener l'abbé Lenglet, et peu de temps après la liberté lui fut rendue, ainsi que le prouvera l'ordre suivant :

« Monsieur de Launay, je vous fais cette lettre pour vous dire de mettre en liberté l'abbé Lenglet et les nommés Mingue et de Lumbre, que vous détenés par mon ordre en mon château de la Bastille; sur ce, je prie Dieu qu'il vous ait, monsieur de Launay en sa sainte garde.

« Escrit à Versailles le xxvi juin 1726.

« Louis,

« Philippeaux. »

Soit que le besoin de faire parler de lui, ou bien que la singularité de ses idées le poussât à écrire, Lenglet travaillait sans cesse, et on est d'autant mieux fondé à le croire que sa fécondité étonne. On peut dire néanmoins que la plupart de ses productions offrent de l'agrément et de l'instruction. Dans toutes on remarque des tournures originales, des saillies plaisantes ; un style amusant et facile, mais dépourvu de pureté, qualité qui en eût sans doute rehaussé le mérite. Peut-être doit-on lui reprocher de s'être abandonné trop souvent à des bizarreries, et de faire *flèche de tout bois*, ainsi qu'il le dit lui-même.

En 1731, il fit réimprimer à Amsterdam les *Arrêts d'amour*, avec les commentaires de *Benoist Court*, et l'*Amant rendu cordelier à l'observance d'amour*, par *Martial d'Auvergne*, etc. La plupart des exemplaires de cette édition, devenue fort rare, furent portés en 1733 à Paris, d'après les ordres de l'abbé Lenglet, qui les faisait vendre par Pierre Gandonni, libraire, et Stella, colporteur de mauvais livres.

Comme Lenglet y avait ajouté une préface instructive et agréable, attendu qu'il possédait surtout un talent particulier pour ces sortes de discours préliminaires, l'ouvrage fut très-recherché.

La police, toujours active, en fut informée. Le commissaire d'Espinay, et Vannecourt, exempt de robe courte, se transportèrent chez lui (1).

---

(1) Il logeait alors rue Chapon, au bureau des *Tireurs d'or*.

Les alguazils ne trouvèrent aucun exemplaire de l'édition, et Lenglet ne fut point arrêté ; mais en 1743, il n'en fut pas quitte à si bon marché. Il publia à cette époque des *Mémoires de Condé, servant d'éclaircissement et de preuves à l'histoire de M. de Thou.*

Malgré l'ordre du chancelier, qui avait *prohibé* plusieurs additions, Lenglet les conserva et répandit même dans cet ouvrage des traits si vifs et des réflexions si hardies, qu'il en fut puni par un assez long séjour à la Bastille. Le libraire Rollin, qui avait participé à cette *infidélité*, fut également conduit en prison, ainsi que le prouveront les deux pièces suivantes :

« Monsieur de Launay, je vous fais cette lettre pour
« vous dire de recevoir en mon château de la Bastille
« le sieur abbé Lenglet du Fresnoy, et le nommé
« Rollin, libraire ; et de les y détenir jusques à nou-
« vel ordre de ma part. Sur ce, je prie Dieu qu'il vous
« ait, monsieur de Launay, en sa sainte garde.

« Escrit à Versailles, ce 28 mars 1743.

« Louis.

« Philippeaux. »

A Monsieur Marville.

« Monsieur,

« J'ay l'honneur de vous informer, qu'en exécution

de l'ordre anticipé dont vous avez eu la bonté de me charger, en datte du 28 de ce mois, j'ay arrêté et conduit à la Bastille le sieur abbé Lenglet du Fresnoy; il faut que vous ayez la bonté de joindre dans le même ordre le sieur Rollin, libraire.

« Ce 29 mars 1743.

« TAPIN. »

M. le comte de Maurepas fit expédier un ordre en forme le même jour, et le procès-verbal que voici fut dressé au sujet de cette arrestation :

« L'an mil sept cent quarante trois, le samedy six avril, du matin, nous Claude Henry Feydeau de Marville, conseiller du Roy en ses conseils, maître des requêtes ordinaires de son hôtel, lieutenant-général de police de la ville de Paris, commissaire du conseil; en cette partie sommes transportés au château de la Bastille, où, étant dans la salle du conseil avec le commissaire Regnard l'aîné, que nous y avons mandé, nous avons fait venir de sa chambre le sieur abbé Lenglet du Fresnoy, prisonnier, de l'ordre de Sa Majesté, au dit château; et, voulant procéder à la levée des scellés aposés par le dit commissaire sur les papiers du dit sieur abbé Lenglet du Fresnoy, le sieur Perrault, lieutenant de la prévoté des monnoyes, gardien des dits scellés, nous les a représentés, et après avoir été reconnus sains et entiers par le dit commissaire, nous les avons, en présence du dit sieur abbé Lenglet du Fresnoy, levés et ôtés; et le tems ne nous permettant point de procéder à l'examen des papiers trouvés sous iceux, nous avons, en présence du dit sieur abbé Lenglet du Fresnoy, aposé nos scellés sur la cassette renfermant les dits papiers, et l'avons laissée, dans la salle du conseil, en la garde du sieur Anquetil, major, pour la représenter quand et à qui il sera par nous ordonné dont et de ce que dessus, nous avons dressé le présent procès-verbal pour servir de valoir ce que de raison, et ont signé avec nous le sieur abbé Lenglet du Fresnoy, de ce

« Feydeau de Marville.

« L'Abbé Lenglet du Fresnoy.

« Anquetil. »

Le prisonnier adressa le placet suivant au chancelier :

« Monseigneur,

« L'abbé Lenglet, détenu prisonnier par les ordres de votre grandeur, prend toujours la liberté de réclamer sa justice et sa religion. Il a exposé exactement la vérité des faits dans les mémoires qu'il a fait remettre à Monseigneur; il ne sauroit parler autrement sans se déshonorer luy-même par une fausse accusasation : ce qui n'est pas moins défendu que d'accuser faussement un autre.

« Faut-il, Monseigneur, que l'innocent pâtisse pour

le coupable? Faut-il que l'abbé Lenglet soit le seul à qui vous ayez fait de la peine, depuis vingt-sept ans que vous occupez la première place du royaume; vous, monseigneur, qui avez même pardonné à ceux qui ont cherché à vous nuire?

« L'Abbé LENGLET DU FRESNOY.

« Du château de la Bastille, ce 14ᵉ may 1743. »

On ne fit aucune réponse à Lenglet. La faible consolation d'écrire ou de recevoir des nouvelles de ses amis, lui fut refusée (1); enfin, perdant

---

(1) Il n'y eut que M. Maboul, maître des requêtes, et ses amis, qui obtinrent de M. de Marville la permission de voir Lenglet, ainsi que le prouve la lettre que voici :

« Paris le 16 avril 1743.

« Je vous prie, monsieur, de permettre à M. Maboul, maître de requestes, de voir et de parler au sieur abbé Lenglet, détenu de l'ordre du Roy, toutes les fois qu'il le jugera à propos, et vous permettrés aussy aux personnes qui accompagneront M. Maboul, d'entrer dans le château, et de parler au dit sieur Lenglet toutes les fois que M. Maboul le desirera. Je suis avec respect, monsieur, votre très humble et très obéissant serviteur,

« MARVILLE.

« A M. le gouverneur de la Bastille. »

patience, il écrivit la lettré qui suit à M. Rossignol.

« Monsieur,

« Excusez les importunités d'un homme qui n'a qu'une affaire, et permettez moi de vous prier de vouloir bien présenter ce placet à monseigneur le chancellier, auprès duquel je reclame toujours ma liberté.

« Ne vous laisserez-vous point aller, monsieur, à m'accorder quelque adoucissement.

« J'ai l'honneur d'être, avec tout le respect que je dois,

« Monsieur,

« Votre très humble et très

« Obéissant serviteur,

« L'Abbé Lenglet du Fresnoy.

« De la Bastille, ce 4ᵉ juin 1743. »

Placet à Monseigneur le Chancellier.

« Monseigneur,

« L'abbé Lenglet continüe de présenter à votre grandeur ses très humbles prières, pour obtenir sa liberté.

« Sera-t-il le seul qui ne pourra point se faire écouter favorablement de monseigneur? Il a marqué, par un mémoire particulier, l'état de quelques unes de ses affaires; et il est persuadé que l'intention de monseigneur n'est pas, en luy faisant de la peine dans sa personne, de luy faire tort dans ses affaires domestiques.

« L'Abbé LENGLET DU FRESNOY.

« De la Bastille, ce 4ᵉ juin 1743. »

Le chancelier, consentant à ce que le prisonnier fût mis en liberté, fit prier M. le comte de Maurepas de faire expédier un ordre en forme, et Lenglet sortit de la Bastille, le 8 du même mois, ainsi que le prouve la lettre qui suit:

« Monsieur De Launay, je vous fais cette lettre pour vous dire de mettre en liberté le sieur abbé Lenglet du Fresnoy que vous détenez, par mes ordres, en mon château de la Bastille. Sur ce, je prie Dieu qu'il vous ait, monsieur De Launay, en sa sainte garde.

« LOUIS.

« PHILIPPEAUX.

« Escrit à Versailles, le 8 juin 1743. »

Toujours dominé par le besoin d'écrire, cet abbé, quoique déja vieux, s'occupa d'un *Calendrier historique, avec l'origine de toutes les maisons souveraines.*

Ce petit ouvrage, où l'on voit la généalogie

des princes de l'Europe, parut le 1ᵉʳ janvier de 1750. L'auteur y faisait l'éloge de la maison des Stuart, et établissait que le prince Édouard était légitime héritier de la couronne d'Angleterre, et le Roi George un usurpateur.

Cet ouvrage fut supprimé par arrêt du conseil, du 3 janvier; et le 7 du même mois, l'auteur mis au Fort-l'Évêque, ainsi que le libraire Le Loup, d'où ils furent conduits à la Bastille.

Le libraire obtint sa liberté, le 22 janvier, et l'abbé Lenglet, le 24 mars, comme on peut le voir dans le *livre de sortie des prisonniers*, où on lit ce qui suit (1):

« Estant en liberté, je promets, selon l'ordre du Roy, de ne donner ni écrire aucunes nouvelles à qui que ce soit, ni parents, ni amis des prisonniers avec lesquels j'ay esté enfermé à la Bastille, sous les peines accoutumées. Je reconnois aussy que l'on m'a rendu tout l'or, l'argent, papiers et effets que j'avois apportés au dit château.

« Fait à la Bastille, le vingt-quatre de mars mil sept cent cinquante.

« L'abbé Lenglet du Fresnoy. »

---

(1) L'ordre contre-signé Brulart. Quand le prisonnier ne savait point écrire, il faisait une croix.

A peine fut-il sorti, qu'il écrivit, sous le nom du chevalier de Lussan, une lettre au contrôleur-général (1), en déguisant son écriture. Comme cette lettre est restée inconnue, et que par son sujet elle appartient tout-à-fait à l'histoire du xviiie siècle, nous la mettons sous les yeux du lecteur :

« Monsieur,

« Je crois que vous ne trouverés pas mauvais que j'aie l'honneur de vous marquer les inconvéniens qui naissent de la conduite que vous tenés. Ce n'est ni par mauvaise humeur, ni par animosité que je vous écris; mais comme bon citoien et comme fidèle sujet du Roy, dont je desire le bien autant et plus que vous même, et auquel, soit dit sans vous déplaire, j'ai rendu plus de service que jamais vous ne ferés. Je vous avouerai que le public fut d'abord prévenu en votre faveur; mais on est aujourd'hui bien revenu. Comme dans le commencement de votre ministère on vous avoit proposé diverses affaires, vous répondites, fort sagement, que vous ne vouliés pas réchauffer le public par des tontines et des lotteries; ce sont vos paroles. Une autre fois, vous marquates que vous ne vouliés rien imposer à la charge du peuple. C'était

---

(1) M. de Machault.

parler en ministre qui aime le bien de l'état; on ne pouvoit rien exiger de plus. C'est donc ce qu'il falloit exécuter: et par malheur vous avés fait tout le contraire; vous avés agi au détriment des revenus du Roy, et vous avés attaqué le peuple, c'est-à-dire le pauvre et le misérable. En voici les preuves:

« 1° Par édit du mois de décembre 1746, vous avez engagé 500 mille livres des revenus du Roy, par des rentes héréditaires sur les postes.

« 2° Vous avés écarté 9 millions des revenus de Sa Majesté pour la Compagnie des Indes.

« 3° Vous avés engagé le Roy de 1,200 mille livres par année, pour la création des rentes viagères.

« 4° Vous avés engagé le Roy à payer 48 millions pour en rembourser 30 qui sont dus, dit-on, à M. de Montmartel; je vous en convaincrois s'il étoit nécessaire. Il y a quatre ans que le même projet de lotterie vous fut présenté, et vous l'aviés refusé. Ce fut Braunot, votre notaire, qui vous en parla; en cela vous étiés louable: il étoit alors de cent millions. On me le communiqua aussi, et je le trouvai mauvais. Ce fut là ce qui vous fit dire les paroles que j'ai rapportées cy-dessus.

« 5° Trois cent mille livres de rentes que vous venez de créer, sont une nouvelle charge pour le Roi. Vous avez beau en déguiser les motifs, on sent que le tout ne tourne qu'au détriment des revenus de Sa Majesté.

« Je ne rapporte que cinq articles qui sont les plus frappans, quoiqu'il y en ait d'autres. Est-ce agir en ministre zélé pour son maître de sacrifier dix-huit millions qui tombent en pure perte pour en payer trente, dans le temps qu'on vous a présenté des affaires honnorables, et qui n'étoient à charge ni au Roi ni au peuple. Mais vous en dirai-je la raison? Vous étes obsédé par des commis qui sont moins au Roi et à vous, qu'attachés par intérêt aux gens d'affaires avec lesquels ils sont de part...................... Venons maintenant à ce que vous avez fait contre le peuple.

« 1° Vous avez mis deux sols pour livres en sus du dixième.

« 2° Vous avez mis quatre sols pour livres en sus des droits du Roi; ce qui a fait renchérir de moitié les denrées les plus nécessaires à la vie. Le marchand en détail en a abusé, et le peuple en souffre extrémement.

« 3° Vous avez mis deux sols pour livres en sus de deux autres sols qui étaient déjà sur la capitation. Quelques gens même, par un mauvais quolibet, vous appelent le ministre aux deux sols. Tous ces droits sont des minuties pour le Roi et fatiguent extraordinairement la populace; comme s'il n'y avoit pas d'autres moyens de trouver les fonds nécessaires. On vous a présenté des moyens très utiles, aux quels vous n'avés pas même daigné prêter attention; et si les peuples ne connoissoient pas la bonté du Roi, vous réussiriez, par votre conduite, à le faire autant haïr de ses sujets, qu'il en est réellement et solidement aimé. Peut-être avés vous ignoré les suites de vos opérations quand vous avés établi ces droits : je n'en doute pas; mais il est d'un ministre intelligent de prévoir l'inconvénient et le mal de ses actions. Vous n'avés fait jusqu'ici que ce que feroit un chétif et misérable commis. Vous n'allés pas au dela. Mais permettés moi de vous le dire; d'abord vous aviés commencé et parlé comme un bon ministre, vous continués comme un ministre médiocre, et je crains bien que vous ne finissiés comme le plus mauvais.

« Voions maintenant, monsieur, ce qu'on pense de vous dans le public : la chose est importante pour le bien des affaires. Il ne suffit pas que le ministre opère, il faut qu'il le fasse à propos et qu'il s'attire une bonne réputation : c'est le lustre de son ministère, c'en est même une partie essentielle. Par là il se procure la confiance des divers membres de l'état.

« 1° Les personnes qui vous connoîssent le mieux assurent que vous donnés dans la minucie des affaires, et que vous ne vous attachés point à frapper de grands coups. Il y en a cependant de très avantageux qu'on vous a proposé. Un grand coup frappé à propos, vaut mieux qu'une douzaine de minucies.

« 2° Quelque mauvais parti que vous ayez pris, vous êtes d'une obstination qui passe tout ce qu'on en peut dire : preuve infaillible d'un esprit très borné. Vos lumières seroient-elles plus grandes qu'elles ne sont, il ne faut pas croire que vous puissiez penser à tout, ni porter vos vues également sur tout ce qui se présente.

« 3° On vous accuse de pêcher contre la droiture et la bonne foy; on m'en a donné divers exemples. Ces deux ci me reviennent à l'esprit. Un homme de condition que je connois, vous demande à Fontainebleau une grace; grace modique, c'est à dire de celles qui ne tirent point à conséquence. Vous lui promettés tout; mais à peine est-il parti, que vous faites tout le contraire de ce que vous lui avés promis. Il est cependant attaché à M. le Dauphin, et mérite quelque attention. Il ne faut plus que ce détestable caractère, pour vous mettre au dessous de tout ce qu'il y a eu de chétif dans le ministère. Autre fait qui marque votre mauvaise foy. On avoit promis une honnête récompense à celui qui a proposé le plan de la lotterie de trente millions. L'avés-vous donnée? Il court inutilement après depuis plusieurs mois, et l'on compte même qu'il ne l'aura pas, tant on vous connoit bien.

« 4° Vous mettez dans les affaires les enfans de Boisneuf, l'un de vos commis. Ils sont encore mineurs, et ne pouroient pas faire un billet recevable en justice, et vous leur donnés des directions d'affaires de finances. Si vous aviés à les favoriser, vous deviés du moins les mettre d'abord dans quelque commission de finances propre à les former dans leurs apprentissages. Appelés-vous cela prendre soin des intérêts du Roi!

« 5° ....

« 6° Vous êtes environné de mauvais sujets contre lesquels vous ne prenés point assés de précautions; j'en connois quelques uns. Je sçai combien il est difficile qu'un ministre des finances n'ait autour de lui que des gens d'honneur. L'appas du gain y attire plutôt le fripon que l'honnête homme; mais il faut que vous soyés bien malheureux pour n'avoir pas auprès de vous quelque personne d'un mérite solide, qui vous fasse appercevoir les pièges que l'on vous tend. Peut-être trouvés-vous cette conduite au dessous de vous. Colbert ne pensoit pas de même.

« 7° Vous savés que nous n'ignorons pas combien vous avés été débauché dans votre jeunesse. Je le passe moi et bien d'autres pour ce premier feu, où l'on a peine à modérer la fermentation du sang. Je sçai la parole du poète, qui dit : aimés, aimés jeunes cœurs, l'aimable printemps fait naître autant d'amour que de fleurs. Mais vous n'êtes plus un jeune cœur, et un dérangement d'amour n'est plus pardonnable à votre âge, et dans le poste que vous occupés. Qu'à une épouse aimable vous joigniés encore une inclination, soit; quand ce n'est que pour vous délasser des affaires. Mais de vous voir galloper continuellement des femmes pour en obtenir des faveurs et en faire une occupation sérieuse, c'est retomber dans vos premiers égaremens. On ne saurait les tolérer. Vous abusés de la parolle de celui qui dit : jamais surintendant ne trouva de cruelle. C'est le moyen de vous précipiter dans de fausses démarches qui sont inévitables dans une passion basse et si fort a contretemps. Le moindre mal qui puisse vous en arriver est de négliger les affaires, et de les abandonner à des commis, choses dommageables dans les conjonctures présentes. Et ce qu'on trouve de comique dans votre conduite, c'est que vous affectés un air de dévot. Par D. : il faut que vous preniés le public pour une grande bête, de le croire ainsi la dupe de ce caractère. Sachés que le public que vous prétendés tromper a plus d'esprit que vous, et qu'il est beaucoup plus clairvoyant. Et conduisés-vous, monsieur, comme un galant homme, et ne faites pas l'hypocrite. Vous avés assés de choses sur votre compte sans y mettre encore ce vilain vernis d'une fausse dévotion. Nous ne connoissons pas seulement votre maîtresse, mais nous savons encore celle que vous gallopés.

« 8° J'ai réservé pour dernier article la conduite que vous tenés dans le conseil. De quel œil croyés-vous qu'on regarde ce qui vous y arrive journellement. Il suffit que le Roi soit d'un sentiment pour que vous y soyés contraire : en quoi vous vous ligués avec quelques autres pour chercher à mettre ce prince en votre tutelle, et prendre sur lui un ascendant qui ne convient nullement à votre peu de lumières et d'expérience. En vérité, les choses seroient dans une belle situation, si vous etiés à la tête de toutes les affaires du royaume. Je m'étonne que vous ne vous aperceviés pas que S. M. a la judiciaire beaucoup meilleure et le jugement plus sain et plus droit que vous, et que ceux qui, pour s'en rendre maîtres, cherchent à le contrarier; et lors qu'il cède à des sentimens moins surs que les siens, c'est ou par bonté ou par une sage modération qui le porte à se défier de lui-même dans ce qui le regarde. Mais si vous aviés agi de la sorte sous le feu roi Louis XIV, comptés que vous n'y seriés pas revenu deux fois. Il joignoit à un bon sens naturel une fermeté soutenue par une longue expérience.

« Croiroit-on après toutes ces preuves de votre médiocrité, que vous mettés continuellement le marché à la main, prêt, dit-on, à laisser la partie au moindre mouvement, et que c'est la raison qui vous empêche de quitter la maison paternelle. Vous seriés bien attrappé si on vous y prenoit au mot. En vérité ne diroit-on pas que vous vous regardés comme un Colbert, un Pontchartrain ou un Desmaretz, vous qu'à peine on pourroit comparer à un Chamillart ou à un Dodun. Chamillart avoit de la probité; il manquoit de lumières et d'élévation, et il le sentit bien, et, remettant les finances, il ne garda que la guerre qu'il n'entendoit pas mieux. Et vous croyés, mais à tort, avoir tout ce qui lui manquoit. Dodun étoit un fripon qui faisoit revendre sur la place par Gueffres, par Bonneau et ses autres émissaires, les contracts qu'il retranchoit ou qu'il enlevoit aux gens d'affaires. Je crois cependant que vous ne poussés pas les choses aussi loin que lui. Defforts avoit des lumières qu'il accompagnoit d'une sorte de dureté, que ceux qui ne le connoissoient pas, prenoient pour probité, mais c'étoit méchanceté. Il ne pilloit pas, mais il laissoit piller, et on le faisoit surement sous ses auspices. Je vous en articulerois bien des faits. Je les suspens néanmoins parceque mon sermon est déjà bien long. Si vous lui ressemblés pour la dureté et la méchanceté, craignés de lui ressembler pour le reste.

« Pardon, si je vous ai tenu si longtemps. Si vous aimés le bien, vous profiterés de tout ce que je vous dis. Vous corrigerés ce qui est reprehensible en vous, et vous me saurés gré de mes avertissemens, qui partent d'un homme qui aime le bien public, et qui ne demande rien. Et comme ce que je dis peut être de conséquence pour l'état, je prends la liberté de faire passer jusques au Roi une copie de ce que je vous écris aujourd'hui.

« J'ai l'honneur d'être avec respect,
« Monsieur,
« Votre très humble et très obéissant serviteur,
« Le Chevalier de Lussan. »

Après avoir lu cette lettre, le contrôleur-général enleva d'un coup de ciseau l'article V, qui se trouvait au bas de la page, parce que, sans doute, il lui paraissait trop dur, et puis il envoya la pièce originale à M. Berryer, pour qu'on cherchât à en découvrir l'auteur.

Le lieutenant d'Hémery, qui possédait plusieurs lettres de l'abbé Lenglet, crut reconnaître son écriture après une confrontation scrupuleuse, et adressa la note suivante à M. Berryer :

« Plusieurs raisons me font croire que c'est l'abbé Lenglet du Fresnoy qui a écrit les deux lettres cy-jointes :

« La première, parceque le papier est d'Hollande, et qu'il s'en sert ordinairement ;

« La seconde, parceque le caractère, quoique contrefait, paroît aisé à reconnoître ;

« La troisième, parceque touttes les lettres des mots sont liées ensemble comme il a coutume de faire ;

« La quatrième, par la ressemblance que j'ai remarquée de plusieurs lettres comme les grands *B*, les grands *C*, les petits *d*, qu'il commence par un espèce de petit crochet, les *ff* qui ne sont point déguisés, de même que les *h*, les *p*, les *y*, et les *S*, dont il fait quelque fois une grande à la fin des mots ;

« Et la dernière, parceque cet abbé est coutumier du fait, ayant dejà écrit une lettre anonyme contre M. le Garde des Sceaux, dont il est question dans les deux lettres. »

Des experts furent nommés pour juger des points de ressemblance qui pouvaient exister entre les diverses écritures, et voici le rapport qu'ils firent sur cet objet :

« Nous soussignés Adrien Fredéric Masselot, ancien Sindic des experts écrivains jurés à Paris, et Robert Grenet, huissier audiencier au Chatelet, et juge presidial de la dite ville, et l'un des experts ordinairement employés dans tous les tribunaux pour les verifications des écritures et signatures contestées en justice.

« Sur la communication qui nous a été donnée par monsieur le Lieutenant Général de Police, d'une lettre écrite sur une feuille de grand papier a lettre, sans suscription commencant sur le premier recto au dessous du mot, monsieur, je crois que vous ne trouverés pas mauvais, que j'aie l'honneur de vous marquer les inconvéniens, etc., continuée jusqu'aux deux tiers de la quatrième page, et finissant par ces mots : j'ay l'honneur d'être avec respect, monsieur, vôtre très humble et très obeissant serviteur, signé le chevalier de Lussan.

« La dite lettre dont est question, a nous remise à l'effet de connoître si elle est emanée de la personne qui a écrit la pièce cy après énoncée, pareillement à nous remise pour lui servir de comparaison, laquelle est aussi une minutte ou copie de lettre sans signature, datte ni suscription écrite sur un feuillet de papier de forme quarrée, commencée au dessous du mot monsieur, nous avons appris hyer par M. de Bierne, beaupère, et madame sa fille, épouse de M. le Loup, etc., et finissant en marge du v° par ces mots : vous me conserverés toujours la même considération dont vous m'avés honoré.

« La quelle comparaison ayant été par nous faite, nous avons remarqué après un très long et scrupuleux examen de ces deux lettres, des conformités si semblables, qu'il faudroit vouloir se refuser à l'évidence et à la vérité pour disconvenir des faits cy après détaillés.

« Que les lettres *e*, des mots, l'*etat, en, edit, et, est*, employées aux 9, 12, 13 et 25 lignes du premier recto de la lettre de question, sont parfaitement conformes aux mêmes lettres employées dans les mots, *espagnol*, l'*Europe, Ecossais*, aux 12, 17 et 24 lignes de la première page de la lettre de comparaison, ainsi que les mots *Espagne*, l'*Espagne*, employés aux première et avant dernière lignes du v° de la dite pièce de comparaison.

« Que les lettres *x*, ainsi figurées *x* aux mots *executer* et *aux*, employées aux lignes 10 et 29 du 1er r° de la dite lettre de question, les mots, *extrêmement, deux, aux, deux, extraordinairement, auxquels, mieux, avantageux, mieux*, exemples qui se trouvent pareillement aux 3, 4, 5, 6, 7, 19, 20, 21 et 25e lignes du premier v° ainsi qu'à quantité d'autres mots répandus au surplus de la dite lettre de question, sont pareillement relatifs aux mots *expédiée*, deux fois répétés à la 13e ligne de la première page de comparaison, ainsi que le même mot qui termine la 12e ligne de la seconde page, les mots, l'*extrait*, et *exactement* des 14 et 26ᵉ et dernière lignes ainsi que les mots, *deux*, et *aux* étant en marge de cette pièce de comparaison.

« Le mot, *que*, troisième du premier r° de la pièce de question, a une ressemblance incontestable avec le même mot étant le 10ᵉ de la 4ᵉ ligne de la pièce de comparaison, le même mot des 2, 18, 21, 22, 23 et 25ᵉ lignes, semblable à la seconde sillabe du mot *chaque*, premier de la 17ᵉ ligne de la dite pièce de comparaison, ainsi qu'à dautres endroits où ce même mot, *que*, se trouve employé tant dans la dite pièce de question que dans celle de comparaison.

« Les deux doubles *pp*, du mot, *rapportées*, étant, à la 21ᵉ ligne de la pièce de question, semblables à ceux employés au mot *approuvé*, de la 10ᵉ ligne v° de comparaison, lesquels ont entr'eux la même similitude, tant détachés, que liés, étant tous produits dans une même forme, par habitude contractée par leur auteur.

« Les lettres *ez*, employées dans les mots *l'aviez*, *étiez*, *avez*, aux lignes 19, 22 et 23 du premier r° de la dite pièce de question, du mot *n'avez*, de la septième ligne, *reussissiez* de la huitième ligne, *avez* de la 10ᵉ ainsi qu'à un nombre infini de mots employés tant au 1ᵉʳ v° qu'au surplus de la dite pièce de question, lesquels sont autant de portraits vivans des pareilles lettres, et, des mots, *conservez et m'avez*, qui se trouvent à la derniére ligne etant en marge de la dite pièce de comparaison.

« Qu'il en est de même de la lettre, *c*, que l'auteur de la pièce de question est assés dans l'usage de faire plus grande que les autres lettres, et avec une boucle ou œil, comme à la tête du c; ainsi qu'il l'a pratiqué au mot *ce*, de la 20ᵉ ligne du premier recto de cette lettre de question, au 1ᵉʳ verso le mot *capitation*, avant dernier de la 4ᵉ ligne d'icelui *conduitte*, de la 8ᵉ ligne des mots *cœur*, *c'est*, *commis*, *comique*, *compte*, *conduitte*, *choses*, *conduitte*, *cherchent*, et *contrarier*, étant aux 11, 16, 18, 19, 23, 26, 30 et 33ᵉ lignes du second recto de la ditte pièce de question, pareillement relatives aux pareilles lettres *c* des mots *curé*, *chambre*, deux fois répétés, *chaque*, *chronologie*, *c'est* et *c'en* qui se trouvent aux 12, 15, 16, 17, 18 et 20ᵉ lignes de la première page de la lettre de comparaison, ainsi qu'à un nombre infini d'endroits de la suite, lesquels n'ont entr'eux qu'une seule et même représentation.

« La lettre *r*, tranchée dans le milieu de son corps comme un *t*, ainsi qu'il est prouvé aux mots *revenus* des 11 et 13ᵉ lignes, *rentes* et *revenus* des 14 et 15ᵉ, au premier recto de la pièce en question, également semblables aux pareilles lettres des mots *tromperie*; *sur*, *d'agriculture*, *revu*, *remis*, *curé*, *registre*, *mettre*, étant aux 4, 7, 8, 9, 14 et 18ᵉ lignes de la ditte pièce de comparaison.

« Qu'ayant pareillement comparé les chiffres employés tant à la pièce de question qu'à celle de comparaison, nous n'avons trouvé entr'eux qu'un seul et même usage et même habitude de les produire sous une même représentation et même forme; et, ce qui fortiffie sur ce sentiment, c'est la preuve que l'on en a incontestable par les petits zéros placés sur la droite de leur sommité, lesquels se trouvent presque tous génerallement ouverts, et qui ne sont point fermés du revers au délié.

« Observations dans lesquelles nous croyons devoir nous renfermer, pour ne pas entrer dans un plus long détail qui n'opéreroit que des répétitions ennuyeuses, celles précédemment faites nous ayant paru plus que suffisantes pour assurer, ainsi que nous le croyons en nos consciences, que les dittes lettres, tant de question que de comparaison ci devant désignées, n'ont eu pour leur production qu'un seul et même auteur.

« Tel est l'avis de nous experts susdits et soussignés, que nous affirmons sincère et véritable, lequel avons délivré pour servir et valoir ce que de raison.

« Ce jourd'huy trois octobre 1751.

« Masselot.

« Grenet. »

N'ayant plus aucun doute que Lenglet du Fresnoy ne fût l'auteur de la lettre, on alla visiter ses papiers d'après un ordre du Roi, contresigné d'Argenson, pour saisir tous ceux qui seraient contraires à la religion, à l'état, et tâcher de découvrir aussi sans doute la minute de la lettre au contrôleur-général.

Quoiqu'on ne trouvât rien qui déposât contre l'abbé Lenglet, on le conduisit néanmoins à la Bastille, ainsi que le prouve la lettre suivante à M. Berryer.

« Monsieur,

« J'ai l'honneur de vous rendre compte que j'ai arrêté et conduit à la Bastille le sieur abbé Lenglet du Fresnoy, en vertu de l'ordre du roi anticipé en datte de ce jourd'hui (1).

« Le commissaire de Rochebrune a préalablement fait perquisition chez lui, où il ne s'est rien trouvé de ce que nous cherchions; malgré cela, je persiste toujours à le croire très coupable.

« Il a d'abord été surpris de nous voir, et a enfin (à son ordinaire), soutenu cela avec assez de fermeté. Il ne se doute point de ce dont il est question, puisqu'il soupçonne Rollin, libraire, avec qui il est en dispute, de lui avoir joué ce tour.

« D'Hémery.

« Ce 29 décembre 1751. »

Lenglet ne fut pas plus tôt à la Bastille, qu'il écrivit la lettre suivante à M. de Machault :

« Monseigneur,

« C'est un coupable qui se jette aux pieds de votre grandeur, pour implorer sa clémence et sa miséricorde, sur une faute qu'il a commise à son égard, et dont il connoit toute l'énormité. Si le vrai, si le sincère repentir peut faire pardonner les plus grands péchés,

---

(1) Le 25 décembre.

vous pouvez croire que je mérite quelque indulgence; je ne crois pas qu'il y en ait de pareil à celui que je ressens : je supplie votre grandeur de me regarder comme une Magdelaine pénitente, qui ne veut pas se lever qu'elle n'ait obtenu sa grace. Je vous la demande, Monseigneur, avec le cœur le plus contrit et le plus pénitent. Je me suis bien gardé d'aggraver l'énormité de ma faute par un mensonge : dès que M. Berryer me montra la lettre qui vient réellement de moy, je lui avouai que je l'avois écrite, mais en déguisant mon écriture. J'aime mieux devoir ma grace et ma liberté à la clémence de votre grandeur, que de fonder une espèce de justification sur des mensonges accumulés les uns sur les autres. Tel est le caractère de ma sincérité, et je suis connu pour tel.

« Vous pouvez vous souvenir, Monseigneur, que cette lettre étoit sous une double enveloppe, dont l'intérieur étoit à vous seul, parce que je ne voulois pas divulguer ce qu'elle contenoit; et de fait, personne au monde n'en a de ma part aucune connoissance; et, si je l'avois communiquée, votre grandeur n'auroit pas manqué de le savoir, et mon crime en seroit plus grand de beaucoup. C'est peut-être une faute que j'ai faite de ne la pas lire à quelque ami, qui m'auroit surement conseillé de ne la pas envoyer. Ainsi, Monseigneur, ce n'a pas été pour vous décrier, ni vous diffamer que je l'ai écrite. J'espère que dans l'énormité de ma faute, cette circonstance peut concourir à m'en faire obtenir le pardon de la part de votre grandeur.

« Mais je ne veux, Monseigneur, le devoir qu'à votre grandeur d'âme. L'homme puissant, revêtu de l'autorité législative, peut avec justice punir les fautes qu'on a commises contre lui; mais il n'appartient qu'au grand cœur, qu'au cœur généreux de pardonner avec plaisir les insultes qu'on lui a faites, et c'est sur ce pied là que j'ose implorer votre clémence. Si je l'obtiens vous devés compter que, sous votre bon plaisir, je publierai, même pour les siècles à venir, avec quelle générosité vous m'avés pardonné une de ces fautes qui sont irrémissibles dans le monde. Quoique je sois peu de chose, vous devés croire que vous aurés en moi un admirateur et un serviteur des plus zélés.

« Je n'avois pas eu l'honneur de vous approcher, ni même de vous voir, avant le commencement du mois de décembre dernier. Mais la vüe de votre grandeur me frappa; ce qui, joint à l'air de bonté et de douceur avec lequel elle me parla, me fit faire non seulement un retour sur la fatale démarche que j'avois faite, mais encore détester ceux qui, par jalousie ou par quelque intérêt particulier, cherchoient à vous dénigrer. Ce n'est pas, Monseigneur, que longtemps auparavant je n'eusse été détrompé sur ce qu'on avoit publié contre vous; ce qui me fit prendre la liberté de vous adresser en mon nom plusieurs mémoires, dont trois regardoient les affaires du clérgé que vous gardates, et vous m'en renvoyates quatre autres que vous accompagnates d'une lettre dans laquelle je remarquai une douceur de mœurs, et une politesse que je n'avois encore trouvée en aucun ministre. Je me souvins alors de ce qu'on m'avoit assuré, que feu M. le prince Charles, seigneur d'un si grand sens et d'un si grand discernement, avoit conçu pour votre grandeur une estime qui alloit au-delà de tout ce qu'on en peut dire. Et le sieur Croiset, que vous daignés protéger, est en état de vous marquer, Monseigneur, avec quels éloges je lui ai dans tous les temps parlé de votre grandeur; et quand il m'a consulté, je lui ai toujours conseillé de ne remettre qu'à elle seule le contrebillet des munitionnaires d'Italie, dont il est saisi. J'ai bien remarqué, Monseigneur, que les lettres signées de moi, ont servi de pièces de comparaison pour vérifier celle du mois de mars; ce qui m'a rappelé cette parole de l'Écriture : *Nil occultum quod non revelabitur.*

« Oserois-je, Monseigneur, au motif de la grandeur d'âme, sous les auspices de laquelle j'implore votre clémence et votre miséricorde, en ajouter un autre qui partira de votre charité et de votre religion. J'ai 78 ans, il y en a 56 que je travaille dans la littérature; je n'ai jamais rien demandé, quoique j'aie été lié avec plusieurs ministres; je n'ai donc que ce que Dieu m'a donné. Cependant je dois environ 3500 livres, dont deux années de mes loyers. Pour en faire le fonds et ne pas sortir de ce monde avec le bien d'autrui, j'avois obtenu, le 25 octobre dernier, un privilège pour mes principaux ouvrages. Si je reste ici longtemps, Monseigneur, je ne pourrai pas faire usage de ce que j'ai si légitimement acquis par mes travaux; et par là je serai entièrement ruiné. Que votre charité daigne empêcher cette ruine, qui seroit pour moi sans ressource. C'est une œuvre digne de votre religion. Je vous supplie très respectueusement de joindre ce motif de charité à celui de votre générosité; cette double grace, que vous m'accorderez, sera un puissant aimant qui en attirera de considérables sur la personne de votre grandeur. Ne me refusés pas, Monseigneur, ne me refusés pas cette grace; un seul mot de votre part m'empêchera de périr.

« Si je ne suis pas assez heureux pour l'obtenir, je me garderai bien de murmurer : les murmures ne servent ni de remèdes ni de consolations. J'aurai recours aux sentimens d'un illustre pénitent du siècle dernier, qui disoit au Seigneur irrité contre lui :

« J'adore en périssant la raison qui t'aigrit;
« Tonne, frappe, il est temps, rends moi guerre pour guerre;
« Mais dessus quel endroit tombera ton tonnerre,
« Qui ne soit tout couvert du sang de Jésus-Christ. »

« Je l'invoque, Monseigneur, je le prie pour qu'il daigne toucher votre cœur en ma faveur, et qu'il me fasse la grace de me dire perpétuellement, et avec le plus profond respect,

« Monseigneur,

« de votre grandeur,

« Le très humble et très obéissant serviteur,

« quoique indigne,

« L'abbé LENGLET DU FRESNOY.

« De la Bastille, ce 2 janvier 1752. »

On ne fit point de réponse à l'abbé Lenglet. Alors voyant que le temps de sa détention serait plus long qu'il ne l'avait pensé, il écrivit la lettre qui suit à M. Berryer, pour avoir la certitude que celle qu'il adressait à madame de la Barre, sa sœur, lui parviendrait (1).

« Monsieur,

« Je scay que c'est à la persévérance des prières que Dieu et les hommes accordent des grâces; ainsi ne soyez pas surpris de mes fréquentes importunités. Ce sont des adoucissemens que mon âge demande de votre charité; d'ailleurs, je crains ma ruine totale par la perte de mes effets; permettez moi de la prévenir, en priant madame de la Barre d'y vouloir bien mettre ordre.

« Que votre religion fasse pour moi ce que vos anciennes bontés m'auroient autrefois accordé; je vous en prie, je vous en conjure, ne me refusés pas cette grace, et vous verrés que je ne m'en rendrai pas indigne.

« Oserais-je vous prier de faire passer cette lettre à madame de la Barre.

« J'ai l'honneur d'être, avec tous les sentimens de respect dont je suis capable,

« Monsieur,

« Votre très humble et très obéissant serviteur,

« L'abbé Lenglet du Fresnoy.

« De la Bastille, ce 14 janvier 1752. »

---

(1) Madame de la Barre avait épousé un Maître des Comptes.

A MADAME DE LA BARRE, RUE D'ORLÉANS, PRÈS LES CAPUCINS
DU MARAIS.

« De la Bastille, ce 14 janvier 1752.

« Il y a près de 15 jours, Madame, que je vous ai priée de faire prendre chés moi :
« 2 chemises, 4 mouchoirs, 2 bonnets de cotton, 2 paires de chaussons.

« Faites moi l'amitié de me les envoyer, sous le bon plaisir de M. Berryer. M'auriez-vous oté vos soins et votre amitié; si cela étoit, je le devrois à mes malheurs. Je persévère toujours à vous prier instamment de ne pas abandonner la pauvre dame, qui m'a rendu service depuis tant d'années très généreusement. Joignés cette charité à celles que vous avez faites, je vous en conjure. Je vous ai marqué son caractère; mais vous verrés que sans lui rien commander, elle vous servira mieux que personne; elle ira même au-devant de vos desirs. La prière et la douceur font sur son esprit beaucoup plus d'effet que le commandement sur les autres.

« Je viens, Madame, à l'arrangement de quelques affaires : je dois deux années de mes loyers, à 230 livres, ce qui fait 460 livres; puis les petites réparations locatives; et il faut donner congé avant le 14 février prochain : la dame en question le peut faire; et, quand le terme viendra à sa fin, il sera bon de retirer mes effets. Mais les livres, les secrétaires et les fayences doivent être portés en brancars; les autres gros meubles peuvent souffrir la charrette. Je dois outre cela, environ 130 livres restant d'une plus forte somme, et 36 volumes en blanc. C'est une dette que j'avois payée il y a plus de 45 ans au sieur Musier, libraire; mais dont je n'avois jamais pu retirer mon billet; il disoit toujours l'avoir égaré; mais, à la mort de sa femme, ce billet s'est retrouvé, et a passé entre les mains de ses enfans : j'ai donc été condamné à payer; en voici l'état :

« Sur 192 livres, j'ai payé 48 livres au mois de novembre dernier; plus, 12 livres que j'ai données à la dame Musier durant sa maladie, reste donc 132 livres à payer.

« Plus, je dois donner 36 volumes en blanc, in-12, mais en nature. Je dois encore un reste à M. Le Petit; mais il me doit revenir près de 600 livres sur ma géographie, et il y aura plus de moitié plus qu'il ne faut pour le satisfaire.

« Il peut arriver, Madame, que, vu vos dépenses, vous ne serés pas en argent comptant; faites-moi la grace d'emprunter quelque chose, dont vous vous rembourserés sur la rente de l'hôtel de ville, et sur ma pension. C'est, Madame, ce qui empêchera ma ruine totale.

« En retirant mes effets, il faudra mettre tous les papiers bons et mauvais dans des coffres ou de grands paniers, et les livres en paquets. Voici le total :

« Pour loyer 460 livres, et les reparations locatives.

« Plus, 132 livres pour le sieur Musier; il faut les faire payer chez M. Eynart, procureur au parlement, rue Guénégaud, à qui j'ai payé tous les frais de justice. Plus, lui remettre 36 volumes en blanc. M. de Bure pouroit, à cet effet, fournir 5 géographies faisant 35 volumes, et une géographie des enfans, ce qui feroit 36 volumes, et tirer quittance du tout.

« On peut prendre, pour payer cette partie, ce qui peut revenir du produit de la rente de la ville. Le contrat est entre les mains du sieur de Saint-Martin, qui demeure chez M. de la Rue, payeur de rentes, rue Courtaut-Villain, vis-à-vis l'église des Carmelites ; vous pouvés le faire avertir de vous venir parler.

« Comme pour éviter les mauvais discours, je ne voulois pas que cette dame logeat sous ma même clef, je lui payois son appartement ; elle en avoit pour 84 livres, elle doit une année. Pour y satisfaire, vous prierez M. de Bure, qui est le plus honnête homme des libraires que je connoisse, de prendre chez moi :

« 1° Catalogue des belles lettres de la Bibliothèque du Roi, folio, 2 vol.; 2° Alsatta Illustrata, in-folio ; 3° Saint-Aubin, Généalogie des rois de France, in-4°; 4° Metallurgie, in-12, 2 volumes en maroquin ; elle est dans un tiroir du bureau de mon second cabinet; 5° mon Traité des Apparitions, in-12, 2 vol. en maroquin; il est dans une petite boitte, sur un des fauteuils de mon grand cabinet; mais il me faut laisser celui qui est aux armes du pape; 6° prendre Lactantii opera, in-4°, 2 volumes, et quelques autres livres à son choix, auxquels il apposeroit le prix à sa volonté; et le remettroit à cette dame pour payer son loyer, et ce qu'elle pourroit devoir.

« Voilà bien de l'embarras, Madame, mais votre amitié peut vous le faire surmonter. J'ai l'honneur d'être très sincèrement, Madame, votre très humble et très obéissant serviteur,

« L'abbé LENGLET DU FRESNOY.

« *P. S.* Si l'on n'avoit pas remis à M. de Bure les volumes approuvés de ma Géographie, ils sont dans le petit cabinet; il peut les prendre. »

RÉPONSE DE MADAME DE LA BARRE A SON FRÈRE.

« Je resois avec un plesirs estremme, mon trais cher frere, la lettre que vous mavé ecrit; sat me fait voyre que vous vous porte bien, et que jore quelque fois de vos nouvelle. Je né sus votre detension que huit jour aprais, jay fait et je feré tout ce qui dependras de moy, vous connesé asé mon cœur pour aitre persuadé que je travalie pour vous, et ne negligere rien. M. de la Barre agit de son mieux; notre ami de chez le conte est bien afligé, il vous aimme tout a fait aux sy bien que nous.

« Je feré essactemant tout vos comision, et vous instruiré du toute puisque celas mais permis. Je ne vous rand point conte des demarche que jai faite, parceque je ne sais pas sil y ais permis de parler dafaire a des prisonié.

« M. le presidan de Saint-Valier et venu ici plusieur fois, pour aitre instrui de vos afaire et savoire de vos nouvelle.

« Jai fini avec Beunron, je lui aie donne 200 livres, qu'il a pris avec bien de la penne; je vous de rois savoire sy jai bien fait, je mant suis raporté a sat bonne fois, il moras peuteitre trompe. Votre libraire crie comme un aigle, il veut avoir la suite de la metode pour ettudié listoire; pourie vous pas i travalie ou vous aite? et quo mant vous le vous que lon an use avec lui? Faite le moi savoire si vous pouvé.

« Mademoiselle Le Conte ait morte en Touraine, che M. Amelot; jans suis, je vous asure, bien aflige; cetoit une fille dun grand merite. Je ne suis pas a faire dire de meise pour vous, ces parsceque jai ete malade. Tous vos amis vous salu.

« Je suis, mon trais cher frere,

« Votre trai afectionne seur,

« LENGLET. »

Les parents du prisonnier faisaient effectivement toutes les démarches possibles pour obtenir sa grâce, et M. Berryer, touché de leurs peines, adressa la note suivante à M. d'Argenson :

« L'abbé Lenglet du Fresnoy étant d'un age très caduc, ayant près de 79 ans et sujet à des infirmités, et promettant d'être fort circonspect à l'avenir, je pense qu'ayant égard à ces circonstances, on pourroit le rendre libre. Si monsieur le comte d'Argenson pense de même, il est supplié de faire expédier un ordre pour sa liberté. »

M. d'Argenson envoya l'ordre au gouverneur de la Bastille, et le prisonnier sortit le 24 janvier 1752, après avoir signé la promesse suivante, qu'on faisait signer à toutes les personnes ayant leur sortie de prison :

« Estant en liberté, je promets, conformément aux

ordres du Roy, de ne parler à qui que ce soit ni en aucune manière que ce puisse être des prisonniers, ni d'autres choses concernant le château de la Bastille, qui auroient pu parvenir à ma connoissance. Je reconnois de plus que l'on m'a rendu tout l'or, l'argent, papiers et effets que j'ay apportés au dit château. En foy de quoy j'ay signé le présent.

« L'abbé LENGLET DU FRESNOY.

«Fait au Château Royal de la Bastille le 24 du mois janvier 1752.»

Quoique arrivé à l'âge où les infirmités, compagnes de la vieillesse, réclamaient un loisir doux et tranquille, Lenglet du Fresnoy refusa constamment d'aller demeurer chez sa sœur, qui jouissait d'une grande fortune, et préféra rester seul chez lui, pour travailler à son aise.

Il se livra fort tard à la chimie, croyant, dit-on, trouver la pierre philosophale, et l'on ajoute qu'étant sans doute l'ennemi des médecins, il se traitait lui-même.

Un jour, s'étant purgé avec un sirop de sa composition, il devint prodigieusement enflé. Il eut recours à une autre drogue, encore de sa façon, qui le rendit presque étique.

Enfin un soir, rentrant chez lui sur les six heures, il prit un livre qu'on lui avait envoyé (1).

---

(1) C'était les *Considérations sur les Révolutions des Arts*, par l'abbé de Méhégan.

Il en lut quelques pages, s'endormit, et tomba dans le feu, où sa tête fut presque brûlée. On arriva trop tard pour le secourir, et il mourut de ce funeste accident, le 16 janvier 1755. On l'inhuma le lendemain à Saint-Séverin.

On a prétendu qu'il fut mis à la Bastille dix ou douze fois, et à ce sujet on a raconté qu'en ayant pris en quelque sorte l'habitude, quand il voyait entrer un exempt appelé Tapin, il ne lui donnait pas le temps d'expliquer sa mission, et, prenant le premier la parole : *Ah! bonjour, M. Tapin. Allons, vite,* disait-il à sa gouvernante, *mon petit paquet, du linge, du tabac, etc.*, et il allait gaîment à la Bastille avec M. Tapin.

Je crois l'anecdote faite à plaisir. Nous n'avons vu cet exempt se présenter chez lui qu'une seule fois; et jamais Lenglet, homme dangereux, qui fut un brouillon, un intrigant et le plus caustique des hommes, ne parut de bonne humeur lorsqu'il fallait se rendre en prison (1).

---

(1) Dans des notes données par d'Hémery à la Bibliothèque du Roi, il est dit que *Lenglet bouleverseroit un royaume..... Il a de l'esprit comme un diable, et le corps aussi frais que s'il n'avoit que vingt ans. Il étoit petit, très-épais, d'une phisionomie brune et honnête.*

L'Inspecteur de Police aurait pu ajouter *qu'il était doué*

Quant aux dix ou douze fois qu'il aurait été à la Bastille, selon plusieurs auteurs, on a vu qu'elles se réduisent à cinq (1); et sans doute Lenglet, qui aimait tant *la liberté*, dut trouver ce nombre suffisant.

---

d'une mémoire prodigieuse. « Cette qualité parut chez madame de Graffigni, où l'abbé Lenglet dîna avec plusieurs savants, entre autres avec M. Duval, Bibliothécaire de l'empereur. Il y avait trente ans que Lenglet était de retour de Vienne. Il connaissait la Bibliothèque de l'empereur Charles VI. La conversation étant tombée sur ce sujet, il fit une longue énumération des livres et des manuscrits qui composaient cette Bibliothèque; il en avait retenu tous les titres; à un tel endroit, disait-il, sont tels et tels ouvrages; à telle tablette tels autres, etc. M. Duval ne pouvait revenir de sa surprise; la Bibliothèque de l'Empereur se trouvant alors dans le même état, le même arrangement, que le disait l'abbé Lenglet. »

Tableau Historique de l'Esprit et du caractère des Littérateurs Français, Tom. III, pag. 237.

(1) Récapitulation : — A la Bastille le 15 septembre 1718, jusqu'au 21 décembre 1719.

A *Strasbourg, au fort Pierre*, du mois de mai 1722, jusqu'en octobre 1723.

Le 25 mars 1724 à Vincennes, d'où il fut transféré à la Bastille le 29 juin. Il sortit le 26 juin 1726.

Le 28 mars 1743 à la Bastille. Il obtint sa liberté le 8 juin suivant.

Le 7 janvier 1750 au fort l'Évêque, de là, conduit à la Bastille, d'où il sortit le 24 mars suivant.

A la Bastille le 29 décembre 1751; sorti le 24 janvier 1752.

MADAME DE TENCIN.

Plusieurs biographes ont déjà écrit sur la vie et le caractère de madame de Tencin. Tous ont dit à peu près ce que fut cette dame ; mais comme ils n'ont pas puisé dans les sources, seul moyen d'écrire l'histoire pour ne rien avancer sans preuve, et qu'ils n'ont joint aucune date à leur notice, ils se sont tous répétés, et les erreurs ont été partout les mêmes. Plus scrupuleux que nos devanciers, et riches de nouveaux documents, nous croyons pouvoir rappeler encore la vie de cette femme célèbre, sans chercher à réhabiliter sa mémoire ni à diminuer, aux yeux de la postérité, le mérite littéraire de l'écrivain.

Claudine-Alexandrine Guérin, connue sous le nom de madame de Tencin, naquit en 1681, à Grenoble, d'Antoine Guérin, seigneur de Tencin et de Forges, président à mortier au parlement de cette ville ; et de Louise de Buffevant (1).

---

(1) Madame de Tencin était arrière-petite fille de François

Contrainte de se faire religieuse, elle prit le voile à l'abbaye des Bernardines de Montfleuri en Dauphiné. Le directeur, homme pieux, mais faible, se laissa insensiblement subjuguer par les charmes de sa personne, et il en devint bientôt amoureux (1). La jeune pénitente, douée d'un penchant décidé pour l'amour et surtout pour l'ambition, ne se méprit point sur la nature de l'attachement qu'on lui portait; aussi sut-elle profiter de cette occasion et de l'ascendant qu'elle avait pris sur l'ame du directeur, pour sortir du cloître et protester contre les vœux qu'on l'avait forcée de faire (2). En effet, après cinq ans de profession, elle obtint la permission d'entrer comme chanoinesse au chapitre de Neuville, près de Lyon. Mais elle ne s'y arrêta pas long-temps, et quitta le chapitre pour venir à Paris. Fontenelle, charmé de son esprit, l'y ac-

---

Guérin, seigneur de Tencin, conseiller au parlement de Grenoble, et de Judith Faure, fille de François de Faure, seigneur de Rivière, président dans le même parlement.

(1) Voyez la Galerie de l'Ancienne Cour, seconde édition, tom. IV, pag. 88.

(2) Elle avait fait comme religieuse les trois vœux de Clôture, de Pauvreté et de Virginité, mais elle n'en observa aucun.

cueillit, sollicita et obtint pour elle le rescrit du pape pour être relevée de ses vœux; mais comme il était subreptice et rendu sur un faux exposé, il ne fut point publié; et Claudine, par conséquent, ne se vit pas dégagée entièrement de tout lien religieux.

La nature lui avait accordé ces dons extérieurs qui séduisent, et un esprit aussi fin que délicat. Elle devint mère de deux enfants, dont M. Villion, colonel d'un régiment irlandais, était le père. A cet officier succéda le maréchal de Médavi (1), mort le 6 novembre 1725; et elle plut aussi quelques jours au Régent, qu'elle ne put captiver, attendu, dit-on, que cette dame se *pressa trop d'arriver à ses fins et dégoûta le prince* (2); mais elle fut plus heureuse avec l'abbé

---

(1) *Mémoires pour servir à l'histoire de M. le cardinal de Tencin, jusqu'à l'année* 1743, pag. 14.

(2) Dans un recueil manuscrit d'*Anecdotes Historiques*, tom. X, pag. 50, Bibliothèque Mazarine, nous avons trouvé la chanson suivante:

>Tencin, vous avez de l'esprit;
>On le voit à votre conduite:
>D'Argenson vous avez séduit,
>Pour éviter mieux la poursuite
>De cet affreux débordement,
>Qui vous fit chasser d'un couvent.

Dubois, adonné tout ensemble aux femmes, au vin et au jeu. Cet abbé, non-seulement l'affectionna, mais il s'intéressa encore à la fortune de

---

Boulenbrock, es-tu possédé? (1)
Idée étrange et chimérique!
De t'amuser à caresser,
La fille de Saint Dominique.
Crois-tu que d'elle et d'un toris,
Il en peut naître l'antechrist?

Penses-tu donc plaire au Régent,
Suivant toujours cette guenipe
Qui l'a quitté depuis trois ans,
Il a fait serment par Saint Phlippe,
Qu'il mépriserait tout mortel,
Sacrifiant à cet autel.

La Fériol (2) a moins d'esprit
Avec son grec et sa science,
En laissant échapper Coignit,
Homme de très grand importance;
Pour sa fortune et sa santé,
Il s'était là bien mal niché.

D'Uxelles ne la voit jamais
Qu'en tremblant, perdant la parole.
Il déteste les vieux attraits,

---

(1) Milord Saint-Jean.
(2) Madame de Fériol était sœur de madame de Tencin.

son frère, grand-vicaire de Sens. Cependant cela n'empêcha point qu'elle n'eût aussi avec le chevalier *Destouches-Canon* (ou le Camus Destouches), *commissaire provincial d'artillerie,* une liaison dont le célèbre d'Alembert fut le fruit clandestin (1).

Né et exposé le 16 novembre 1717 sur les marches de la petite église de Saint-Jean-le-Rond (2), dont il reçut les noms, il fut recueilli

---

    Dont il a gagné la . . . . .
    Hélas! dit-il, tout confondu,
    Que ne l'ai-je . . . . . (*).

(1) Ce Destouches, mourut le 11 mars 1726.

(2) Et non pas sur les marches de l'église de Saint-Roch, comme le dit M. Auger dans les OEuvres complètes de madame de Tencin, tom. III, pag. 6. C'est Chamfort qui fut trouvé sur les marches de Saint-Roch, dont il porta le nom. Il ne voulut point paraître à la mort de sa mère, pour recueillir la succession. Il est vrai qu'elle s'élevait à peu de chose. Nous devons cette anecdote à M. Van-Praet, l'un des administrateurs de la Bibliothèque du Roi, et si connu par sa complaisance inépuisable pour les Littérateurs.

L'église de Saint-Jean le Rond, détruite depuis longtemps, était située, cloître Notre-Dame, à l'angle septentrional du grand portail de la cathédrale.

(*) On accusait M. d'Uxelles d'avoir des goûts bizarres.

par un commissaire qui, voyant que l'existence de cet enfant était trop frêle pour l'envoyer aux enfants-trouvés, le confia à la femme d'un pauvre vitrier, qui lui donna tous les soins d'une mère tendre. On raconte qu'à l'époque où les talents de d'Alembert commencèrent à jeter quelque éclat, madame de Tencin voulut se faire connaître à lui; et que le jeune homme, peu sensible à cette marque tardive d'amour maternel, s'y refusa en disant : « Je ne connais qu'une mère : c'est la vitrière. » Mais on a prétendu que cette anecdote était fausse, et que le jeune géomètre eût volé dans les bras de madame de Tencin, si elle les lui eût ouverts. On ajoute à l'appui de cette assertion, que le jour où cette femme célèbre mourut, d'Alembert, qui avait pris un engagement, le rompit en disant : « Vous savez bien que je ne puis dîner en ville aujourd'hui. »

Quoi qu'il en soit, madame de Tencin, liée avec le fameux Law, procura à son frère, *qu'elle aimait passionnément* (1), la connaissance et l'amitié de cet *habile calculateur*, qui ne voulut faire son

---

(1) Expressions de *Duclos*.

abjuration du calvinisme qu'entre ses mains; ce qui donna lieu à l'épigramme suivante :

> Foin (1) de ton zèle séraphique,
> Abominable abbé Tencin ;
> Depuis que Law est catholique,
> Tout le royaume est capucin.
>
> Grand Law, pourquoi ne pas attendre
> A faire la conversion,
> Dans le moment qu'on t'irait pendre,
> A l'exemple du bon Larron ?

Cette abjuration, qui eut lieu le 17 septembre 1719 à Melun, valut, le 5 janvier 1720, la place de contrôleur général des finances à Law, et beaucoup d'actions et de billets de banque au frère de madame de Tencin, altéré d'or et de richesses.

ON DISTRIBUA DANS PARIS LES VERS QUE VOICI :

> Enfin Law s'est fait catholique,
> Je reconnais sa politique,
> Il veut être canonisé,
> Pour de l'argent on l'est à Rome.
> Je tiens le Paradis ruiné,
> Si l'on y reçoit ce grand homme.

---

(1) Mot qui tient lieu de *fi*.

D'un protestant faire un papiste (1),
D'un chancelier un scélérat (2),
D'un cardinal un apostat (3),
C'est être bon chimiste.

Les querelles du jansénisme et du molinisme occupaient alors tous les esprits; et le grand-vicaire de Sens, devenu déjà archevêque d'Embrun, était de ce dernier parti (4).

---

(1) Law.

(2) D'Aguesseau, qui avait fait tout ce qu'on avait voulu pour être rappelé. Il était exilé à Fresnes.

(3) Le cardinal de Noailles, qui s'était accommodé avec les partisans de la bulle.

L'abbé Terrasson était très-dévot au culte de Plutus. Quelqu'un lui demandant, lors du système déplorable de Law, si la fortune le traitait favorablement : « J'ai déjà trois roues de « carrosse, je travaille à gagner la quatrième, » répondit-il. En effet, il composa une brochure sur l'*excellence des opérations* de Law, dans laquelle il fit un éloge outré de ce financier qui mit la France à deux doigts de sa perte. Voici l'épitaphe que fit un anonyme à sa mort :

« Ci-gît cet Écossais célèbre,
« Ce calculateur sans égal,
« Qui, par les règles de l'algèbre,
« A mis la France à l'hôpital. »

Voir pour tous les vers cités, un manuscrit du temps, à la Bibliothèque Mazarine.

(4) Nommé archevêque d'Embrun, le 6 mai 1724. Il

Madame de Tencin, jetée dans le tourbillon des affaires, des plaisirs, et surtout des intrigues, prit part à cette discussion, et anima tous les partis par ses discours. Mais, dans la crainte qu'elle n'occasionnât des haines trop fortes, *le roi, mécontent de sa conduite*, envoya ordre à la dame théologienne de se retirer à Orléans, ce qui eut lieu en 1730 (1). Heureusement pour elle, cette espèce d'exil ne dura pas long-temps. Son frère, qui commençait à entrer dans l'intimité du cardinal de Fleuri, la fit bientôt rappeler. Elle revint donc à Paris. Les agréments de sa personne et de son esprit, des idées brillantes, des passions vives, un caractère sensible mais impétueux, une âme forte et un courage soutenu, la firent rechercher des gens d'esprit et des seigneurs de la cour. Sans jouir d'une immense fortune (2), madame de Tencin parvint à avoir

---

fut sacré le 2 juillet suivant, par le pape, dans l'église de Sainte-Marie, *in Vallicello*, des prêtres de l'Oratoire de Saint-Philippe de Néri.

(1) Voyez le Répertoire Manuscrit des papiers du dépôt du château de la Bastille, etc., à la Bibliothèque du Roi, vol. in-fol.

(2) Dans un manuscrit de la Bibliothèque Mazarine, on lit

une maison qui était le rendez-vous des savants et des gens de lettres du premier ordre. Les seigneurs les plus aimables et les étrangers les plus distingués de tous les pays briguaient également l'honneur d'être introduits dans ce salon, qui devint bientôt l'école du goût et le temple des Muses. « Il y avait là trop d'esprit pour moi, dit Marmontel (1).... On y arrivait préparé à jouer son rôle.... C'était à qui saisirait le plus vite, et comme à la volée, le moment de placer son mot, son anecdote, sa maxime ou son trait léger et piquant.... Dans Marivaux, l'impatience de faire preuve de finesse et de sagacité perçait visiblement (2). Montesquieu, avec plus de calme,

---

que cette dame *se fit vingt-cinq mille livres de rente, par le moyen de l'agiot.*

(1) Voyez ses Mémoires.

(2) Marivaux s'étant un jour exprimé chez madame de Tencin d'une façon hardie, et qui parut forcée à quelqu'un de la société, Fontenelle fit une exclamation, et dit : « Il faut passer les expressions fortes à Marivaux, ou bien renoncer à son commerce. » Marivaux crut entrevoir de la raillerie dans ce mot, et y parut sensible. Fontenelle, qui avait voulu lui dire une chose obligeante, ajouta aussitôt, en lui adressant la parole : « Monsieur Marivaux, ne vous pressez pas de vous fâcher, quand je parlerai de vous. »

Galerie de l'Ancienne Cour, tom. III, pag. 457.

attendait que la balle vînt à lui; mais il l'attendait. Mairan guettait l'occasion; Astruc ne daignait pas l'attendre; Fontenelle seul la laissait venir sans la chercher. » Ce qui porterait à croire que l'esprit s'y montrait quelquefois avec prétention, et le savoir avec pédanterie.

Fontenelle et Montesquieu étaient les deux hommes les plus assidus de cette société, et c'étaient ceux qui en faisaient le charme et l'ornement. Aussi quand l'*Esprit des lois* parut, madame de Tencin, afin de donner la première impulsion au succès de ce chef-d'œuvre, prit un nombre considérable d'exemplaires pour les distribuer aux gens d'esprit ses amis, qu'elle appelait ironiquement *ses bêtes*, et quelquefois *sa ménagerie;* contre-vérité obligeante, aimable plaisanterie, dont personne ne se fâcha jamais. On rapporte que chaque année, à l'époque des étrennes, elle donnait à quelques uns des membres de cette ménagerie spirituelle deux aunes de velours pour des culottes (1). Quand l'écrivain (2) qui s'emporte contre *l'indécence* de

---

(1) L'anecdote est vraie, voyez les *Cinq Années littéraires*, tom. Ier, pag. 256.

(2) Monsieur Delandine.

celle qui faisait un semblable présent et la *complaisance* de ceux qui l'acceptaient, a dit depuis que les hommes de lettres étaient *plus respectables sous le vêtement simple et modeste* qui les couvrait, *que sous le velours fastueux*, il faisait semblant d'oublier, sans doute, dans son plaisant courroux, que le velours est plus chaud que le tissu léger qui couvre souvent un écrivain, et que d'ailleurs le temps des étrennes se trouve toujours en hiver.

L'on a remarqué que madame de Tencin eut le rare mérite d'aussi bien choisir ses amis qu'elle eut le talent de se les attacher. On sait que le cardinal Prosper Lambertini était en correspondance suivie avec elle, et que lorsque celui-ci devint pape (1), il l'honora aussitôt de son portrait. La dame, sensible à cet honneur, lui répondit une lettre ingénieuse dont nous rappellerons seulement le passage suivant : « Votre affabilité, votre « bonté, votre fidélité dans l'amitié, vous avaient « fait de tendres amis de ceux qui sont devenus « vos enfants. Depuis long-temps mes vœux pla- « çaient votre sainteté sur la chaire de Saint-

---

(1) Benoît XIV.

« Pierre; j'étais, par mes désirs, votre fille spiri-
« tuelle, avant que vous fussiez le père commun
« des fidèles. »

Au milieu d'un cercle de beaux-esprits formé par les hommes les plus instruits et les plus aimables, on voyait madame de Tencin donner le bon ton et le goût, étonnés peut-être de se trouver ensemble après les orgies de la Régence. Tout le monde l'écoutait avec attention ; d'heureuses saillies rendaient son entretien aussi léger que séduisant. Elle parlait à chacun son langage; elle était enfin tout à ses amis, quoiqu'elle eût lieu d'être tout à elle. Mais sa société fut troublée de temps en temps par quelques aventures assez tristes. Celle de *la Fresnais*, l'un de ses amants, conseiller au grand conseil, qui se tua, ou fut tué chez elle d'un coup de pistolet (1), fut peut-être la plus fâcheuse de sa vie, et lui causa surtout autant de peine que d'inquiétude. Mais on sait que sa tristesse était toujours froide et muette dans les plus grands chagrins. Comme ce ma-

---

(1) Le 6 avril 1726, madame de Tencin demeurait alors rue et Porte Saint-Honoré, et avait 45 ans. Monsieur Charles-Joseph de la Fresnais fut le dernier bienfaiteur qu'ait eu cette dame.

gistrat avait laissé un testament dans lequel il peignait le caractère de madame de Tencin avec les couleurs les plus noires et les plus odieuses, et qu'il allait même jusqu'à témoigner la crainte qu'il avait de périr quelque jour de sa main, il n'en fallut pas davantage pour que ce suicide passât pour un assassinat. Aussi une accusation intentée contre elle, à l'occasion de ce funeste accident, fut-elle cause qu'on la mit au grand Châtelet, le 11 avril 1726 (1), d'où elle fut transférée à la Bastille le lendemain. Mais avant de nous occuper de son arrestation, nous croyons devoir mettre sous les yeux du lecteur une lettre de M. de la Fresnais à l'archevêque d'Embrun, et le testament célèbre de ce même la Fresnais, resté inédit (2).

---

(1) L'ordre était contre-signé : *Maurepas*. — « Le grand-conseil averti de cet accident arrivé à un de ses membres, envoya sur le lieu prendre connaissance de l'affaire, et cependant fit enterrer le cadavre. Mais le Châtelet le fit exhumer, et décréta de prise de corps Claudine et tous ses domestiques. »

Mémoires pour servir à l'histoire de M. le cardinal de Tencin, jusqu'à l'année 1743, pag. 17.

(2) Du moins jusqu'en 1824, époque à laquelle cet ouvrage fut terminé. Voyez le *Moniteur* du 29 mai 1825.

LETTRE DE M. DE LA FRESNAIS A M. L'ARCHEVÊQUE
D'EMBRUN.

« Monsieur,

« Je suis bien fasché de mourir sans avoir pu vous payer ce que je vous dois ; j'ay fait les derniers efforts pour vous payer ce que je vous ay payé. Mon impuissance vient de votre sœur : après avoir vescu avec moy en commerce d'amour pendant 3 ans, aux yeux de ses domestiques et des votres, elle s'est emparée de tout mon bien, abusant de la facilité que j'ay eu de le mettre sous son nom ; elle m'a mis dans la cruelle nécessité de périr. Si vous voulés éviter la punition de Dieu, renvoyés la dans son couvent, d'ou elle n'est assurément pas sortie canoniquement.

« Je suis, Monsieur,

« Votre très humble et obéissant serviteur,

« De la Fresnais. »

TESTAMENT DE M. DE LA FRESNAIS.

« Sur l'avis et les menaces que m'a fait depuis longtems mademoille Tencin de m'assassiner, ou me faire assassiner, ce que j'ay mesme crû qu'elle exécuteroit il y a quelques jours, sur ce qu'elle m'emprunta un de mes pistolets de poche, que j'ay eu le courage de luy donner ; et comme de ma connoissance particulière, elle a fait ce qu'elle a pû pour faire assassiner

M. de Noée, et que son caractère la rend capable des plus grands crimes; j'ay crû que la précaution de faire mon testament, ainsy qu'il en suit, étoit très convenable.

« Je déclare que je veux vivre et mourir dans la foy catholique, apostolique et romaine, dans laquelle je persévéreray jusqu'au dernier moment de ma vie.

« J'ay le cœur pénétré de la plus vive douleur, en voyant que mon bien suffit à peine pour payer mes dettes.

« J'ay perdu plus de 500 mille livres dans le cours de l'année 1724, et depuis ce tems j'ay vescû dans la plus grande œconomie, me plaignant mesme le nécessaire, pour tascher de payer mes dettes. J'ay rempli enfin ce qu'exigeoit de moy la probité; j'en prends à témoins ceux avec lesquels j'ay vescu.

« Je déclare que M. Cottin m'a crédité de 80 mille livres reçues de M. de Saint-Mars, sans que M. de Saint-Mars l'aie aprouvé en aucun tems; ainsi M. Cottin n'est pas débiteur de M. de Saint-Mars en cette partie; c'est un témoignage que j'ay crû devoir rendre à la vérité.

« Madame de Tencin a à moy appartenant, entre ses mains, un certificat de 10 actions primées par le sieur Chabert, pour mon compte, ainsy qu'il le déclarera. Outre cela, elle a un transport d'un contract de 50 mille livres sur l'isle de Rhé (1), que j'ay acquis

---

(1) Madame de Tencin prit le titre de Baronne de Saint-Martin, de l'île de Ré.

de M. Poncet, et mis sous son nom; M. Jourdain, qui a passé le contract, a fait passer la contre-lettre à mon profit. Elle a encore un contract de 45 mille livres, ou du moins une obligation passée par de Masseau à mon profit, dont je luy ay fait un transport simulé; M. Chévre, qui a passé ce transport, a fait faire la contre-lettre : l'un et l'autre le déclareront. Je luy ay remis le tout entre ses mains, aussi bien qu'un billet de 40 mille livres, dont je n'ay reçeu aucune valeur, parce que ce dépôt, me disoit-elle, la rendroit seure de moy; elle est coutumière du fait; on trouvera dans mes papiers une protestation contre un billet de 20 mille livres qu'elle m'avoit fait faire, qui a été remis par elle mesme à M. Cottin. Je joins au testament une lettre qu'elle escrivit au dict sieur Cottin dans une querelle que j'eus avec elle. Cette lettre prouve le commerce qu'il y a eu entre elle et moy. Quand j'ay voulu retirer mes effets de ses mains, j'ay été extrêmement surpris de trouver une scélérate qui m'a dit qu'elle ne me rendroit rien que je ne luy payasse le billet de 40 mille livres, que c'estoit le moindre payement qu'elle pût recevoir pour avoir couché avec moy. Cette misérable a eu pour moy les façons les plus indignes, et si monstrueuses, que le souvenir m'en fait frémir : mépris public, noirceurs, cruautés, tout cela est trop foible pour exprimer la moitié de ce que j'ay essuyé; mais sa grande haine est venue de ce que je l'ay surprise, il y a un an, me faisant une infidélité avec Fontenelle, son vieil amant, et de ce que j'ay découvert depuis qu'elle avoit avec son neveu d'Argental, le mesme commerce qu'avec moy. Cette infame a couché avec moy pendant quatre ans, au vû et au sçû de tous ses domestiques, d'une partie de ses parens et de ses amis, et après cela n'a pas eu honte de me traitter publiquement comme un valet; et, par ses friponneries, m'a mis hors d'état de payer mes dettes, sans jamais s'être souvenue un instant qu'elle seule avoit causé ma ruine, pour m'avoir lié malgré moy avec des fripons, avec lesquels pourtant elle ne s'est jamais entendue, comme on l'en a soupçonnée.

« Je finis en réclamant la justice de M. le duc, et celle de M. le garde des sceaux; ils ne doivent pas soufrir que cette malheureuse continue plus long-tems sa vie infame; elle est entrée religieuse au couvent de Montfleuri, près Grenoble, ils doivent l'obliger d'y retourner pour y faire pénitence de ses peschés.

« Les déclarations que j'ay faites, par ce présent testament, m'ont parû nécessaires pour l'intérest de mes créanciers. Je prends Dieu à témoin qu'elles sont dans l'exacte vérité, et que la passion ne m'y a rien fait changer ni adjouter.

« De la Fresnais (1).

« A Paris, ce 18 février 1726. »

---

(1) Malgré les justes motifs de mécontentement et de haine, que madame de Tencin avait donnés à M. de la Fresnais, on ne peut s'empécher d'être étonné de voir sortir de la plume d'un magistrat certaines expressions, qui dénotent l'oubli de toutes bienséances : mais l'horrible situation où cette femme l'avait réduit, pourra lui servir d'excuse.

Voici la seule correspondance que nous ayons pu découvrir, et qui eut lieu depuis le moment de l'arrestation de madame de Tencin, jusqu'à sa sortie. Elle nous apprendra l'époque de sa détention, et quelles furent les personnes qui obtinrent la facilité de la voir.

LETTRES A M. DE LAUNAY, GOUVERNEUR DE LA BASTILLE.

Première Lettre.

« M. le comte de Maurepas m'ayant fait l'honneur de me marquer, monsieur, en m'envoyant les ordres du Roy pour faire transférer madame de Tencin des prisons du grand Chatelet à la Bastille, que l'intention de S. A. S. Mgr le duc éstoit que cela n'arrêstât en aucune manière le cours du procès qui a ésté commencé à ma requêste, et qu'il vous le faisoit sçavoir; sa santé délicate et l'incomodité dont elle est attaquée ne luy permettant pas de rester sans secours, je vous prie de recevoir, et de faire mettre auprès d'elle, la femme de chambre qui vous sera amenée par l'officier qui vous rendra ma lettre, afin que cette dame puisse êstre servie; je ne luy aurois pas refusé cette consolation au Chatelet.

« J'ai l'honneur d'êstre, avec toute la considération possible, Monsieur,

« Vostre très humble et

« très obéissant serviteur,

« MOREAU.

« Paris, le 14 avril 1726. »

DÉTENTION

Deuxième Lettre.

« M. le comte de Maurepas m'a fait l'honneur de me mander, monsieur, et de me dire encore hier à Versailles, en présence de M. le lieutenant général de police, que l'instruction du procès de madame de Tencin ayant ésté renvoyée au Châtelet, et n'ayant ésté transférée à la Bastille que par raport à sa santé, elle pouvoit estre vue par les personnes que j'aurois l'honneur de vous marquer; en cet état, il n'y a aucun inconvénient que M. l'Archevêsque d'Embrun, son frère, puisse la voir; ainsy je vous prie de la luy faire parler. Je compte me rendre demain, après midy, à la Bastille avec M. le Lieutenant Criminel, pour commencer l'instruction de ce procès.

« J'ai l'honneur d'estre, avec toute l'estime et la considération possible, monsieur,

« Vostre très humble,

« et très obéissant serviteur,

« Moreau.

« Paris, le 16 avril 1726. »

« LISTE DES PERSONNES QU'ON PEUT LAISSER ENTRER POUR VOIR MADAME DE TENCIN.

Monseigneur l'archevêque d'Embrun,
Madame d'Augny,
Monsieur de Fontenelle,
Monsieur de La Motte,
Monsieur Falconnet,

Monsieur l'abbé Desmichelles,
Monsieur Dugère, abbé,
Monsieur le président Tencin,
Monsieur et madame Fériol,
Madame Grosley,
Monsieur d'Argental,
Monsieur le chevalier Tencin,
Monsieur de Villaine.

Troisième Lettre.

« Il est ordonné aux sieurs Gamonniere et Gobillard, officiers de Robbe courte, de transférer madame de Tencin et sa femme de chambre ce jourd'huy, en sa maison, pour être présente à la levée des scelez apposés sur ses effects : après quoy ils les rameneront au château de la Bastille.

« Moreau.

« Fait à Paris, ce 19 avril 1726. »

Quatrième Lettre.

« Je vous prie, monsieur, de laisser voir madame de Tencin à mesdames de Fériol et de Grosley, ses sœurs, et à monsieur d'Argental, son neveu.

« J'ai l'honneur d'estre très sincèrement, monsieur,

« Vostre très humble,

« et très obéissant serviteur,

« Moreau.

« Paris, le 20 avril 1726. »

Cinquième Lettre.

« Je vous prie, monsieur, de laisser voir madame de Tencin à monseigneur l'Archevêsque d'Embrun, son frère, et à monsieur le comte de Villaine, qui l'accompagnera.

« J'ai l'honneur d'êstre très sincèrement, monsieur,

« Vostre très humble,

« et très obéissant serviteur,

« Moreau.

« Paris, le 20 avril 1726. »

Sixième Lettre.

« J'ay l'honneur de vous envoyer, monsieur, une liste contenant les noms des personnes que M. le comte de Maurepas trouve bon que madame de Tencin voie, suivant la lettre qu'il me fait l'honneur de me marquer, vous avoir écrite aujourd'hui à ce sujet. J'ay l'honneur d'êstre, avec toute l'estime, et toute la considération possible, monsieur,

« Vostre très humble,

« et très obéissant serviteur,

« Moreau.

« Ce 28 avril 1726. »

« LISTE DES PERSONNES QUE MADAME DE TENCIN PEUT VOIR A LA BASTILLE.

Madame d'Augni,
Monsieur de Fontenelle,
Monsieur de La Motte,

Monsieur Falconnet,
Monsieur l'abbé Desmichelles,
Monsieur l'abbé d'Hugues.

« Moreau.

Septième Lettre.

« Je vous prie, monsieur, de laisser voir à madame de Tencin madame la marquise de Seissac et monsieur Huche de Jamvry, secrétaire du Roy.

« J'ai l'honneur d'êstre, avec toute l'estime et la considération possible, monsieur,

« Vostre très humble,

« et très obéissant serviteur,

« Moreau.

« Ce 8 may 1726. »

Huitième Lettre.

« Monsieur,

« Je vous prie de remettre au sieur Malivoire, lieutenant de Robbe courte, la dame de Tencin et sa femme de chambre, pour qu'il les transfère dans la maison du feu sieur de la Fresnais, pour l'instruction du procès de la dite dame de Tencin, et les reconduire ensuitte au château de la Bastille.

« J'ai l'honneur d'êstre, avec toute l'estime et la considération possible, monsieur,

« Vostre très humble,

« et très obéissant serviteur,

« Moreau.

« Ce 10 may 1726. »

Neuvième Lettre.

« Je vous prie, monsieur, de laisser voir à madame de Tencin, monsieur de Rezé et monsieur l'abbé Veret.

« J'ay l'honneur d'êstre, avec toute l'estime et toute la considération possible, monsieur,

« Vostre très humble,

« et très obéissant serviteur

« MOREAU.

« A Paris, le 12 may 1726. »

Dixième Lettre.

« Je vous prie, monsieur, de laisser voir monsieur Perrin, secrétaire du Roy, à madame de Tencin.

« J'ay l'honneur d'êstre, avec toute la considération possible, monsieur,

« Vostre très humble,

« et très obéissant serviteur,

« MOREAU.

« Le 25 may 1726. »

Onzième Lettre.

« MONSIEUR,

« Il est nécessaire, pour juger l'affaire de madame de Tencin, qu'elle soit entendue, ainsy je vous prie de vouloir bien la remettre entre les mains de l'huissier du conseil, qui aura l'honneur de vous rendre cette lettre, pour la conduire au grand conseil, afin que la compagnie soit en éstat de finir cette affaire.

« Je suis, avec un sincère attachement, monsieur,

« Vostre très humble,

« et très obéissant serviteur.

« MERAULT.

« A Paris, ce 2 juillet 1726. »

Douzième Lettre.

« MONSIEUR,

« J'ay l'honneur de vous donner avis, que madame de Tencin est deschargée de l'accusation contr'elle intentée; comme elle a ésté mise à la Bastille par ordre du Roy, elle ne peut point en sortir qu'en vertu des ordres de Sa Majesté. L'on m'a asseuré, monsieur, que vous les aviez reçus; je vous prie d'avoir la bonté de me marquer s'il est nécessaire que je la renvoye, ou si après que l'arrêst luy aura été signifié, elle peut s'en retourner où bon luy semblera.

« Je suis, avec un attachement sincère, monsieur,

« Votre très humble,

« et très obéissant serviteur,

« MERAULT.

« A Paris, ce 3 juillet 1726. »

Les ordres du roi avaient été envoyés en effet au gouverneur; madame de Tencin, acquittée, par un arrêt du conseil, de la déplorable accusation intentée contre elle, sortit aussitôt de la Bastille, et se retrouva au milieu de sa société accoutumée et de ses véritables amis, qui ne l'abandonnèrent pas durant sa détention. Ici commence pour cette dame une existence toute différente : elle tourna ses idées du côté de l'étude, et il s'ensuivit que son âge mûr et sa vieillesse furent aussi paisibles et aussi tranquilles que sa jeunesse avait été tumultueuse et désordonnée. Elle donna deux dîners par semaine. Un jour, où il était question de faire un académicien, les convives se trouvèrent partagés entre l'abbé *de Bernis* et l'abbé *Girard*. Piron était du dîner et de la consultation; comme il se disait consolé de tous les fauteuils possibles par une pension de cent pistoles, on lui demanda auquel des deux il donnerait sa voix. — « A l'abbé Girard, c'est un bon diable. » Comme il avait la vue basse, il ne s'était pas aperçu que l'abbé de Bernis n'était pas loin de lui. On l'en avertit à l'oreille, et alors, se retournant de son côté : « Y pensez-vous, monsieur l'abbé, lui dit-il, de vous mettre sur les rangs? Vous êtes trop jeune, ce me semble, pour demander les invalides (1). »

---

(1) Voyez Mémoires, anecdotes, pour servir à l'Histoire de Louis XIV et de Louis XV, tom. IV, pag. 25, seconde édition.

Douée de beaucoup de vivacité dans l'imagination, il était impossible qu'il n'échappât point à madame de Tencin quelques traits d'observation qu'on rencontre assez fréquemment chez les femmes qui, à la délicatesse propre à l'esprit de leur sexe, savent réunir la force qui caractérise celui de l'homme; nous en citerons quelques uns.

Cette dame, qui voyait souvent Fontenelle, lui dit un jour en lui posant la main sur la poitrine : « Ce n'est pas un cœur que vous avez là, « c'est de la cervelle comme dans la tête. » Bien loin de s'en formaliser, le philosophe, qui ne se piquait nullement d'une grande chaleur de sentiment, se reconnut dans ce mot, et prit fort bien cette plaisanterie (1).

---

(1) Rien ne prouvera mieux combien Fontenelle était modéré dans ce genre de sentiment que l'anecdote suivante :

Il se croyait fort amoureux d'une certaine dame. Sa maîtresse le quitte pour un autre amant. Il l'apprend, devient furieux, va chez elle et l'accable de reproches. La dame l'écoute, et lui dit en riant : « Fontenelle, lorsque je vous pris, c'était le plaisir que je cherchais; j'en trouve plus avec un autre. Est-ce au moindre plaisir que je dois donner la préférence? Soyez juste et répondez-moi. » — « *Ma foi*, dit Fontenelle, *vous avez raison; et si je ne suis plus votre amant, je peux du moins rester votre ami.* »

On a retenu aussi de cette dame que « les gens « d'esprit font beaucoup de fautes en conduite, « parce qu'ils ne croient jamais le monde assez « bête, aussi bête qu'il l'est. » L'habitude d'entendre lire et de juger les ouvrages des autres lui fit naître le désir d'en composer elle-même. Comme l'amour avait été, pour ainsi dire, l'élément de sa vie, elle consacra sa plume et ses pinceaux à en peindre les effets. Cette idée fit croire que dans son ouvrage sur *les malheurs de l'amour* elle avait tracé sa propre histoire, et on le crut d'autant plus, que l'héroïne du roman cache au lecteur son nom et celui de sa famille.

Le roman ingénieux du *Comte de Comminge*, que La Harpe appelle le pendant de *la Princesse de Clèves*, et celui du *siége de Calais*, fondé sur un événement historique, mais embelli des graces de l'imagination, sortirent de sa plume élégante et facile.

On a prétendu que MM. de Pont-de-Veyle (1)

Une pareille réponse supposait bien peu d'amour dans Fontenelle. Les passions ne raisonnent pas si juste.

Voyez la Galerie de l'Ancienne Cour, tom. III, pag. 460.

(1) Auteur du *Complaisant*, du *Fat puni*, du *Somnambule*, et de plusieurs autres ouvrages d'agrément. Il fut d'abord

t d'Argental, ses neveux, avaient beaucoup travaillé à ses ouvrages : mais je ne sais pas jusques à quel point cela est exact; rien ne semble moins prouvé. L'on reconnaissait d'ailleurs assez de l'imagination, d'esprit et de bon goût à madame

---

destiné à la magistrature; et quoique la trempe de son esprit l'éloignât naturellement de cette profession, on lui avait acheté une charge de conseiller au parlement. Mais plus le moment de sa réception approchait, plus il sentait croître ses dégoûts. Une petite aventure dont il paraît s'être souvenu dans la comédie du *Complaisant*, contribua à le tirer d'embarras. Il était allé demander des conclusions à M. le procureur général, père de M. Joli de Fleury, et il attendait dans une chambre voisine du cabinet de ce magistrat. Pour charmer son ennui, M. de Pont-de-Veyle se mit à répéter la danse du *Chinois*, dans l'opéra d'*Issé*, que l'on donnait alors, et il l'accompagnait des attitudes grotesques qui caractérisaient cette danse. Tout-à-coup le cabinet s'ouvre, et, comme on peut se l'imaginer, M. le procureur général fut d'abord très-surpris de cette saillie du jeune candidat. Mais comme ce magistrat, malgré la gravité de sa place, était un homme de bonne compagnie, il se mit à rire, et la conversation se passa très-gaiement. Cette petite aventure acheva de convaincre M. de Pont-de-Veyle du peu de dispositions qu'il avait pour un état si sérieux. Ses parents se rendirent à ses raisons, et lui achetèrent la charge de lecteur du roi, qui lui convenait d'autant plus, qu'elle le laissait jouir d'une liberté qu'il préférait à tout.

Galerie de l'Ancienne Cour, tom. IV, pag. 377.

de Tencin, pour croire que ses romans, dont les scènes sont intéressantes et les épisodes curieux et touchants, pouvaient lui appartenir entièrement. Du reste, ses neveux pourraient y avoir coopéré sans que cela diminuât beaucoup le mérite littéraire de cette dame, et ses ouvrages n'en seront pas moins comptés au nombre des productions les plus remarquables en ce genre.

Parmi les personnes de son sexe qui la fréquentaient vers la fin de sa carrière, on distinguait surtout madame Geoffrin. Aussi la vieille rusée, qui pénétrait bien le motif de ces visites, disait-elle souvent à ses amis : « Savez-vous ce que « la Geoffrin vient faire ici? Elle vient voir ce « qu'elle pourra recueillir de mon inventaire. »

En effet, lors de sa mort, qui arriva le 4 décembre 1749 à Paris (1), une partie de sa société passa dans la société nouvelle. Madame Geoffrin, sachant qu'il ne reste que deux partis à pren-

---

(1) Madame de Tencin laissa les deux premières parties d'un ouvrage manuscrit intitulé : *Anecdotes de la cour et du règne d'Édouard II, roi d'Angleterre*. La troisième et dernière partie est de madame Élie de Beaumont, épouse du célèbre avocat de ce nom.

dre à une jolie femme que le monde va quitter (le bel esprit ou la dévotion), accepta avec empressement la succession onéreuse, donna aussi deux dîners par semaine, pour que sa maison fût l'asile de l'esprit et des talents, mais oublia les deux aunes de velours.

Quand on annonça la mort de madame de Tencin à Fontenelle, qui avait ses dîners marqués pour chaque jour de la semaine dans certain nombre de bonnes maisons, il dit, avec son indifférence ordinaire : « Eh bien! j'irai désormais dîner chez madame Geoffrin. »

Madame de Tencin, baronne de Saint-Martin de l'île de Ré, fut inhumée à Saint-Eustache. Un anonyme fit l'épitaphe épigrammatique que voici, et que nous croyons inédite :

> « Crimes et vices ont pris fin,
> Par le décès de la Tencin.
> Hélas! me dis-je, pauvre hère,
> Ne nous reste-t-il pas son frère ? »

En effet, le cardinal de Tencin ne mourut qu'en 1758.

La singularité du présent d'une *culotte de velours* occasionna l'épigramme suivante, qu'on mit dans la bouche de madame *de Tencin en mourant.*

« J'ai donné, tant que j'ai vécu,
Une culotte à chacun des *Quarante*.
Respectable sénat, dont j'étais présidente,
Vous allez donc montrer le c.... ! »

BACULARD D'ARNAUD.

Le nom de Baculard entraîne avec lui les idées les plus tristes et les plus malheureuses pour l'homme de lettres. Écrivain aussi fécond que larmoyant, personne ne composa autant d'ouvrages et ne fut plus à plaindre que d'Arnaud à la fin de sa carrière.

Si les raisons de sa pénurie habituelle furent un problème que personne n'entreprit de résoudre, peut-être en trouverait-on la solution dans l'excessive fécondité de sa muse, qualité qui avait si bien réussi à Voltaire, son maître, mais qui devait être funeste à l'élève, ou bien dans les éloges exagérés que son ami Fréron lui donna. L'auteur qu'on vante le plus est souvent celui qu'on lit le moins.

Le drame du *Comte de Comminges* excita sans doute beaucoup la curiosité, surtout à cause du roman de ce nom; mais Fréron n'était-il point par trop complaisant d'élever cet ouvrage, où l'auteur substituait l'horreur au pathétique, fort au-dessus des tragédies de Racine, de Voltaire et de Crébillon, dont les chefs-d'œuvre et les noms heureux traverseront les âges, tandis que le drame lamentable, malheureux précurseur du style romantique, est tout-à-fait oublié? Ainsi donc, alors comme aujourd'hui, les hommes trouvaient des écrivains qui leur rendaient le fatal service de les tromper en voulant leur prêter un appui, oubliant qu'en fait de réputations littéraires, le meilleur juge, c'est le public, et qu'un *livre qu'on soutient est un livre qui tombe.*

Il est vrai qu'à cette époque, les gens du monde, blasés sur tout, ne pouvant être émus de rien, réclamaient des spectacles atroces, comme il fallait des exécutions pour le peuple. Si c'était là ce qu'on appelait *sensibilité*, il faut convenir qu'on abusait étrangement du mot.

Mais, *si la probité des vers de d'Arnaud et l'honnêteté de sa prose sont connues*, ainsi qu'on l'a dit (1), prenons l'auteur à la sortie du berceau, et tâchons de montrer, puisque l'historien

---

(1) Petit Almanach de nos grands hommes.

ne doit jamais cacher une vérité utile, combien il est audacieux à un nourrisson des Muses françaises d'être *jaloux* du mérite d'un favori d'Apollon, et combien il est dangereux de *bouder* un grand roi.

François-Thomas-Marie Baculard d'Arnaud naquit à Paris, le 15 septembre 1718, d'une famille noble, originaire du Comtat-Venaissin. Il étudia chez les jésuites de Paris, qui crurent s'apercevoir que leur élève avait reçu de la nature tous les dons qui peuvent seconder les projets d'une imagination ardente et avide de gloire. Les vers qu'il faisait à neuf ou dix ans passaient toute idée, et donnaient les plus belles espérances. A peine sorti des bancs de l'école, il composa plusieurs tragédies qui ne furent point jouées; mais elles lui procurèrent la connaissance de Voltaire, qui le prit en amitié, et lui envoyait de Cirey, où il était alors, de petites sommes d'argent, afin de lui fournir les moyens d'aller au spectacle, et de l'aider à suivre son goût pour les lettres. On a prétendu que Baculard ayant voulu rendre ensuite cet argent à Voltaire, celui-ci lui répondit que « c'était une bagatelle, et qu'un enfant ne rendait pas des dragées à son père. »

Le jeune poète se livra bientôt au genre licencieux, et composa un ouvrage qui blessait la pudeur, intitulé : *l'Art de F., ou Paris F.* Cette misérable production le fit conduire à la Bastille par l'exempt du Buc, sur un ordre du roi, le 17 février 1741 (1). Cependant, à cause de son jeune âge et de son inexpérience, on le mit en liberté, le 12 mars suivant. Malheureusement, à l'exemple de *Pavillon*, qui à la vérité n'avait attaché aucune prétention à son badinage (2), d'Arnaud adressa une *épître à Manon*, plus connue sous un titre moins décent. Il y porta d'autant plus de passion, que, dans la crainte qu'on ne l'oubliât, il prit soin de la rappeler souvent.

Il faut convenir que si l'on s'adonnait de nos jours à un genre aussi licencieux, personne ne goûterait le délire d'un esprit libertin. Le passeport d'un écrivain du dix-neuvième siècle a besoin d'être approuvé par la décence; et la nation française, n'en déplaise à quelques folles imaginations, a, sans nul doute, plus de retenue qu'on

---

(1) L'ordre était contre-signé *Maurepas*.
(2) *Métamorphose du C. d'Iris en Astre*.

n'en avait sous la Régence, époque signalée par le désordre des finances et la dépravation des mœurs (1), et au siècle de Louis XV, dont la cour était toujours pleine d'intrigues et d'orages. Le libertinage lui-même, loin de se produire au grand jour, s'enveloppe du voile du mystère, et rend ainsi hommage à la pudeur.

Si l'on est devenu plus sérieux et plus décent, c'est parce que l'on s'occupe de plus grands intérêts et de sujets plus graves. D'ailleurs un style gai, facile et gracieux ne fait pas tout le mérite d'un ouvrage; en second lieu, il est fort rare qu'un écrivain à son couchant ne regrette pas le temps qu'il a perdu dans sa jeunesse à traiter des sujets licencieux; et, s'il est vrai qu'un auteur soit comme un père, il est bien malheureux quand il ne peut reconnaître tous ses enfants. Nous avons vu Parny, poète aimable et plein de graces, modèle d'un goût exquis, regretter amèrement d'avoir composé la *Guerre des Dieux*. Le Tibulle français, qu'il faut lire quand on aime, n'ignorait pas qu'en ébranlant les fondements de

---

(1) Cette dernière fut portée à un degré qui ne permettait plus aucun genre d'illusion.

la religion et de la morale, on ébranle aussi les trônes et les empires (1).

Si Baculard dut à ses premiers ouvrages la connaissance de Voltaire, celui-ci lui dut à son tour, assure-t-on, celle d'un homme qui par ses talents contribua puissamment aux plaisirs de la France et à la gloire de son Apollon. Je veux parler de la liaison de Voltaire et de Le Kain. Ce dernier jouait sur un théâtre de société le principal rôle de la comédie du *Mauvais Riche*. Voltaire, qui assistait à cette représentation, prévit tout ce que le jeune acteur pouvait devenir un jour. Il pria d'Arnaud de le lui amener, et c'est ainsi que se forma cette heureuse union.

Quelques poésies légères attiraient encore sur Baculard l'attention de la police. Il croyait, qu'étant sorti de la Bastille, on n'aurait plus l'œil sur lui. Mais il se trompait, puisque l'exempt d'Hémery, qui le suivait toujours de près, recueillit des notes sur sa vie, qu'il adressa au lieutenant général de police. Ces notes nous paraissent

---

(1) Cet ouvrage, dirigé contre la religion, à l'époque où ses autels étaient renversés, est devenu rare heureusement, et ne se trouve point dans les mains des personnes un peu scrupuleuses.

trop curieuses pour que nous ne les mettions pas sous les yeux du lecteur : les voici.

« Baculard d'Arnaud, auteur, 1er janvier 1748, demeurait rue de Tournon, à l'hôtel d'Entragues. 32 ans, grand, bien fait, blond et l'air efféminé.

« C'est un jeune homme qui a assez d'esprit ; il est le fils d'un homme qui avait beaucoup de bien. Son père et sa mère, qui sont d'une fort honnête famille, vivent honorablement à Lille. Sa mère a beaucoup d'esprit. Il a fait *Les Dégoûts du théâtre ; Les Epoux malheureux*, ou l'*Histoire de la Bédoyère*, et *Paris F.*, ce qui l'a fait mettre à la Bastille. Il avait fait ce dernier ouvrage avec le petit de Moisan, fils de M. d'Arnoncourt, fermier-général.

« C'est un élève de Voltaire, qui ne vaut pas mieux pour les sentiments (1). Il lui a fait avoir la place d'agent du Roi de Prusse, pour lui envoyer tous les livres qui paraissent. Il a pour cet emploi 1,000 livres, et du duc de Virtemberg, pour qui il fait aussi le même emploi, 1,000 livres.

« Le 7 septembre 1749, il est allé demeurer rue des Cordeliers, hôtel de Médoc, où il fait courir le bruit qu'il allait aller en Prusse.

« Le 20 mars 1750, le Roi de Prusse lui a en-

---

(1) Il est bon de rappeler que d'Hémery, dans sa note sur Voltaire, dit : « *C'est un aigle pour l'esprit, et un fort mauvais sujet pour les sentiments.* » — Voyez l'article sur Voltaire.

voyé 2,000 livres pour son voyage, mais les ayant mangées il a été obligé de vendre tous ses ouvrages à Durand pour partir, lequel les a achetés cinquante louis. Il est ensuite parti, et quelque temps après il s'est brouillé avec Voltaire, pour une lettre qu'il avait écrite à Fréron, touchant une préface qu'il avait faite pour ses œuvres.

« Le 27 novembre 1750, le magistrat m'a dit que Voltaire venait de lui écrire que le Roi de Prusse avait chassé d'Arnaud. »

Tous ces détails sont fort exacts sans doute, mais le philosophe de Ferney aurait pu ajouter dans sa lettre au magistrat, que le Roi de Prusse, qui faisait alors des vers français toute la journée, en avait adressé à d'Arnaud dans lesquels il l'appelait son *Ovide*. Il lui disait même :

> « Déjà l'Apollon de la France,
> S'achemine à sa décadence ;
> Venez briller à votre tour ;
> Élevez-vous, s'il baisse encore :
> Ainsi le couchant d'un beau jour,
> Promet une belle aurore. »

On pense bien que si ces vers tournèrent la tête à Baculard, ils durent déplaire à l'Apollon de la France. « *L'aurore de d'Arnaud!* s'écrie-t-il, en sautant du lit, en chemise et tout enflammé de colère, *Voltaire à son couchant!* que Frédéric se mêle de régner et non de me juger. J'irai, oui, j'irai apprendre à ce roi que je ne me couche pas encore. » En effet, après avoir attiré d'Arnaud à la cour du roi de Prusse et l'avoir fait recevoir à l'académie de Berlin, le philosophe de Ferney se brouilla avec lui. Baculard devint jaloux de Voltaire et bouda le roi, qui lui accorda son congé (1). Le nouvel Ovide, bientôt oublié, après moins d'une année de séjour à Berlin, se retira à Dresde, où il fut nommé conseiller de légation. On prétend que c'était alors le bon temps : on fesait sa fortune avec un quatrain, et l'on obtenait une ambassade avec une chanson.

Glorieux de cet honneur, le poète prit dès-lors pour signature :

« Arnaud de Baculard, Conseiller d'Ambassade. »

Comme elle formait précisément un vers, une muse maligne acheva le quatrain de la manière suivante :

Vous êtes un rimeur aussi mince que fade.
Tel le *Mançanarez*, formidable en son nom,
N'est qu'un ruisseau coulant sur un obscur limon (2).

---

(1) La Harpe, lettre huitième.
(2) L'Épigramme suivante a été faite aussi contre Bacu-

Le désir de revoir sa patrie, et surtout l'invitation du comte de Frièse (1), neveu du maréchal de Saxe, dont Baculard avait déploré la perte dans un poëme en vers, le déterminèrent à revenir à Paris. On rapporte qu'un jour entrant chez ce comte, jeune homme spirituel, qu'il trouva à sa toilette, « *M. le comte*, lui dit-il, *vous avez là des cheveux de génie. — Si je le croyais*, lui répondit le comte, *je les ferais couper à l'instant pour vous en faire une perruque.* » D'Arnaud prit bien la plaisanterie, et vécut plusieurs années très-répandu dans la société. Mais comme il savait qu'il ne faut pas attendre que le monde nous quitte, il s'en retira insensiblement pour se livrer à la composition de ses nombreux ouvrages. On raconte que J.-J. Rous-

---

lard, qui, dans sa jeunesse, publia une traduction en vers des *Prophéties* de Jérémie, et non contre Le Franc de Pompignan comme on l'a dit.

> « Savez-vous pourquoi Jérémie
> A tant pleuré durant sa vie ?
> C'est que dès-lors il prévoyait,
> Que Baculard le traduirait. »

(1) Quelques auteurs écrivent *Frise*, tels que Rousseau, etc. Voyez ses *Confessions*.

seau, après avoir lu les *Épreuves du sentiment*, qui parurent en 1772, s'écria : « Les autres auteurs écrivent avec leur plume ou avec leur esprit, mais d'Arnaud écrit avec son cœur. » La comparaison nous paraît trop forte pour que nous n'hésitions pas à croire au langage qu'on prête au philosophe genevois, car un cœur aussi profondément sensible que le sien ne pouvait, en cette matière, prendre le prestige pour la réalité.

L'éducation superficielle de Baculard ne le mit à portée ni de se former des principes, ni d'épurer son goût, et c'est là en effet la partie essentielle qui manque à tous ses ouvrages. S'il en est qui aient obtenu quelque accueil aux représentations du théâtre, nous ne pensons pas qu'aucun pût soutenir l'épreuve de la lecture, et c'est par là que le talent doit être jugé. Il est vrai qu'il voulait qu'on le regardât comme l'inventeur du genre sombre et lugubre. Mais en présentant des têtes de mort, des ossements, des cercueils sur la scène, il reste à savoir si on n'offre pas un spectacle dégoûtant plutôt que sombre. L'écrivain eût sans doute mieux fait de s'en tenir (en épurant toutefois son goût) à ses chansons, ses épîtres, ses élégies, par où il avait débuté, quoiqu'elles soient d'une extrême fadeur; du moins n'aurait-il pas dit alors, je ne fais que citer son propre et modeste aveu, que le recueil de ses poésies en trois volumes *n'est qu'un chef-d'œuvre de sottises et d'impertinences.* C'est lui qui s'accuse ainsi avec une bonne foi remarquable (1).

Plus tard, se trouvant légèrement impliqué dans le fameux procès de Beaumarchais avec Goëzman, il eut sa part du ridicule que l'auteur de ces Mémoires, qui étincellent de saillies heureuses, et où la raison se trouve assaisonnée du sel de la meilleure plaisanterie, jeta avec tant d'esprit sur tous ses adversaires.

Mais ce qui est digne de remarque surtout, c'est que depuis que Voltaire était parvenu à le faire renvoyer de la cour de Berlin, Baculard ne passait pas un jour sans se plaindre de *l'injustice des rois* et de ce qu'on *n'encourageait pas la jeunesse*, quoiqu'il n'eût pas moins de 60 ans lorsqu'il proférait encore de semblables plaintes (2). Du reste, cela n'empêcha point qu'il

---

(1) Préface de la Tragédie de *Fayel*.
(2) La Harpe, lettre huitième.

ne fût du petit nombre de ceux qui restèrent fidèles à la maison de Bourbon, quand la révolution éclata. Aussi, par suite d'un jugement du tribunal révolutionnaire, il fut incarcéré en 1793, et il ne sortit de prison que pour mener une vie fort malheureuse. Mais peut-être faut-il croire que son défaut d'économie rendait insuffisants les secours du gouvernement et le produit de ses ouvrages; car quoiqu'il obtînt des consuls une pension de 1800 francs (1), on le voyait toujours adresser des demandes indiscrètes aux personnes qu'il rencontrait plusieurs fois dans les cafés de Paris. On ne peut cependant disconvenir qu'il n'eût montré dans sa jeunesse plus d'élévation d'ame, puisqu'on cite comme un mot plein de noblesse et de courage sa réponse au roi de Prusse.

Dans un souper où tous les convives professaient à l'envi le plus pur athéisme, lui seul gardait le silence. « *Eh bien! d'Arnaud*, dit le roi, *quel est votre avis sur tout cela?—Sire*, répondit-il, *j'aime à croire à l'existence d'un être au-dessus des rois.* »

---

(1) Par un *arrêté du 25 thermidor an* 10, (13 août 1802).

Frédéric, qui n'ignorait pas qu'un roi s'élève en s'abaissant devant la vertu, admira cette réponse.

Baculard mourut, le 9 novembre 1805, dans sa 88ᵉ année, laissant un fils qui venait de rentrer en France pour fermer les yeux à son père, et une veuve inconsolable (1). On transféra ses dépouilles mortelles au cimetière du Père Lachaise, où elles furent déposées dans un mausolée entouré de quatre cyprès et portant pour inscription :

« La plupart de nos gens de lettres écrivent avec leur tête et leurs mains, mais M. d'Arnaud écrit avec son cœur.

« J. J. Rousseau (2). »

---

(1) Le 8 juillet 1806, on lui accorda une faible pension de 400 fr.

(2) Est-il possible que l'auteur d'*Émile* se soit exprimé de la sorte !

FRÉRON.

La place distinguée que Fréron doit tenir parmi les hommes qui ont le plus contribué à la gloire de la France est déjà marquée dans les pages de l'histoire. Notre intention n'est donc point de suivre pas à pas ce critique illustre dans la carrière épineuse qu'il parcourut pendant trente-sept ans; mais, comme tous les biographes semblent avoir ignoré que cet aristarque si redouté fut enfermé plusieurs fois dans les prisons d'état, nous avons pensé qu'on ne lirait pas sans intérêt quelques nouveaux détails propres à faire connaître les motifs des détentions de ce judicieux critique, dont les *mœurs* étaient *plus douces* que les *ouvrages*, quoique l'on dise généralement que le caractère de l'homme se peint dans ses écrits.

Élie-Catherine Fréron, qui, de son temps, occupa le plus, après le philosophe de Ferney, les cent voix de la renommée, naquit à Quimper, en 1719. Son père était orfèvre, et sa mère petite-fille de Malherbe.

Dans son plus jeune âge, Fréron montra peu d'intelligence, et ne donna guère d'espérances à sa famille.

Comme l'esprit se développa tard chez lui, il racontait à ce sujet une anecdote *dont se seraient bien égayés les encyclopédistes*, disait-il en riant, *s'ils l'avaient sue;* la voici :

« Ses parents n'en pouvant rien tirer, durant ses premières années, prirent le parti, soit pour l'employer à quelque chose, soit pour lui faire honte et aiguillonner son amour-propre, de le placer dans la basse-cour, sur son petit fauteuil, une verge à la main, de lui donner la direction des dindons, et de l'assimiler en quelque sorte, par cette puérile royauté, à cette volatile ignoble et stupide (1). »

Après cette épreuve, Fréron commença ses études à Quimper, et fit sa rhétorique à Paris, sous le P. Porée, homme aimable, plein de mérite et de candeur. Plus tard, un de ses oncles le plaça chez les Jésuites; le P. Bougeant, son com-

---

(1) *Mémoires anecdotes, pour servir à l'histoire des règnes de Louis XIV, et de Louis XV;* seconde édition, tom. IV, pag. 422.

patriote, et le P. Brumoy, lui inspirèrent le goût de la belle littérature. Quand il eut terminé ses études, il fut nommé régent de sixième au collége de Louis-le-Grand, tenu par les Jésuites, et où l'émulation était très-grande; mais après avoir professé pendant deux ans et demi avec succès, on raconte que, brûlant du désir de voir une fois le spectacle, il engagea un de ses amis à lui ménager cette satisfaction. Celui-ci le conduisit dans sa chambre, lui prêta des habits, et ils allèrent ensemble à la Comédie-Française. Malgré son déguisement, le jeune professeur fut reconnu par quelques écoliers. On fit courir le bruit qu'on l'avait vu au spectacle. Ce soupçon lui attira, de la part de ses supérieurs, des désagréments qui le déterminèrent à quitter les Jésuites. En effet, il abandonna cette société en 1739; mais il garda le petit collet qu'il porta jusqu'en 1747 (1). Si tous les Jésuites eussent été aussi paisibles que les Brumoy, les Porée, les

---

(1) Voyez une note de la Police du temps, à la Bibliothèque du Roi.

D'autres ont dit qu'il fut *chassé de la société*, et *l'abbé Desfontaines chassé des Jésuites comme lui*. Voir les *Anecdotes sur Fréron*.

Bougeant et les Tournemine, peut-être Fréron ne les aurait-il jamais quittés! Il offrit d'associer ses travaux à ceux de l'abbé Desfontaines, dont il devint l'ami, et qui publiait alors ses *Observations sur les écrits modernes*. Après avoir travaillé quelques années avec ce célèbre abbé, l'un des plus courageux adversaires du faux bel esprit et des innovations absurdes, Fréron, qui ne gagnait, dit-on, que 24 francs par feuille d'impression, voulut voler de ses propres ailes, croyant arriver plus vite à la fortune. Il publia en 1746 un petit journal sous le titre de *Lettres de madame la comtesse de* *** (1).

On ne tarda pas à s'apercevoir que cette prétendue comtesse, qui était l'interprète de la raison et du bon goût, s'exprimait avec autant d'esprit que de sel, et même avec une malignité parfois trop marquée. Ces *lettres* obtinrent assez de succès pour inquiéter vivement ceux qui y étaient attaqués, et ils eurent assez de crédit pour les faire supprimer; mais l'aristarque ayant eu l'imprudence de plaisanter madame de Pompadour, au sujet d'une pension de mille écus

---

(1) 1 vol. in-12.

qu'elle avait fait accorder à l'abbé de Bernis (1), que Voltaire en riant appelait *Babet la Bouquetière* (2), Louis XV donna, le 21 janvier 1746, un ordre contre-signé Philippeaux; et Fréron fut mis à Vincennes, le 23 du même mois (3). Voici la lettre qu'il adressa du donjon au ministre :

« Monseigneur ,

« On dit que les poètes aiment la solitude; je ne crois pas que ce soit celle de Vincennes. Je n'ai ici aucun commerce avec les hommes. Dans cette disette de vivans, j'ai voulu du moins m'entretenir avec les morts. J'ai demandé un *Ovide*. On n'a pas fait difficulté de m'en promettre un. Vous ne devineriez jamais, monseigneur, ce qu'on m'a apporté; un livret intitulé : *les Miracles de saint Ovide*. Je serais mort d'ennui, si heureusement nous autres habitans du Parnasse, n'avions à notre service une déesse qu'on appèle *Renommée*. Elle a eu pitié de ma situation. Hier elle interrompit les occupations de toute espèce qu'on lui

---

(1) Note de la Police du temps, Bibliothèque du Roi.
(2) A cause de cette surabondance de *fleurs* qui remplace trop souvent, dans les poésies de Bernis, le sentiment et les images.
(3) *Mémoire* manuscrit, *des prisonniers détenus au château de Vincennes*. Ce manuscrit fait partie de ma bibliothèque.

donne à Paris. Elle prit son vol vers Vincennes, s'abattit sur mon Donjon, et perça l'épaisse voute de mon manoir octogone. Ses visites, vous le savez, monseigneur, sont toutes des visites du jour de l'an. Elle ne me dit qu'un mot, qui est que vous daignez vous intéresser à mon sort. Je l'ai chargée d'apporter à vos pieds les expressions de ma reconnaissance, et de me prêter au moins une de ses cent voix pour vous assurer, monseigneur, que je m'efforcerai de justifier vos bontés. Le Donjon de Vincennes est un terrible prédicateur, je suis totalement changé.

> « Il n'est rien que je ne promette,
> Pour sortir de ce triste lieu.
> Ma muse, désormais discrette,
> Résistera (s'il plaît à Dieu)
> A la démangeaison secrette,
> De turlupiner les écrits,
> Que la sottise dans Paris
> Enfante, distribue, achette.
> Qu'on m'impose pour châtiment,
> De convertir chrétiennement,
> En doux miel du Panégyrique,
> Le fiel amer de la critique;
> D'aimer les auteurs, en un mot,
> De ne chanter que leurs louanges,
> Et d'écrire que le plus sot
> A de l'esprit comme les anges :
> Volontiers, j'y souscris encor,
> Pourvu qu'on me rende l'essor.
> Plein de respect et d'indulgence
> Pour les auteurs du dernier rang,

DÉTENTION DE FRÉRON.

Je pousserai la complaisance,
Jusqu'à louer l'abbé....... (1).

« Je vous supplie, monseigneur, de considérer que vous n'aimez rien tant qu'à faire des heureux, et qu'il s'en faut bien que je le sois.

« Je suis avec le plus profond respect, etc.,

« FRÉRON. »

Le ministre ne fut point touché des plaintes du poète, qui, pour charmer les ennuis de sa captivité, se faisait apporter une bouteille de bon vin qu'il buvait à son déjeuner, ce qui lui faisait, disait-il, *supporter patiemment le reste de la journée.*

Mais grace à la protection du président Claris (2), on obtint du roi, le 11 mars 1746, une lettre de cachet qui *exilait* Fréron *à son pays*, et

---

(1) Le nom ne s'y trouve point, mais c'est celui de *Le Blanc*.
Le manuscrit que nous avons sous les yeux, est conforme aux vers imprimés dans les *Opuscules* de M. F., tom Ier pag. 403.
(2) Président à la chambre des comptes de Montpellier, et qui se délassait quelquefois avec les muses, des travaux pénibles de sa charge.

le prisonnier fut mis en liberté le lendemain (1).

Huit mois après, ce critique, qui s'était retiré à Bar-sur-Seine, obtint, par le crédit du même magistrat, une lettre de rappel; mais *on lui défendit de faire des feuilles périodiques* (2).

Le malin Fréron avait composé encore à Vincennes l'épigramme suivante :

> « Je suis heureux dans ma disgrace,
> Que l'abbé .... de sa race
> Ait abjuré le dur métier :
> Hélas ! le sort qui m'importune,
> Pour aggraver mon infortune,
> Peut-être en eût fait mon geôlier. »

Si Fréron déchirait les écrivains de son temps, il avait des amis dont il savait prendre les intérêts. Voici une lettre inédite à l'appui de cette assertion, et qui prouvera qu'il ne craignait pas de parler, dans l'occasion, avec une noble franchise.

« Paris, ce 9 décembre 1745.

« A Monsieur Morabin (3),

« Quoique je n'aie pas l'honneur d'être connu de

---

(1) *Mémoire* manuscrit, *des prisonniers détenus au château de Vincennes.*

(2) Note de la Police du temps, Bibliothèque du Roi.

(3) Secrétaire de M. Hérault.

vous, monsieur, je prends la liberté de demander votre protection pour un de mes intimes amis, que M. de Marville a envoyé chercher avant hier pour une affaire d'intérêt qu'il a avec une dame. Cette dame l'accuse injustement de ne lui avoir pas payé une bague qu'elle lui a vendue, tandis que c'est elle qui lui doit encore trois louis et demi. M. de Marville, prévenu par ses plaintes, a fort maltraité mon ami, et a même gardé son épée, sans lui laisser la liberté de parler et de se justifier. Vous savez, monsieur, que tous les hommes en place sont sujets à commettre par mégarde des injustices. Les plus justes sont ceux qui réparent les leurs. Je suis persuadé qu'un mot de votre part fera finir cette affaire et rendre l'épée. M. *Duché* est un garçon de famille et un honnête homme. Je puis vous garantir sa probité, et tous ceux qui le connaissent lui rendront le même témoignage.

« Je m'adresse à vous, monsieur, avec d'autant plus de confiance, que j'ai eu l'honneur de vous voir quelquefois chez M. l'abbé Desfontaines, qui m'a assuré que vous auriez quelque égard à ma lettre. Je suis charmé de trouver cette occasion de vous témoigner l'estime avec laquelle j'ai l'honneur d'être,

« Monsieur,

« Votre très humble et très obéissant serviteur,

« Fréron. »

Quand ce journaliste fut de retour de son exil, M. le duc d'Estouteville l'attira chez lui pour qu'il l'aidât à traduire le chant des *plaisirs* du cavalier *Marin*. Ils le traduisirent ensemble; mais on rapporte qu'après la mort du duc, Fréron, qui, dit-on, *ne savait pas l'italien, s'attribua l'ouvrage* à lui seul (1).

Sans doute il n'est guère possible de prouver s'il fut le traducteur ou simplement l'éditeur de ce petit poème, réimprimé depuis 1748 sous le titre d'*Adonis* (2). Mais on doit croire que Fréron entendait l'italien, puisqu'il dit dans une lettre à madame de***, qu'ils ont *lu autrefois ensemble* un livre en cette langue (3). Du reste, comme ce point est fort peu important, nous poursuivrons notre narration, et nous rappellerons qu'avec la *permission de M. Berryer*, Fréron commença, le 22 juin 1749, la publication de ses *Lettres sur quelques écrits de ce temps* (4). Il s'adjoignit pour ce travail l'abbé Laporte; et cette

---

(1) *Anecdotes sur Fréron*.
(2) Poème imité du VIIIme chant de l'*Adone* du cavalier Marin.
(3) Voyez la lettre 8me, des *Lettres de madame la comtesse de* **** *à madame de* ****, *Opuscules* de M. F., tom. II, pag. 106.
(4) Note de la Police, Bibliothèque du Roi.

feuille périodique, qui renfermait une critique aussi vive que piquante, fut interrompue plusieurs fois par le crédit des gens offensés.

Le 5 novembre de la même année, Fréron eut une scène avec Marmontel à la Comédie-Française. Voici à quelle occasion : nous laissons parler l'inspecteur de police d'Hémery, témoin oculaire.

« Étant tous deux dans le foyer, Marmontel vint insulter Fréron, en lui disant qu'il voulait avoir raison des plaisanteries qu'il faisait continuellement de lui dans ses feuilles (1). Fréron lui répondit tout bas, que ce n'était pas là la place pour discuter. Ils sortirent sur-le-champ, et furent mettre l'épée à la main à la porte de la Comédie-Française.

« Comme ils n'avaient pas envie de se faire grand mal, ils furent bientôt séparés. Le marquis de Roullay et le marquis de Chimène emmenèrent Marmontel; et Fréron, qui aurait sûrement battu son adversaire, fut souper chez *Morand*, chirurgien (2). En rentrant chez lui, il trouva un garde des maréchaux de

---

(1) On sait que les tragédies de Marmontel furent les premiers ouvrages que Fréron déchira sans aucun ménagement.

(2) Ce Morand était un homme aimable, à qui l'on adressa souvent des épîtres légères insérées dans les feuilles du temps.

France qui se mit en garde auprès de lui. Marmontel en trouva un aussi. Le lendemain matin ils furent conduits à Suresne, chez M. le maréchal d'*Isenguien*, qui les renvoya *comme gibier de police* (1). »

On fit courir dans Paris l'épigramme que voici :

Sur le terrible combat entre les sieurs Marmontel et Fréron.

« Marmontel attaque Fréron,
Se croyant les armes d'Achille :
Mais celui-ci, d'un air tranquille,
Ne voit en lui qu'un fanfaron.
Ne craignez rien de leur approche,
Dit un garçon plein de bonté,
Ils ont tous les deux dans leur poche
Un brevet d'immortalité. »

Certain chroniqueur, peu indulgent envers Fréron, n'aurait-il pas altéré le fait, et peut-être à dessein, lorsqu'il a dit :

« Un jour qu'il était au parterre de la Comédie-Française, il (Fréron) se prit de paroles avec un avocat ; au sortir du parterre on en vint aux coups ; et les deux champions se vautrèrent dans la boue en présence de six cents personnes (2). »

---

(1) Cette anecdote, écrite par l'inspecteur de police, est à la Bibliothèque du Roi. Fréron logeait alors chez *le Lièvre*, distillateur, rue de Seine.

(2) *Anecdotes sur Fréron.*

Quoi qu'il en soit, les *Lettres sur quelques écrits de ce temps* parurent jusqu'en 1754, époque où Fréron publia, avec vingt autres folliculaires, qu'on appelait les *croupiers de Fréron*, l'*Année littéraire* qui paraissait par cahiers et tous les dix jours. Cette nouvelle feuille, lardée des traits les plus mordants, fut fort recherchée ; car on aime, et sans doute on aimera long-temps, à s'amuser des critiques et de ceux qui en sont l'objet.

Fréron, faisant *travailler ses croupiers les uns sur les autres*, continua à régenter les écrivains en attaquant avec un acharnement aveugle les *Buffon*, les *Rousseau*, les *Voltaire*, les *La Harpe* (1), les *Marmontel*, etc. Voltaire surtout était constamment l'objet de ses critiques. Il le regardait d'abord comme un *plagiaire habile* et comme le *tyran de la littérature*. « Il oublia, dit Palissot, la fable du serpent et de la lime, et ne sentit pas que la nation insultée dans ses grands

___

(1) Après avoir démontré à la Harpe, que sa tragédie de *Timoléon* ne valait rien, il lui donnait le conseil de se faire *avocat*, comme si le barreau eût été le *pis aller* des mauvais poètes.

hommes, ne lui pardonnerait jamais cette injure (1). »

Sans doute, cette fureur opiniâtre contre les écrivains qui avaient illustré la France, depuis le siècle du génie et des talents, était inexcusable; mais il y avait du moins quelque chose de noble et de hardi dans cette polémique, puisque, moins prudent et moins retenu que les Zoïles du jour, Fréron attaquait les hommes en face, de leur vivant, et non point des ombres immortelles qui imposent le devoir sacré du silence et du respect.

Cependant, comme on l'a fort bien dit : « Un pareil métier exigerait un homme tel qu'il n'en existe pas, un homme universel, d'un savoir profond, d'un goût infaillible et de l'impartialité la plus sage (2). »

Il n'est donc pas étonnant que Fréron ait eu des adversaires redoutables; car, outre qu'il disséquait les ouvrages, il attaquait aussi la philosophie du XVIIIe siècle, et beaucoup d'hommes trouvaient qu'il maltraitait leur maîtresse. Ce-

---

(1) *Mémoires sur la Littérature*, tom. 1er, pag. 349.
(2) *Mémoires* de Palissot, tom. 1er, pag. 347.

pendant, ces prétendus philosophes n'auraient pas dû donner au critique les qualifications les plus odieuses. Il est vrai qu'il pouvait trouver dans sa conscience un refuge contre la calomnie, mais la fibre sensible n'en était pas moins irritée. Eh! qui sait? peut-être même lorsque cet ennemi intrépide de la fausse philosophie se serait contenté de s'élever contre l'orgueil de quelques usurpateurs de renommée, ou bien contre une foule de petits écrits qui n'ont qu'une fleur passagère de nouveauté, et non point contre les ouvrages des grands maîtres qui font la gloire de la France; peut-être, dis-je, serait-il devenu, comme il le fut en effet, l'objet de toutes les satires, de toutes les calomnies et de tous les emportements dont l'amour-propre irrité est capable, car c'est toujours ce public inconstant

« Qui flatte et mord ; qui dresse par sottise
Une statue, et par dégoût la brise. »

Le mordant Palissot, qui, long-temps avant, avait appelé Fréron *l'oracle du goût, le défenseur de la république des lettres, le dispensateur de la gloire* (1), lui donna, dans sa *Dunciade*,

---

(1) Voyez l'*Année littéraire*, tom. VII, pag. 351. — 1776.

des *ailes à l'envers* (1). Voltaire ne cessa point de l'accabler d'épigrammes (2), d'injures grossières, et, non content d'avoir dit qu'il avait été condamné aux galères, il le traduisit sous le nom de Frélon dans la comédie de *l'Écossaise*, pièce remplie

---

On lit, à la page 347, ce passage de Palissot à Fréron : « Quand donc veux-tu me donner à dîner? tous les jours je suis à tes ordres, excepté le dimanche. »

(1)   « Stupidité, qui fait tout de travers,
      Avait placé les ailes à l'envers. »

Chant IXme.

(2) On fit courir dans Paris l'épigramme que voici, et l'on assurait qu'elle était de Voltaire :

   « L'autre jour au fond d'un vallon,
   Un serpent mordit *Jean Fréron*.
   Devinez ce qu'il arriva?
   Ce fut le serpent qui creva. »

Malheureusement cette épigramme n'était pas neuve. Elle avait environ une centaine d'années, et l'abbé Batteux la rapportait dans le tom. III de son *Cours de Belles-Lettres*, pag. 180, édition de 1753. Elle était même un peu mieux tournée que celle de Voltaire. On va en juger :

   « Un gros serpent mordit *Aurèle*.
   Que croyez-vous qu'il arriva?
   Qu'*Aurèle* en mourut? bagatelle!
   Ce fut le serpent qui creva. »

de personnalités révoltantes, et dans laquelle le folliculaire fut véritablement écorché vif (1).

D'autres, si toutefois ce n'était encore Voltaire, afin de pouvoir exhaler entièrement leur rage contre cet homme, prétendirent qu'après avoir eu sa nièce pour servante, il l'épousa pendant la grossesse du second enfant qu'il lui avait fait, et qu'*il se maria par dispense*. Enfin, on imprima aussi que la sœur de Fréron était fripière, que son enseigne était *au riche Laboureur*, et que pour faire niche à son frère, qu'elle *détestait cordialement*, elle allait mettre une enseigne d'habits et de meubles sur sa boutique, avec ces mots :

« A l'*Année fripière*,

« FRÉRON (2). »

Il est certain que dès ce moment l'*Année littéraire*, qui, dans le principe, avait valu jusqu'à vingt mille livres par an, n'en produisit plus que sept ou huit mille à l'aristarque qui amusait ses lecteurs par les coups qu'il portait et par

---

(1) Peut-être n'aurait-on pas pardonné ces scènes satiriques à Voltaire, sans le sel dont il les assaisonna.

(2) *Anecdotes sur Fréron.*

ceux qu'il recevait; car c'est le lot de tout critique.

Après les traits que je viens de rapporter, il semble qu'on serait presque autorisé à révoquer en doute l'anecdote racontée par Fréron lui-même, et que voici :

M. le marquis de *Prezzo*, seigneur de la cour de Turin, ayant invité Voltaire à lui indiquer un correspondant littéraire à Paris, qui fût en état de lui donner une idée de tous les écrits qui paraissaient en France, « Adressez-vous, lui dit Voltaire, à ce coquin de Fréron; il n'y a que lui qui puisse faire ce que vous demandez. » Le seigneur, qui avait lu les injures et les épigrammes de Voltaire, s'étonnant d'un tel langage : « Ma foi, oui, répliqua le philosophe, c'est le seul homme qui ait du goût, je suis forcé d'en convenir, quoique je ne l'aime pas, et que j'aie de bonnes raisons pour le détester. »

Sans doute Fréron soutenait avec quelque fondement que Voltaire était injuste dans ses critiques, indécent dans ses diatribes (1) : néanmoins,

---

(1) Voltaire l'avait traité de *gueux*, de *gredin*, de *polisson*, d'*homme vil*, d'*ivrogne*, etc. Le philosophe oublia qu'il faut être vrai même dans ses vengeances.

quoique blessé des traits et des calomnies que le grand philosophe avait lancés contre lui, il savait parfois rendre justice au patriarche de Ferney, qu'il regardait comme un historien élégant, mais inexact; comme un poète brillant, mais inférieur aux *Corneille*, aux *Racine* et à *Boileau*, que les étrangers n'appelèrent longtemps que le poète français (1).

Quoique le nom du fondateur de Ferney soit sans doute imposant, maintenant que plus d'un demi-siècle s'est écoulé depuis ces débats littéraires, peut-être est-il permis de demander si l'aristarque mettait trop de sévérité dans ses jugements?

On a prétendu que « le roi Stanislas, qui aimait à lire Fréron...., préserva l'auteur de la détention dont on le menaçait pour deux couplets qu'on l'accusait d'avoir faits contre mademoiselle Clairon » en 1749, selon plusieurs biographes.

Nous avons vainement cherché ces deux cou-

---

(1) Pourtant on doit se souvenir que, malgré son génie supérieur, il n'aurait jamais été admis à l'Académie Française, sans doute à cause de ses satires, sans un ordre exprès de Louis XIV.

plets; on trouve seulement un éloge mêlé d'une aimable plaisanterie sur cette actrice célèbre, dans une lettre de cet écrivain du 24 octobre 1745 (1). Nous pensons avec quelque raison que mademoiselle Clairon eut à se plaindre de celui qui tenait le sceptre de la critique à une époque différente, et voici l'anecdote que nous avons trouvée à l'appui de notre assertion.

Quoiqu'elle ne fût point nommée, « mademoiselle *Clairon*, s'étant reconnue dans un portrait tracé d'après nature, par *Fréron* dans l'*Année littéraire* (2),

---

(1) Voici le quatrain que nous avons remarqué :

« Je consens que toujours une forme nouvelle,
Adorable Clairon, relève tes appas,
　Pourvu que tu me sois fidèle,
　Et que ton cœur ne change pas. »

(2) Peut-être est-ce la fin de la lettre du 17 janvier 1765, pag. 119, tom. Ier, n° 2 du journal.

On y lit.... « Ce n'est point l'état de comédien qui déshonore, mais les vices attachés.... à cette carrière si dangereuse pour les mœurs. Il dépendrait de toutes les jeunes personnes qui se montrent sur le théâtre, de se faire respecter.... pour peu qu'elles entendissent leurs intérêts.... Elles inspireraient, non des *goûts ignominieux* et passagers, mais des attachements.... J'avoue que cette coquetterie d'un nouveau genre serait un peu gênante, et je doute qu'il prenne fantaisie à nos actrices de s'en servir........ »

alla trouver les gentilshommes de la chambre, et les menaça de se retirer du théâtre, si on ne lui faisait justice de ce journaliste. En conséquence, on sollicita un ordre du roi pour le faire mettre au Fort-l'Évêque. Heureusement pour lui qu'il avait la goutte, et que ses amis eurent le temps de solliciter sa grace. On leur répondit d'abord que cette grace ne s'accorderait qu'à mademoiselle Clairon seule. Ainsi, à la honte de lui devoir son châtiment, il se vit menacé de l'humiliation plus grande de lui devoir son pardon. *Aux Carrières plutôt,* s'écria-t-il avec le philosophe grec.

« Cependant la reine, informée de ce démêlé entre le journaliste et la comédienne, ordonna qu'il eût sa grace. Mademoiselle Clairon, qui voulait absolument une satisfaction, écrivit aux gentilshommes de la chambre une lettre très-pathétique, où elle témoignait son regret de ce que ses talents n'étaient plus agréables au roi. Qu'elle le présumait, puisqu'on la laissait avilir impunément : qu'en conséquence elle persistait à demander sa retraite. Ensuite elle se rendit en personne chez M. le duc de C*** (1), pour lui faire part de son projet. « Mademoiselle, lui répondit ce ministre, nous sommes, vous et moi, chacun sur un théâtre; mais avec cette différence que vous choisissez les rôles qui vous conviennent, et que vous êtes toujours sûre des applaudissemens du public. Il

---

(1) Sans doute le duc de Choiseul.

n'y a que quelques gens de mauvais goût, comme ce malheureux Fréron, qui vous refusent leurs suffrages. Moi, au contraire, j'ai ma tâche souvent très-désagréable; j'ai beau faire de mon mieux, on me critique, on me condamne, on me hue, on me bafoue, et cependant je ne donne point ma démission. Immolons, vous et moi, nos ressentiments à la patrie, et servons-la de notre mieux, chacun dans notre genre. D'ailleurs, la reine ayant fait grace, vous pouvez, sans compromettre votre dignité, imiter la clémence de Sa Majesté. »

Mademoiselle Clairon sourit avec noblesse à ce propos, et se retira fort mécontente du persiflage. Revenue chez elle, cette célèbre actrice rassembla un nouveau comité, où, après bien des débats et des menaces, il fut décidé qu'elle souscrirait aux volontés de la reine, et Fréron n'alla pas au Fort-l'Évêque (1).

Mais si l'on a eu connaissance de cette anecdote, on paraît avoir ignoré que Fréron ayant rendu compte, dans l'*Année littéraire* du 18 novembre 1756, des *Lettres sur le voyage d'Espagne*

---

(1) *Mémoires anecdotes*, pour servir à l'histoire des règnes de Louis XIV et de Louis XV, tom. IV, pag. 329.

par son ami Coste (1), le roi donna un ordre le 2 janvier 1757, contre-signé d'Argenson, pour arrêter Fréron et le conduire à la Bastille. Celui-ci fit des démarches pour dissiper l'orage qui s'était formé contre lui à l'occasion de cet article, dans lequel on parlait avec indécence de la nation espagnole. Toutes les sollicitations devinrent inutiles, et Fréron fut conduit à la Bastille, le 25 janvier, à neuf heures et demie du matin (2).

Les trois lettres inédites qu'on va lire, prouveront combien l'aristarque était protégé par les hommes en place; peut-être donneront-elles à penser que Fréron était autorisé par le gouvernement à écrire contre les philosophes. Pour nous, qui croyons avoir une idée juste de la manière dont les prisonniers étaient traités dans ces sombres cachots, d'où les plaintes ne pouvaient sortir, nous ne craignons pas d'avancer que nous n'avons jamais vu de grand seigneur jouir des avantages accordés à l'écrivain qui fait le sujet de cette notice.

---

(1) Tom VII, lettre VIIe.
(2) Le registre original où se trouve cette date, appartient à M. le Ch. G. de Pixérécourt.

Première Lettre.

« A M. Chevalier, major de la Bastille.

« Paris, le 24 janvier 1757.

« Lorsque vous recevrez au chateau de la Bastille, monsieur, le sieur Fréron, qui y sera conduit de l'ordre du Roy par le sieur d'Hémery, inspecteur de police, vous luy donnerez un des deux appartemens a feu, la promenade, des livres et de quoy écrire pour s'amuser dans sa chambre. Vous luy permettrez d'entendre la messe, s'il le veut; en un mot, vous lui procurerez tous les adoucissemens que l'on peut accorder à un prisonnier avec sureté de sa personne, et vous me marquerez s'il profite des facilités que je veux bien avoir pour luy.

« Je suis, très parfaitement, monsieur, votre très humble et très obéissant serviteur.

« Berryer. »

Deuxième Lettre.

« Au même.

« Paris, le 25 janvier 1757.

« Voulant bien faciliter au sieur Fréron, détenu à la Bastille, de continuer un ouvrage qu'il fait, vous recevrez, monsieur, du sieur d'Hémery les épreuves de cet ouvrage à mesure qu'il les luy portera pour les corriger, et ensuite vous les remettrez au sieur d'Hémery qui se chargera de les rendre à l'imprimeur.

« Je suis, très parfaitement, monsieur, votre très humble serviteur.

« BERRYER. »

Troisième Lettre.

« A M. LE GOUVERNEUR DE LA BASTILLE.

« Paris, le 28 janvier 1757.

« Je vous prie, monsieur, de permettre au sieur Fréron, détenu de l'ordre du Roy à la Bastille, de parler à sa femme au sujet de leurs affaires de famille, en observant les précautions ordinaires.

« Je suis avec respect, monsieur, votre très humble et très obéissant serviteur.

« BERRYER (1). »

Le gouverneur écrivit au bas de la même lettre : « Vu et parlé le 29 janvier 1757 pendant deux heures. »

Après l'arrestation de l'aristarque, on apprit que ce n'était pas lui, mais bien l'auteur même qui avait parlé de ses *Lettres sur le voyage d'Espagne* dans l'*Année littéraire*. On sut également

---

(1) Voyez le recueil manuscrit intitulé : *Lettres de messieurs les Magistrats;* 1757, tom. XX, Bibl. de l'Arsenal.

que le roi Stanislas honorait Fréron de sa protection, de ses présents, et que, vers 1744, il avait donné au fils son nom sur les fonts de baptême. M. Berryer écrivit aussitôt au major de la Bastille :

« Vous avez besoin que l'on vous fasse de la place plutôt aujourd'hui que demain (1). »

Et à l'instant même, c'est-à-dire le 15 février 1757, le prisonnier fut mis en liberté.

Comme on a rapporté que *Coste, le seul ami,* disait-on, *qu'ait eu Fréron*, après avoir fait *cent lettres de change* fausses à Paris et avoir eu un commerce illicite *avec la femme de Fréron, se sauva*, et qu'on a demandé si ce *Coste* était celui qui *avait été condamné aux galères*, ce doute n'expliquerait-il pas la méprise bien volontaire du philosophe de Ferney, lorsqu'il a dit que Fréron avait été *condamné aux galères* (2)?

Quant à nous, qui cherchons la vérité pour elle-même, nous pouvons assurer que ce fut l'abbé de La Coste, ancien célestin, et non point

---

(1) Voyez le recueil déjà cité.
(2) Il le répéta si souvent, que la moitié de la nation finit par le croire.

Coste, qui fut mis au carcan et condamné aux galères en 1760, pour s'être marié deux fois, et nous avons trouvé de plus qu'il y mourut (1).

Mais, quel que soit le mal qu'on ait dit de Fréron, qui fut sans cesse tourmenté par le choc des passions, nos recherches nous ont convaincu qu'il respecta dans ses écrits la religion, les lois et les mœurs; que c'était un homme aimable, gai, simple et fort doux dans la société; naturellement dépensier et prodigue; qu'il jouissait de l'estime de tous ceux qui le connaissaient, d'une grande aisance, et rassemblait chez lui une société de vrais et de faux amis. On était si surpris en voyant Fréron, qui était *brun*, bien fait et d'une fort *jolie figure* (2), de le trouver si opposé à l'idée qu'on s'en était formée, et qu'on prend assez ordinairement d'un censeur quelconque, que nous pourrions rapporter plusieurs anecdotes à ce sujet, plus originales les unes que les autres. Nous n'en rappellerons qu'une; la voici:

« Un jour, un de ses amis se proposa de faire revenir sur le compte de ce critique une femme

---

(1) Voyez *la Bastille dévoilée*, tom. Ier, pag. 123.
(2) Voir à la Bibliothèque du Roi, la note de Police. Il avait cinq pieds trois pouces.

de considération (madame la présidente d'Aligre), qui, à force d'en entendre mal parler, se le représentait comme une espèce de monstre. Il le mena dîner chez elle sous un nom emprunté: elle le jugea charmant. On fit tomber exprès la conversation sur le journaliste, et il fut le premier à rire à ses dépens de la meilleure grace du monde. Quand la comédie eut été bien jouée, et que la maîtresse de la maison se fut engouée de l'inconnu au point de l'engager à revenir souvent la voir, un tiers, auquel on avait donné le mot, entra comme pour rendre une visite, et, après les premiers compliments, s'écria : « Comment! M. Fréron chez vous, madame! Je vous félicite d'être revenue de votre antipathie; vous n'aurez pas lieu de vous en repentir, et vous y gagnerez au contraire un commensal très-aimable. »

« Madame la présidente fut si étourdie un moment de la supercherie, qu'elle eut d'abord presque envie de se fâcher; puis, usant de l'esprit qu'elle avait, et revenant à la raison : « Ma foi, dit-elle à l'étranger, fussiez-vous le diable ou Fréron, je ne puis m'empêcher de vous rendre justice et de vous aimer beaucoup. Je vous remercie même de la leçon; vous m'apprenez à ne point juger sur parole, à n'avoir ni préjugé ni prévention (1). »

Mais la fortune de Fréron changea de face. Sa table, tenue à grands frais, et où, à l'exemple des financiers, il admettait les flatteurs des deux sexes qui venaient chez lui porter des éloges, ne fut plus ouverte aux commensaux habituels. De nouvelles persécutions, dont on aurait peine aujourd'hui à concevoir l'acharnement, recommencèrent. Les diatribes des uns, les mensonges des autres, des articles qui n'étaient pas de lui, mais que l'ardente calomnie lui attribua, enfin un orage de libelles, encouragèrent les ennemis des anti-encyclopédistes; et, par leurs manœuvres sourdes auprès de l'autorité, ils obtinrent de M. de Miromesnil, garde-des-sceaux, la suspension du privilége de l'*Année littéraire*.

Quand on annonça cette nouvelle imprévue à Fréron, il avait une attaque de goutte qui remonta et l'étouffa en quelques minutes dans sa maison, près de Mont-Rouge, le 10 mars 1776 (2). On a prétendu qu'il dit en mourant :

---

(1) *Tableau historique de l'esprit et du caractère des littérateurs français*, etc., tom. IV, pag. 57.

(2) *Mercure de France*, avril 1776, pag. 237. Parmi le

« C'est un malheur particulier qui ne doit détourner personne de la défense de la monarchie; le salut de tous est attaché au sien. »

Ces paroles remarquables ne produisirent sans doute aucun effet sur l'esprit du fils de Fréron, à qui le privilége de l'*Année littéraire* fut rendu. Ce fils, qui n'avait ni les talents ni les principes de son père, quoiqu'il ne manquât pas d'esprit, travailla à ce journal. Mais, malgré tous les bienfaits qu'il reçut de la cour, il se jeta avec fureur dans le parti révolutionnaire, et s'enrôla sous l'étendard sanglant des Robespierre et des Marat. On le nomma député de Paris à la Convention, où il vota la mort de Louis XVI *dans les vingt-quatre heures*. Enfin, après avoir employé sa funeste éloquence à semer en tous lieux la discorde et la guerre, il alla mourir à Saint-Domingue en 1802.

---

grand nombre d'épitaphes consacrées à Fréron, on distingua la suivante :

« Du mauvais goût censeur impitoyable,
« De l'orgueil littéraire il dédaigna les cris.
« Sa plume aux écrivains le rendit redoutable,
« Et son cœur cher à ses amis. »

L'ABBE SIGORGNE.

Si la mémoire est le *trésor de l'éloquence*, ainsi que l'a dit Cicéron, et si Platon a prétendu qu'elle était la *mère des muses*, il n'en est pas moins vrai qu'il est des circonstances où l'on peut regretter d'avoir une mémoire prodigieuse. Ne sait-on pas qu'un professeur de mnémonique ayant offert à Thémistocle les secours de son art, celui-ci, qui avait à se plaindre de l'ingratitude du peuple athénien, lui répondit : « C'est plutôt l'art d'oublier que je voudrais connaître? »

Le savant dont nous allons donner une notice succincte, lisait beaucoup, ne faisait point de vers français, mais avait le secret de retenir facilement ceux des autres. En fut-il plus heureux? voyons.

Pierre Sigorgne naquit à Rambercourt-aux-Pots, en Lorraine, le 25 octobre 1719, d'une famille honnête, mais sans fortune. Il fit ses études à l'université de Pont-à-Mousson, où, à peine âgé de quinze ans, il fut nommé à l'unanimité *prince* de cette université. Il se rendit ensuite à Paris pour y faire son cours de philosophie. Il embrassa l'état ecclésiastique et prit ses degrés en Sorbonne. Après avoir choisi la carrière de l'enseignement, il s'éleva hardiment contre le mode d'instruction de la vieille école, et principalement contre les *Tourbillons* de Descartes. Quand les vieux professeurs demandaient ce qu'il mettrait à la place : *Rien,* répondait-il. *Præstat majus nihil dicere, quàm malè dicere*, était sa devise.

Néanmoins, comme son goût le portait au genre polémique, il attaqua bientôt le chef de la philosophie scolastique; et son ouvrage ne tarda pas à devenir le signal d'une lutte violente entre les newtoniens et les défenseurs du cartésianisme.

Sigorgne n'avait alors que 19 ans.

Sans doute, lorsqu'on remonte au temps où naquit Descartes, époque où l'être pensant semblait avoir renoncé au droit de penser, on voit combien l'esprit d'un seul homme ajouta aux connaissances de l'esprit humain. Mais si avec Bacon et Descartes commença une vie nouvelle, si, dis-je, ces deux grands hommes ont été les premiers qui aient conçu l'idée de réunir les sciences pour les faire servir à la perfection l'une de l'autre, s'ils ont enfin frayé la route, on a été plus loin qu'eux.

Quoi qu'il en soit, toujours est-il certain que c'est à cette heureuse polémique, qui fit tant d'honneur à l'abbé Sigorgne, que l'université de Paris fut redevable d'un meilleur enseignement.

En 1747, l'ardent disciple de Newton publia ses *Institutions Newtoniennes*, production qui suffisait pour lui assigner un rang honorable parmi les noms les plus chers aux sciences.

Bientôt après, cet athlète formidable fut pourvu d'une chaire de philosophie au collége Du Plessis; et il ne craignit pas de professer publiquement la doctrine de Newton, dans un temps où l'Europe savante était cartésienne.

En 1748, il remporta le prix que l'académie de Rouen avait proposé sur la *cause de l'ascension et de la suspension des liqueurs dans les tuyaux capillaires*. Mais au milieu de tant de succès, il fut arrêté au moment qu'il sortait de donner leçon à ses écoliers. On le jeta dans un carrosse et de là on le conduisit à la Bastille, le 16 juillet, d'après un ordre contre-signé d'Argenson (1), comme soupçonné d'être l'auteur de vers injurieux au roi, et qui avaient été distribués dans Paris par quatorze personnes. Aussitôt on fit courir le bruit que *l'abbé Cicoigne* avait *été pendu presque en arrivant* à la Bastille (2). Sans doute on pense bien qu'une exécution aussi subite et aussi violente ne pouvait avoir eu lieu.

Voici les misérables vers qu'un nommé Bosancour eut l'infamie d'attribuer à l'abbé Sigorgne.

« SUR LE ROY.

« Lasche dissipateur des biens de tes sujets,
Toi, qui comptes les jours par les maux que tu fais,
Esclave d'un ministre et d'une femme avare (3),
Louis, apprends le sort que le ciel te prépare.
Si tu fus quelque tems l'objet de notre amour,
Tes vices n'étoient pas encor dans tout leur jour.
Tu verras chaque instant ralentir notre zèle,
Et souffler dans nos cœurs une flame rebelle.
Dans les camps, sans succès, désolant tes États,

---

(1) Le registre original où se trouve cette date, appartient à M. le chevalier Guilbert de Pixérécourt.
(2) Voyez *la Bigarrure*, tom. Ier, pag. 62.
(3) Madame de Pompadour.

Tu fus sans généraux, tu seras sans soldats.
Toi que l'on appeloit l'arbitre de la terre,
Par de honteux traitez tu termines la guerre.
Parmi ces histrions qui régnent avec toi,
Qui pourra désormais reconnoitre son roi?
Tes trésors sont ouverts à leurs folles dépenses,
Ils pillent tes sujets, épuisent tes finances;
Moins pour renouveler tes ennuyeux plaisirs
Que pour mieux assouvir leurs infâmes désirs.
Ton état aux abois, Louis, est ton ouvrage;
Mais crains de voir bientôst sur toi fondre l'orage.
Des maux contagieux empoisonnent les airs,
Tes campagnes bientôst deviennent des déserts;
La désolation régne en toutes tes villes.
Tu ne trouveras plus des ames assez viles
Pour oser célébrer tes prétendus exploits,
Et c'est pour t'abhorrer qu'il reste des François;
Aujourd'hui l'on t'élève en vain une statue,
A ta mort je la vois par le peuple abattue;
Bourrelé de remords tu descends au tombeau.
La superstition, dont le pâle flambeau
Rallume dans ton cœur une peur mal éteinte,
Te suit, t'ouvre l'enfer, seul objet de ta crainte.
Tout t'abandonne enfin, flatteurs, maîtresse, enfans,
Un tyran à la mort n'a plus de courtisans. »

On répandit encore une seconde pièce de *vers satyriques sur le Roy;* mais outre que cette diatribe nous a paru fort médiocre, elle est d'une trop grande étendue pour que nous la citions en entier. Nous nous bornerons à donner l'extrait suivant. L'auteur s'adresse au roi.

. . . .
« Montre-moi tes héros, où sont-ils les ministres?
Un obscur financier, dont les vastes projets
Sous le poids des impôts font gémir tes sujets (1).
Un moine (2) maîtrisé par la soif des richesses,
Qui trahit, sans rougir, son Dieu par des bassesses.
Un magistrat rampant sous le pouvoir des rois,
Qui souscrit lâchement aux plus injustes loix (3);
Un prévôt des marchands, qui, pour chanter la gloire
Par les traits les plus fols, consacre sa mémoire (4).
Voilà donc ce concours de héros si vanté;
Crois-tu par eux passer à l'immortalité? »

---

(1) Paris de Montmartel, garde du trésor royal.
(2) Boyer, ancien évêque de Mirepoix.
(3) M. de Maupeou, premier président.
(4) M. de Bernage, successeur de Turgot dans cet emploi. (Bibliothèque du Roi.)

M. de Bernage n'était point aimé dans Paris, ni approuvé dans ce qu'il faisait. On l'appelait *Prévôt de salle,* à cause de celles qu'il fit construire pour faire danser le peuple. On le railla aussi sur la dépense qu'il fit pour orner un très-beau cheval qu'il avait eu des écuries du roi.

« A quoi bon douze mille francs,
Monsieur le prévôt des marchands,
Pour équiper un Bucéphale?
Du calcul mettez-vous au fait,

Je ne sais si le souvenir des persécutions qu'éprouvèrent Descartes et Galilée qui, comme on sait, fut condamné par l'inquisition pour avoir découvert le mouvement de la terre (1), a fait dire au célèbre Lalande que l'abbé *Sigorgne fut exilé pour une chanson* (2), mais du moins on n'aurait pas dû reproduire cette erreur dans la *Biographie universelle de Michaud* : il est vrai qu'on ne connaissait point alors les documents authentiques que nous avons sous les yeux.

Toutefois, le 24 août 1749, les amis du jeune

Je vous apprends qu'une cavale
Suffit pour monter un Baudet. »

Voyez un manuscrit intitulé, *Recueil de Chansons*, etc ; tom. XVIIe, pag. 346, à la Bibliothèque Mazarine.

(1) Selon l'abbé de Feller, cette opinion est un roman. Galilée, dit-il, ne fut point persécuté comme bon astronome, mais en qualité de mauvais théologien. On l'aurait laissé tranquillement faire marcher la terre, s'il ne se fût point mêlé d'expliquer la Bible....... en ergotant sur *Job* et *Josué*.

Cours de morale chrétienne, et de littérature religieuse,
Tom. III, pag. 9 et 13, Paris 1824.

(2) Voyez la Bibliographie astronomique, pag. 432.

savant, convaincus de son innocence, adressèrent à M Berryer le placet que voici.

« MÉMOIRE POUR LE SIEUR SIGORGNE.

« Le sieur Sigorgne, professeur de philosophie au collége Duplessis, fut conduit à la Bastille le 16 du mois de juillet, en conséquence d'une déposition faite contre lui par le sieur de Bosancour, arrêté quelques jours auparavant.

« On avoue que le sieur Sigorgne est coupable; on convient que le sieur de Bosancour étant venu le voir dans le mois d'avril, et la conversation ayant roulé sur des vers qui couroient depuis quelques jours, le sieur Sigorgne en cita plusieurs de suite avec une facilité qui fit connoitre au sieur de Bosancour qu'il les sçavoit par cœur; que, fortement prié par le dit sieur de Bosancour, il consentit à ce que celui-ci les écrivit sous sa dictée; on convient même, quoiqu'on n'en ait aucune connoissance certaine, qu'il peut avoir récité ces vers et de semblables à quelques autres personnes; on sent toute l'énormité de cette faute, mais, en suppliant pour lui, on prend la liberté d'observer :

« 1°. Que le sieur Sigorgne ne fut jamais l'autheur d'aucun de ces vers; connu pour exceller dans la philosophie et la théologie, il l'est aussi pour ne s'être jamais essayé en poésie françoise; le goût qui l'a livré totalement, et dès sa plus tendre jeunesse, à l'étude des sciences abstraites, lui a donné une sorte d'incapacité pour la poésie, et ceux qui le connoissent parfaitement sont très persuadés qu'il n'a jamais fait un vers françois.

« 2°. Que la facilité avec laquelle il a récité ces vers, vient uniquement de ce qu'attentif à voir toutes les productions nouvelles qui tiennent ou paroissent tenir à la littérature et ayant la mémoire très heureuse, il sçait bientôt par cœur les petites pièces que les autres lisent sans les retenir comme lui; ce qu'on assure sur cet article pourroit être avancé par le seul désir de le montrer moins coupable; mais l'exacte vérité en est connue par tous ceux qui le fréquentent; on peut même dire qu'après beaucoup d'informations faites, elle a été connue par M. le lieutenant général de police.

« 3°. Qu'on ne peut soupçonner le sieur Sigorgne d'avoir donné beaucoup de cours à ces vers; il a peu de connoissances dans le monde; il mène la vie retirée qui fait le partage des hommes d'étude, et s'est toujours restraint à voir quelques uns de ses confrères et quelques hommes de lettres dans la ville de Paris.

« 4°. Que le sieur Sigorgne est connu pour un sujet très fidèle, très soumis au Roy, et éloigné par goût, comme par devoir, de tout ce qui peut être contraire au profond respect toujours dû à la personne sacrée de Sa Majesté. En même temps qu'il a vû avec quelque plaisir le tour de ces vers, il en a détesté le fond; semblable en ce point à une infinité de François que le cœur attache sans réserve à leur Roy, mais que la légèreté, naturelle à la nation, entraîne quelquefois à voir, à lire, à réciter, à copier même des pièces de cette nature, parceque l'esprit que l'autheur, toujours infiniment coupable, a sçu y répandre leur plait, quoique le fond leur en paroisse abominable; ils sentent toute l'indignité qu'il contient, mais ils se pardonnent aisément la curiosité de lire et la légèreté de montrer la pièce, parce qu'ils aiment à se persuader, et se persuadent en effet sur des exemples tant anciens que modernes, que le Roy et ses ministres méprisent assez ces productions, pour croire qu'elles ne sont pas même dignes des attentions de la justice.

« 5°. Qu'en parité de faute, la main de la justice s'adoucit ordinairement sur l'excellent sujet, et que le sieur Sigorgne est un homme très distingué dans son état. Il s'est acquis, par les ouvrages philosophiques qu'il a donnés au public, une réputation qui le fait regarder comme le premier de tous les professeurs de philosophie de la ville de Paris, quoiqu'il soit le plus jeune de tous; d'ailleurs la droiture, la bonté et la douceur de son caractère le font aimer de tous ceux qui ont quelques rapports avec luy.

« 6°. Que la faute qu'il a commise est déjà punie par une détention de plus de cinq semaines; qu'il est d'une santé épuisée par l'étude, et pour laquelle son état actuel donne les craintes les plus fondées; qu'un grand nombre de jeunes gens de toutes les provinces, qui viennent de faire sous luy leur cours de philosophie, attendent avec impatience sa liberté, pour avoir de luy des attestations qu'il peut seul donner, et sans lesquelles ils ne peuvent se présenter pour obtenir le degré de *maitresarts;* qu'enfin, il trouvera dans la maison de Sorbonne, à laquelle il a l'honneur d'appartenir, des avis puissans, qui, joints à la docilité qui luy est naturelle, l'éloigneront pour jamais de la coupable légèreté dans laquelle il a donné. »

Malgré toutes les démarches honorables qu'on fit pour démontrer l'innocence de l'abbé Sigorgne et la nécessité de le mettre en liberté, il demeura sous les verrous. Seulement un de ses frères obtint la permission de lui écrire une fois, et voici la réponse remarquable qui fut faite; mais au lieu d'envoyer cette lettre à son adresse, on la déposa au dossier du prisonnier, ainsi que cela se pratiquait ordinairement.

« De la Bastille, ce 8 novembre 1749.

« Je vous suis obligé, mon cher frère, de la part que vous prenez à mon affliction; elle est grande! et je ne doute point que vos sentimens n'y répondent. Pour en être persuadé, je n'ai point attendu que vous me l'assurassiez, mon cœur me répondoit du vôtre, et ma tendresse pour vous m'étoit garant de votre sensibilité. Mais, hélas! qu'elle est stérile, et que vos souhaits, comme les miens, sont impuissans! J'ai confiance néanmoins qu'ils seront bientôt exaucez, et que mes chaînes se briseront enfin. Les rois sont sur la terre l'image de la divinité, et, comme elle, ils se laissent toucher par le repentir; le mien ne peut être ni plus vif, ni plus sincère. La faute que j'ai faite n'a point été une faute de malice; j'ai toujours eu les sentimens convenables à un sujet fidèle et soumis: mais l'homme, à chaque moment de la vie, n'agit pas par les affections qui dominent en lui. Un deffaut de réflexion, trop de complaisance, la fragilité attachée à la nature humaine, détournent quelquefois le juste même, et lui font commettre de ces actions, à la vérité irrégulières, mais qui ne détruisent point l'amour du bien qui règne dans son cœur, et qui même alors continue de le rendre juste. C'est le cas ou je me suis trouvé. Je crois avoir lavé ma faute dans mes larmes, et j'espère que la longue captivité dans laquelle j'ai vécu, et que mille circonstances réunies, dont vous sçavez une partie, ont encore aggravée, me sera imputée à pleine satisfaction, et sera suivie d'un prompt élargissement. Il m'est nécessaire pour mes affaires, auxquelles je vous prie de veiller, et pour ma santé qui, quoique meilleure que je n'aurois osé l'espérer, n'est pas à beaucoup prez parfaite; jusquicy pourtant rien n'est dangereux, et quoiqu'une inflammation que j'ai eue à la gorge subsiste toujours, elle est bien diminuée. J'espère bien que monseigneur le lieutenant de police, auquel je prends la liberté d'écrire et d'adresser cette lettre, vous permettra de me faire tenir trois chemises; ayés soin qu'elles soient bonnes; trois paires de chaussons, deux mouchoirs, mon bonnet de nuit et des coeffes; deux camisolles de flanelle bonnes, des bas de laine, et comme je suis habillé en été, mon habit de campagne, une veste et des culottes de drap, avec quelqu'argent. Je vous envoie la clef de ma commode où est une partie de ce que je vous demande. Dieu veuille mettre fin à ma douleur! n'oubliés pas mon bréviaire; d'autres livres encore me seroient bien nécessaires, mais je n'ose y songer. Je finis donc dans la vive impatience de vous embrasser, et je suis avec l'amitié la plus parfaite,

« Votre très affectionné serviteur et frère.

« Sigorgne. »

Malgré nos recherches les plus actives, nous n'avons pu découvrir la date précise de la sortie de Sigorgne ; mais il est certain que, d'après les nouvelles démarches que firent ses amis, le prisonnier obtint sa liberté vers la fin de 1749, époque où il publia un petit volume in-12 (1).

Malheureusement le docte ecclésiastique fut contraint de quitter le centre des arts et des lumières, à un âge où l'on devait attendre de belles compositions d'un homme aussi distingué; et, précédé d'une brillante réputation, il se rendit à Mâcon, où il fut nommé vicaire-général du diocèse. Quoique chargé presque seul des affaires de l'administration ecclésiastique, il n'en continua pas moins à cultiver les sciences et les lettres. En 1766, il prononça l'oraison funèbre du Dauphin, et celle de Louis XV, en 1774. Mais il sentit que, malgré son esprit et son élocution facile, il n'était pas doué des qualités qui constituent le grand orateur, et il abandonna en quelque sorte la carrière des lettres. Cependant, le

---

(1) Astronomiæ physicæ juxta Newtonis principia Breviarium, ad usum studiosæ juventutis.

19 août 1778, il fut nommé correspondant de l'Académie des sciences (1).

Retiré dans une ville de province, il n'occupa plus guère le monde savant par de nouveaux ouvrages, mais il suivait attentivement les rapides progrès que faisaient les sciences, quand la révolution vint le surprendre au milieu de ses méditations.

Une chose digne de remarque sans doute, c'est que son âge, ses talents, ses vertus, et peut-être mieux encore l'estime générale dont il jouissait, le préservèrent des rigueurs qu'on exerça, en 1792, contre les ecclésiastiques les plus respectables.

Comme il avait toujours sacrifié à la gloire des sciences et des lettres tous les calculs de l'intérêt et jusqu'aux prévoyances même de l'avenir, il se trouva dépouillé de tous ses revenus et réduit à une mince pension de 333 francs, ainsi qu'il nous l'apprend lui-même par la lettre qu'on va lire, adressée à un ministre d'alors.

---

(1) Voyez le registre de l'Institut de France.

Mâcon, 19 décembre 1808.

« Monseigneur,

« J'ay reçu la lettre dont votre excellence m'a honoré le 8 du courant. Votre ame bienfaisante s'y est peinte par le bienfait et la promesse d'un bienfait nouveau. J'en suis sensiblement touché et rempli de la plus vive reconnoissance.

« J'ai 90 ans, et ma vie n'a pas été oisive. Professeur de philosophie en l'université de Paris, j'en ai changé l'enseignement. Chanoine ici en vertu de mon droit de *septennium*, j'y ai été pendant près de 50 ans grand vicaire official, syndic du diocèse, et au milieu de ces occupations diverses, je me suis tenu au courant des sciences.

« A du tems qui veut le perdre!

« Par la révolution j'ai perdu abbaye, doyenné, canonicat (dix-sept mille livres de rente), pour lesquelles je touche annuellement 333 liv. 6 s. 8 d. Gravement malade au passage de Sa Majesté l'Empereur, l'impuissance de lui rendre les hommages respectueux d'un sujet soumis et fidèle aggrava mon mal.

« Mille pardons, monseigneur, de ces détails. Vos bontés m'ont semblé les permettre.

« J'ai l'honneur d'être, avec la plus vive reconnoissance et le respect le plus profond, monseigneur, de votre excellence, le très humble et très obéissant serviteur,

« L'abbé Sigorgne, correspondant de
« L'Institut impérial de France. »

Notre savant reçut beaucoup de promesses ; mais le ministre ajourna la demande de pension, oubliant à quel point le mot *ajourné* devait affliger l'oreille du vieillard, qui, pressé par ses 89 ans, ne pouvait ajourner les maux ni les besoins.

Toujours froid et calme, toujours étranger aux passions dont la plupart des hommes ont tant de peine à se défendre, Sigorgne n'écrivit plus. La récompense qu'il avait si bien méritée par ses services et ses travaux ne lui fut point accordée à la fin de sa carrière, et il mourut à Mâcon, le 10 novembre 1809, âgé de 90 ans et 25 jours, emportant avec lui l'estime, le respect et les regrets de tous ceux qui l'avaient connu. M. de Cortambert, secrétaire perpétuel de la société des sciences, arts et belles-lettres de Mâcon, paya un dernier tribut à la mémoire de ce littérateur estimable, et il s'en acquitta avec une simplicité et une pureté de style qu'on trouve rarement loin du centre du goût et des arts (1).

---

(1) M. Odier, de Genève, remplaça l'abbé Sigorgne à l'Académie des sciences de Paris, le 22 janvier 1810.

DIDEROT.

Les uns ont appelé Diderot le coryphée de la philosophie et de l'obscénité; d'autres ont fait profession d'estimer et même d'admirer cet écrivain. L'un de ses contemporains raconte que *celui qui ne connut Diderot que dans ses écrits, ne l'a point connu* (1). Enfin Voltaire se plut à le désigner souvent sous le nom de *moderne Platon*; et dans une lettre à Damilaville (2), il dit, en faisant allusion à Diderot, qui donnait la Bible à lire à sa fille : (3) *Je ne suis point content de Tonpla, on dit qu'il laisse élever sa fille dans les principes qu'il déteste.*

Il est évident que *Tonpla* est l'anagramme de Platon. Mais la comparaison du patriarche de Ferney paraîtra sans doute un peu forte; car,

---

(1) Mémoires de Marmontel.
(2) Voyez l'édition de Voltaire par Beaumarchais, tom. LX, édition in-8°, pag. 38, lettre du 30 janvier 1767.
(3) Qu'aurait dit *Voltaire*, s'il eût su que *Diderot*, pour plaire à son épouse, menait lui-même sa fille au catéchisme!

si la sublimité de la doctrine du philosophe athénien le fit surnommer *le Divin*, nous ne pensons pas que le philosophe français ait jamais joui d'un semblable honneur. Au reste, notre intention n'est pas de rappeler que Diderot fut le chef d'une école particulière. Mais, si ses amis ont fait l'éloge de sa franchise et de son caractère obligeant et facile, on doit doublement regretter qu'il ait professé l'athéisme, que Voltaire combattait de toutes ses forces, et que des productions licencieuses aient souillé sa plume. Quand l'homme a reçu de la nature les dons heureux du génie, du talent, d'une éloquence ravissante, et qu'il parvient à être l'un des esprits les plus éclairés de son siècle, il n'en est que plus coupable de ne pas faire un noble usage de ses lumières pour mériter l'estime publique dans la profession qu'il embrasse, et pour illustrer son nom par ses ouvrages, au lieu de l'avilir. L'oiseau paré d'un beau plumage, ne va pas le salir dans la fange.

Denis Diderot naquit à Langres, en 1713. Son père, coutelier fort riche de cette ville (1), le

---

(1) Il excellait à faire des lancettes, et en avait un grand débit.

plaça chez les jésuites où il commença ses études, et de là il vint les terminer à Paris, au collége de Louis-le-Grand, sous le P. Porée. Ses parents le destinèrent d'abord à l'état ecclésiastique; mais il résista aux vues de sa famille, et on le plaça chez un procureur. La chicane ne convenait pas plus à ses goûts que la théologie. Doué d'une imagination vive et brillante, un attrait irrésistible l'appelait à cultiver les sciences et les lettres. Le procureur chez lequel il était placé, voyait qu'il négligeait les procédures et le grimoire, pour dévorer les livres et rechercher tous les moyens de s'instruire. Le père, mécontent du goût décidé de son fils pour la littérature, cessa de lui payer sa pension et parut l'abandonner; mais cette contrariété ne put lui faire vaincre l'ardente passion qui le maîtrisait. Il se mit à donner des leçons de mathématiques aux jeunes gens; pourvut à ses besoins par le fruit de ses travaux, et ne tarda pas à se marier (1), à l'insu de son père, avec une femme

---

(1) Quelques écrivains ont dit *avec sa servante*. Rousseau nous apprend dans ses *Confessions*, livre VII, qu'elle se nommait *Nanette*.

dévote à l'excès, et dont il ne blâma jamais la dé= votion. Son penchant, et peut-être aussi la nécessité, le portèrent à écrire. En 1743, il donna une traduction de l'*Histoire de la Grèce*, de *Stanyan*. Deux ans après parut son *Essai sur le mérite et la vertu* qu'il dédia à son frère, et, en 1746, il traduisit, avec *Eidous* et *Toussaint*, la grande compilation de *James*, c'est-à-dire le *Dictionnaire universel de médecine*. Enfin, cette même année, il publia aussi ses *Pensées philosophiques* (1), qu'on lut avec avidité et qui firent tellement de bruit, que, par un arrêt du parlement du 7 juillet 1746, elles furent condamnées à être brûlées. Mais ce jugement ayant fourni un attrait de plus à la curiosité, trop souvent avide de scandale, on les réimprima plus tard sous le titre d'*Étrennes aux esprits forts*.

---

(1) On prétend « qu'avant qu'il ne fût à son aise, Diderot, se trouvant dans l'impossibilité de prêter 600 livres à une femme qui en avait besoin, et qu'il désirait obliger, s'enferma dans sa chambre, travailla de toutes ses forces, composa, en quatre jours, les *Pensées Philosophiques*, et les ayant présentées à son libraire, il en reçut la somme qu'il désirait prêter. »

Il était si obligeant, que sa femme appelait *dissipation* sa générosité. Voyez *Tableau historique de l'esprit et du caractère des Littérateurs français*, tom. IV, pag. 263.

Ces productions commencèrent la réputation de Diderot, à qui l'on proposa de traduire l'Encyclopédie de *Chambers*, recueil qui ne présentait que l'esquisse imparfaite d'un grand ouvrage.

Lié par une étroite amitié avec d'Alembert, Diderot conçut alors le projet de réunir dans un dictionnaire encyclopédique les procédés de tous les arts et les vérités de toutes les sciences, afin de pouvoir offrir à la fois l'histoire de l'esprit humain et le tableau de ses conquêtes. Les hommes les plus éclairés de tous les rangs s'associèrent à ces deux écrivains-philosophes, pour coopérer à ce vaste monument des connaissances universelles. Mais cette imposante entreprise ne pouvait être le fruit que de plusieurs années d'études et de travaux. Aussitôt on se mit à l'ouvrage. Néanmoins avant que le premier volume parût, Diderot donna au public sa *Lettre sur les aveugles à l'usage de ceux qui voient* (1). L'auteur avança dans ce livre, plein de détails d'une métaphysique obscure, que *la morale des aveugles est différente de la*

---

(1) Le 9 juin 1749.

nôtre. Que celle d'un sourd différerait encore de celle d'un aveugle; et qu'un être qui aurait un sens de plus que nous, trouverait notre morale imparfaite, pour ne pas dire pis (1)!

On se récria de toute part contre ces assertions; et le souvenir de ses *pensées philosophiques* venant se joindre à la hardiesse de ses opinions sur les questions les plus délicates, M. le comte d'Argenson le fit arrêter et conduire au donjon de Vincennes, le 24 juillet 1749 (2).

Interrogatoire qui eut lieu au sujet de cette arrestation.

« Interrogatoire de l'ordre du Roi, fait par nous *Nicolas-René* Berryer, chevalier, conseiller du Roi en ses conseils, maître des requêtes ordinaire de son hô-

---

(1) Voyez l'édition de Naigeon, tom. II, pag. 193 et 194, in-8°.

(2) J.-J. Rousseau a cru que *quelques traits personnels dont madame de Prie de Saint-Maur et M. de Réaumur furent choqués*, pourraient bien avoir été cause de cette arrestation.

Conf. liv. vii.

Cette note a suffi à M. L. B. pour faire un article sur Diderot. Voyez Histoire du donjon et du château de Vincennes, tom. III, pag. 77, Paris, 1807.

tel, lieutenant-général de police de la ville, prévoté et vicomté de Paris, commissaire du Roi en cette partie.

« Au sieur Diderot, prisonnier de l'ordre du Roi au donjon de Vincennes.

« Du jeudi, trente un juillet mil sept cent quarante neuf de relevée, dans la salle du conseil du donjon de Vincennes, après serment fait par le répondant de dire et répondre vérité.

« Interrogé de ses nom, surnoms, âge, qualité, païs, demeure, profession et religion ;

« A dit se nommer Denis Diderot, natif de Langres, agé de trente-six ans (1), demeurant à Paris, lorsqu'il a été arrêté, rue vieille Estrapade, paroisse de Saint-Étienne du mont, de la religion catholique, apostolique et romaine (2).

« Interrogé s'il n'a pas composé un ouvrage intitulé: *Lettres sur les aveugles, à l'usage de ceux qui voient.*

« A répondu que non.

« Interrogé par qui il a fait imprimer le dit ouvrage.

« A répondu qu'il n'a point fait imprimer le dit ouvrage.

« Interrogé s'il n'en a pas vendu ou donné le manuscrit à quelqu'un.

« A répondu que non.

---

(1) *Moyenne taille, et la phisionomie assez décente ; garçon plein d'esprit, mais extrêmement dangereux.* (Note de la police.)

(2) Il logeait chez un tapissier.

« Interrogé s'il sçait le nom de l'auteur du dit ouvrage.

« A répondu qu'il n'en sçait rien.

« Interrogé s'il n'a pas eu en sa possession le dit ouvrage en manuscrit avant qu'il fut imprimé.

« A répondu qu'il n'a point eu ce manuscrit en sa possession avant et après qu'il a été imprimé.

« Interrogé s'il n'a pas donné ou envoyé à différentes personnes des exemplaires du dit ouvrage.

« A répondu qu'il n'en a envoyé ni donné à personne.

« Interrogé s'il n'a pas composé un ouvrage qui a paru il y a environ deux ans, intitulé : *Les bijoux enchantés* (1).

« A dit que non.

« Interrogé s'il n'en a pas vendu ou donné le manuscrit à quelqu'un pour l'imprimer, ou autre usage.

« A répondu que non.

« Interrogé s'il n'a pas composé un ouvrage qui a paru il y a plusieurs années, intitulé : *Pensées philosophiques*.

« A répondu que non.

« Interrogé s'il connoît l'auteur du dit ouvrage.

« A répondu qu'il ne le connoît pas.

« Interrogé s'il n'a pas composé un ouvrage intitulé : *le Sceptique ou l'allée des idées*.

« A dit que oui.

---

(1) On voulait dire les *Bijoux indiscrets*.

« Interrogé où est le manuscrit du dit ouvrage.

« A dit qu'il n'existe plus et qu'il est brûlé(1).

« Interrogé s'il n'a pas composé un ouvrage intitulé : *l'Oiseau blanc, conte bleu.*

« A répondu que non.

« Interrogé s'il n'a pas du moins travaillé à corriger le dit ouvrage.

« A répondu que non.

« Lecture faite au répondant du présent interrogatoire a dit que les réponses qu'il y a faites contiennent vérité, y a persisté et a signé.

« BERRYER.

« DIDEROT. »

Quoique Diderot soutînt qu'il n'était l'auteur d'aucun des ouvrages dont il vient d'être fait mention, on savait, même avant qu'ils eussent paru, qu'il y travaillait, attendu que le curé de la paroisse de Saint-Médard, où demeurait alors Diderot, avait envoyé, au mois de juin 1747, la note suivante à Perrault, lieutenant de police :

« Diderot, homme sans qualité, demeurant avec sa

---

(1) Une note qui nous a été communiquée par le savant M. Van Praet, et qu'il tenait de l'exempt de robe courte d'Hémery, porte : *Diderot a fait l'Allée des idées, qu'il a chez lui en manuscrit, et il a promis de ne point faire imprimer cet ouvrage.*

femme, chez le sieur Guillotte, exempt du prévost de l'île, est un jeune homme qui fait le bel esprit et trophée d'impiété. Il est auteur de plusieurs livres de philosophie, où il attaque la religion. Ses discours, dans la conversation, sont semblables à ses ouvrages. Il en compose un actuellement fort dangereux. Il s'est vanté d'en avoir composé un qui a été condamné au feu par le parlement il y a deux ans. Le sieur Guillotte n'ignore point la conduite et les sentiments de Diderot. Comme il s'est marié à l'insçu de son père, il n'ose retourner à Langres. »

Cette note servit de base au rapport que Perrault fit à M. Berryer, et que nous plaçons sous les yeux du lecteur :

« Du 20 juin 1747.

Monsieur,

« J'ai l'honneur de vous rendre compte qu'il m'a été donné avis que le nommé Diderot est auteur d'un ouvrage que l'on m'a dit avoir pour titre : *Lettre ou amusement philosophique*, qui fut condamné par le parlement, il y a deux ans, à être brûlé en même temps qu'un autre ouvrage qui avait pour titre : *Lettre philosophique sur l'immortalité de l'ame*.

« Ce misérable Diderot est encore après à finir un ouvrage qu'il y a un an qu'il est après, dans le même gout de ceux dont je viens d'avoir l'honneur de vous parler. C'est un homme très dangereux, et qui parle des saints mystères de notre religion avec mépris; qui corrompt les meurs et qui dit que, lorsqu'il viendra au dernier moment de sa vie, faudra bien qu'il fasse comme les autres, qu'il se confessera et qu'il reçevra ce que nous apelons notre Dieu, et sy il le fait, ce ne sera point par devoir, que ce ne sera que par raport à sa famille, de crainte qu'on ne leur reproche qu'il est mort sans religion.

« L'on m'a assuré que l'on trouvera chez lui nombre de manuscrits imprimés dans le même genre.

« Il demeure rue Mouftard, chez le sieur Guillotte, exempt du prevost de lisle, à main droite en montant, au premier.

« Perrault. »

On ne donna point de suite à ce rapport, et M. Berryer se contenta de mettre en marge :

« Je n'ay point de preuve qu'il soit l'autheur de l'ouvrage condamné par le parlement, que le rapport de Perrault et la lettre du curé de Saint-Médard (1). »

Ce ne fut donc que deux ans après, qu'on arrêta Diderot. Mais il est présumable que la police surveilla sa conduite, et sans doute aussi la composition de ses écrits.

On commença d'abord par priver le prison-

---

(1) *Pierre* Hardy.

nier de papier, de plumes, d'encre, de livres, enfin de tout ce qui pouvait servir contre l'ennui. Diderot imagina de piler de l'ardoise, et de la faire infuser dans du vin qu'on lui servait pour ses repas. Il composa par ce moyen une sorte d'encre. De son verre, qu'il feignit d'avoir cassé, il fit un encrier, et d'un paquet de cure-dents, qu'il avait conservé dans sa poche, fit des plumes.

Comme il avait emporté avec lui les œuvres de *Platon*, l'ignorant geôlier lui laissa ce livre, croyant qu'il ne pouvait faire aucun usage d'un ouvrage écrit en grec. Diderot, malgré toute sa vénération pour le philosophe païen, et pour ses œuvres, se servit du papier de ce livre, écrivant d'abord sur les marges, et puis dans les *interlignes*, et c'est ainsi qu'il se consola pendant le premier mois de sa détention.

Les libraires et les imprimeurs intéressés à la publication de l'*Encyclopédie*, firent des démarches pour obtenir la liberté du prisonnier (1).

---

(1) J.-J. Rousseau écrivit aussi à madame de Pompadour, *pour la conjurer de le faire relâcher*...... Il *n'eut aucune réponse.*

Conf. livre VII.

Voici le placet qu'ils adressèrent à M. le comte d'Argenson :

« Monseigneur,

« Pénétrés de la plus vive et de la plus respectueuse reconnoissance, nous recourons encore à la protection de votre grandeur, non pour lui demander de nouvelles graces, parceque nous craignons de l'importuner, mais pour vous représenter, monseigneur, que l'entreprise sur laquelle votre grandeur a bien voulu jeter quelques regards favorables ne peut pas s'achever tant que M. Diderot sera à Vincennes. Il est obligé de consulter une quantité considérable d'ouvriers qui ne veulent pas se déplacer; de conférer avec des gens de lettres qui n'auront pas la commodité de se rendre à Vincennes, de recourir enfin continuellement à la bibliothèque du Roi, dont les livres ne peuvent ni ne doivent être transportés si loin.

« D'ailleurs, monseigneur, pour conduire les dessins et les gravures, il faut avoir sous les yeux les outils des ouvriers, et c'est un secours essentiel dont M. Diderot ne peut faire usage que sur les lieux.

« Ces considérations, monseigneur, ne peuvent valoir auprès de votre grandeur qu'autant qu'elle voudra bien se laisser toucher de l'état violent dans lequel nous sommes, et s'intéresser à l'entreprise la plus belle et la plus utile qui ait jamais été faite dans la librairie. C'est la grace que nous vous demandons, monseigneur, et que nous espérons de votre amour pour les lettres.

« Nous sommes, avec un très profond respect,
« Monseigneur, de votre grandeur,
« Les très humbles et très obéissans serviteurs,
« Briasson.
« David, l'aîné.
« Durand.
« Le Breton, imprimeur
« ordinaire du Roi. »

Après avoir lu le placet, le comte d'Argenson donna ordre au marquis du Chastellet, gouverneur de Vincennes, de traiter Diderot avec beaucoup de douceur et d'égards, et de lui permettre de voir les personnes qui travaillaient à l'*Encyclopédie*, s'il s'en présentait (1). Ainsi donc, par ordre du 21 août, il sortit du donjon, et eut le château et le parc pour prison; mais il n'obtint point la permission de venir à Paris, quoiqu'il ait assuré depuis (selon la note que nous avons sous les yeux), *qu'il était sorti plusieurs fois dans la nuit pour aller voir à Paris une femme qu'il aimait.* Au reste, il ne dit pas que ce fût la sienne : il est vrai qu'il avait madame

---

(1) J.-J. Rousseau, d'Alembert et *Nannette*, allaient passer avec lui les après-midi.

de Puysieux pour maîtresse (1). Cette dame était l'épouse d'un avocat au parlement; elle publia, en 1748, un ouvrage intitulé : *Conseils à une*

---

(1) Voyez une note de la police de ce temps, à la Bibliothèque du Roi.

Dans le cours de nos recherches, nous avons trouvé une épître manuscrite, par madame de Puysieux, sur les bruits qui couraient, qu'elle avait été mise à la Bastille, à cause d'un libelle intitulé le *Pater,* dont on disait qu'elle était auteur. Voici cette épître, qui paraît avoir été écrite au mois de juillet 1753.

>Quand tout Paris à la Bastille
>Me met avec acharnement,
>Je repose, mon cher V....,
>Dans mon lit fort tranquillement.
>
>Jamais d'une coupable audace,
>A ma muse je n'ai permis,
>Contre les personnes en place,
>De décocher des traits hardis.
>
>De l'amour et de la folie
>Je fais mon occupation ;
>Je mêle la philosophie
>A leurs douces distraction.
>
>Dans une profonde ignorance
>De ce qui concerne l'État,
>J'impose aux amis le silence
>Sur les querelles du sénat.

amie. (C'est Diderot, son bon ami, qui a fait tout le corps de ce livre) (1).

Une affaire si relevée,
. . . .
N'est point du tout de mon ressort,
Je jase au risque d'avoir tort.

J'honore mon Roi, ma patrie,
Je m'en fis toujours un devoir.
Je vis à l'abri de l'envie,
Et sans redouter le pouvoir.

Je n'ai rien reçu de personne,
Et mon sort est indépendant ;
Mais la loi de l'honneur m'ordonne
D'avoir des égards pour le rang.

Dans un ministre respectable,
J'adore un mérite éclatant ;
Et s'il eût été moins aimable,
Jamais je n'eusse un seul instant,

Aux dépens de mon caractère,
Offert à cet homme éminent,
De l'hommage le plus sincère,
Le véritable et pur encens.

Mais rassure-toi, cher V. . . . ,
Je jouirai d'un grand bonheur,
Si n'habitant pas la Bastille,
Tu me renfermes dans ton cœur.

(1) Voyez la note de la police du temps, à la Bibliothèque

Les libraires intéressés à l'édition de l'*Encyclopédie* adressèrent de nouvelles représentations à M. le comte d'Argenson, le 7 septembre 1749. Comme elles nous paraissent de quelque intérêt, nous croyons devoir les joindre à notre ouvrage.

« MONSEIGNEUR,

« Les libraires intéressés à l'édition de l'*Encyclopédie*, pénétrés des bontés de votre grandeur, la remercient très humblement de l'adoucissement qu'elle a bien voulu apporter à leurs peines en rendant au sieur Diderot, leur éditeur, une partie de sa liberté. Ils sentent tout le prix de cette grace; mais si, comme ils croient pouvoir s'en flatter, l'intention de votre grandeur, touchée de leur situation, a été de mettre le sieur Diderot en état de travailler à l'*Encyclopédie*, ils prennent la liberté de lui représenter très humblement que c'est une chose absolument impraticable : et, fondés sur la persuasion dans laquelle ils sont que votre grandeur a la bonté de s'intéresser à la publicité de cet ouvrage et aux risques qu'ils coureroient

---

du Roi. Cette dame habitait alors *rue Saint-Louis, dans l'île, chez Caudet*. Le 10 septembre 1749, elle publia un livre intitulé *Caractères et maximes pour servir de suite aux conseils d'une dame à son amie.*

d'être ruinés par un plus long retard, ils mettent sous ses yeux un détail vrai et circonstancié des raisons qui ne permettent pas que le sieur Diderot continue à Vincennes le travail de l'Encyclopédie.

Il faut distinguer plusieurs objets dans l'édition de ce dictionnaire universel des sciences, des arts et des métiers : l'état actuel des matériaux qui doivent composer cet ouvrage, le travail à faire sur ces matériaux, la direction des dessins, des gravures et de l'impression. Votre grandeur se convaincra facilement, en parcourant chacun de ces objets, qu'il n'y en a pas un qui n'offre des difficultés insurmontables dans l'éloignement.

État actuel des matériaux.

Ces matériaux doivent être divisés en deux classes; les sciences, les arts et métiers. Les grandes parties qui appartiennent aux sciences sont toutes rentrées, mais elles ne sont pas pour cela entièrement complètes. Les articles généraux, comme en chirurgie le mot *chirurgie*, en médecine le mot *médecine*, et quelques autres de cette nature, sont demeurés entre les mains des auteurs, qui ont desiré de les méditer attentivement pour leur donner toute la perfection dont ils sont susceptibles.

Le sieur Diderot s'est contenté de tenir une note exacte de ces différens articles à rentrer; mais, pour les avoir à temps, il est nécessaire qu'il voie les auteurs, qu'il confère avec eux, et qu'ils travaillent conjointement à lever les difficultés qui naissent de la nature des matières.

Les articles qui lui ont été remis ne demandent pas moins sa présence à Paris et exigent qu'il soit à la portée des auteurs qui les ont traités; son travail à cet égard consiste principalement dans la révision et la comparaison des diverses parties de l'ouvrage. Chacun de ces auteurs a exigé qu'il ne se fît aucun changement à son travail sans qu'il en ait été conféré avec lui, et cela est d'autant plus juste, que l'éditeur, quoique versé dans la connoissance de chacune des parties, ne peut pas être supposé les posséder toutes assés profondément pour pouvoir se passer des lumières du premier auteur, qui d'ailleurs en répond aux yeux du public, parce qu'il est nommé. Si le sieur Diderot étoit obligé de travailler à Vincennes, il seroit privé de ce secours nécessaire, parce que les gens de lettres se déplacent difficilement, et qu'il faudroit se jeter dans des dissertations par écrit qui n'auroient pas de fin : ces éclaircissemens, dont aura souvent besoin l'éditeur, peuvent se présenter subitement au milieu d'un article; la distance des lieux ne lui permettant pas d'avoir recours à l'auteur, il faudroit en suspendre la révision et passer à un autre article qui pourroit offrir les mêmes difficultés, ou l'exposer à oublier des choses essentielles, et à donner au public un ouvrage informe et rempli de négligences.

Entre les arts, il y en a quelques uns qui ne sont que commencés, et quelques autres qui sont encore à faire; c'est un travail qui demande absolument que le sieur Diderot se rende chez les ouvriers, ou qu'ils se transportent chez lui : ces deux choses sont également impraticables à Vincennes; mais, quand les ouvriers consentiroient à l'aller trouver, ils ne pourroient pas apporter leurs outils et leurs ouvrages; ils ne pourroient point opérer sous ses yeux, et cependant c'est une chose indispensable, parce qu'il est fort différent de faire parler un ouvrier ou de le voir agir; il est des métiers si composés, que, pour en bien entendre la manœuvre et pour la bien décrire, il faut l'étudier plusieurs jours de suite, y travailler soi-même et s'en faire expliquer en détail toutes les parties; ce ne sont point des choses qui puissent se faire à Vincennes.

Quand le sieur Diderot a été arrêté, il avoit laissé de l'ouvrage entre les mains de plusieurs ouvriers sur les verreries, les glaces, les brasseries; il les a mandés depuis le peu de jours qu'il jouit de quelque liberté, mais il n'y en a eu qu'un qui se soit rendu à Vincennes, encore a-ce été pour être payé du travail qu'il a fait sur l'art et les figures du chiner des étoffes, les autres ont répondu qu'ils n'avoient pas le temps d'aller si loin, et que cela les dérangeroit.

Le sieur Diderot a fait venir à Vincennes un dessinateur intelligent nommé Goussier; il a voulu travailler avec lui à l'arrangement et à la réduction des dessins, mais faute d'échelle et faute d'avoir les objets présens, ils n'ont sçu quelle figure leur donner ni quelle place leur assigner dans la planche. L'embarras est plus grand encore dans l'explication de ces mêmes figures, parce que beaucoup d'outils se ressemblent, et que, faute d'avoir les originaux sous les yeux, il seroit fort aisé de confondre les uns avec les autres, et de se perdre dans un labirinthe d'erreurs fort grossières.

« Les libraires étoient sur le point de faire commencer les gravures ainsi que l'impression; le travail de la gravure ne peut être conduit que par l'éditeur, et il n'est pas possible de faire connoître par écrit à un graveur, ce qui demande à être rectifié dans son ouvrage; ce sont des choses qui veulent être montrées au doigt.

« Quant à l'impression, il est bien aisé de sentir que huit ou dix volumes in-folio ne peuvent pas s'exécuter à deux lieues d'un éditeur. La multiplicité des épreuves, la nécessité où l'auteur est souvent de se transporter à l'imprimerie, surtout quand il y a, comme dans l'Encyclopédie, des matières d'algèbre et de géométrie, dont il faut enseigner aux ouvriers à placer les caractères, sont des obstacles insurmontables.

« Il est encore à observer, monseigneur, que chacune des parties de l'Encyclopédie ne peut pas être regardée comme un tout, auquel il soit possible de travailler à part; toutes ces parties sont liées par des renvois continuels des unes aux autres, et cela forme une chaîne qui exigeroit que tous les manuscrits fussent portés à Vincennes, ce qui ne se pourroit pas faire sans courir le risque de tout brouiller, et par conséquent de tout perdre. La quantité de ces manuscrits est si considérable, qu'il y a de quoy remplir une chambre, ce qui en rend encore le transport plus difficile.

« D'ailleurs un ouvrage tel que celui-ci ne peut pas

se faire sans un grand nombre de livres différents qu'il faudroit aussi transporter. Le sieur Diderot ni les libraires n'ont pas les livres nécessaires à cet ouvrage, il faut continuellement recourir aux bibliothèques publiques; et votre grandeur sçait qu'il seroit impossible de les y emprunter, surtout en si grand nombre, pour être transportés hors de Paris. M. l'abbé Sallier, qui a bien voulu aider le sieur Diderot des livres de la bibliothèque du Roi, peut rendre témoignage à votre grandeur du besoin continuel qu'on en a eu jusqu'à présent, et de celui qu'on en aura jusqu'à la fin de l'ouvrage.

« Les libraires supplient votre grandeur de vouloir bien se laisser toucher de nouveau de l'embarras ruineux dans lequel les jette l'éloignement du sieur Diderot, et de leur accorder son retour à Paris en faveur de l'impossibilité où il est de travailler à Vincennes. »

Ce mémoire fut renvoyé le lendemain à M. Berryer, auquel, peu de jours après, le gouverneur de Vincennes écrivit la lettre qui suit :

« A Vincennes, le   septembre 1749.

« Je joins ici une note, monsieur, que le sieur Diderot me vient d'envoier pour vous faire passer; j'en profite pour vous assurer que personne n'est plus parfaitement que j'ay l'honneur d'être, monsieur, votre très humble et très obéissant serviteur.

« Marquis CHASTELLET. »

Voici la note :

« Le sieur Diderot, détenu de l'ordre du Roi au château de Vincennes depuis le mois de juillet, demande sa liberté ;

« Observe qu'il est l'éditeur de l'Encyclopédie, ouvrage de longue haleine, qui comporte des détails infinis, auxquels il ne peut vaquer étant retenu prisonnier ;

« Promet de ne rien faire à l'avenir qui puisse être contraire en la moindre chose à la religion et aux bonnes mœurs. »

Note mise au bas de la feuille par M. Berryer :

« Si M. le comte d'Argenson juge qu'il ait suffisamment fait pénitence de ses intempérances d'esprit, il est supplié de faire expédier l'ordre du Roi pour sa liberté. »

L'ordre fut pris le 21 octobre, et envoyé le 3 novembre suivant à M. le marquis du Chastellet, qui mit aussitôt en liberté Diderot.

Sa *Lettre sur les aveugles* ne lui valut donc pas six mois de détention, comme l'ont écrit quelques écrivains, ni trois mois et demi, ainsi qu'il est dit dans la *Biographie universelle* de Michaud, mais trois mois et dix jours seulement. Du reste, c'était suffisant pour un homme à qui le *donjon avait fait une impression terrible* (1), et si terrible, que : « *lorsque le philosophe se vit enfermé, il faillit à devenir fou* (2). »

Comme Diderot était le principal architecte de l'Encyclopédie, il se remit au travail en se chargeant spécialement de la description des arts et métiers. Il consacra tous ses soins à cette partie, et les deux premiers volumes de ce vaste dictionnaire parurent en 1751. On pensa bientôt que c'était une affaire de parti et un moyen qu'on avait pris pour propager des idées nouvelles et des opinions qu'on voulait faire prévaloir. L'ouvrage fut jugé peu favorable à la religion; aussi, par un arrêt du 7 février 1752, on supprima les deux volumes, et l'autorité suspendit la publication des autres pendant dix-huit mois. Mais les gens intéressés au produit de l'ouvrage obtinrent la permission de continuer, promettant plus de circonspection. Cinq nouveaux volumes parurent; de nouvelles plaintes survinrent, et un nouvel arrêt révoqua le privilége. On crut l'entreprise manquée; plusieurs coopérateurs s'éloi-

---

(1) J.-J. Rousseau, Conf. liv. VIII.
(2) Vie de Voltaire, par Condorcet pag. 328 (notes).

gnèrent, et d'Alembert, qui aimait le repos, fut du nombre (1).

Diderot lutta contre les obstacles. Le directeur de la librairie et le duc de Choiseul s'intéressèrent à l'ouvrage, et obtinrent que le reste de l'Encyclopédie ne serait point soumis à la censure. Plein d'ardeur et de zèle, Diderot vit retomber sur lui presque tout le poids de l'immense recueil. Il prit des articles faits par des hommes peu éclairés; beaucoup de sujets furent traités avec précipitation, et l'ouvrage fut terminé au détriment de la perfection. Néanmoins les amis de ce philosophe exaltèrent son mérite. Catherine II, impératrice de Russie, qui cherchait à illustrer son règne par la généreuse protection qu'elle accordait aux lettres, acheta la bibliothèque de Diderot pour 15000 livres, en lui en laissant la jouissance, et ajouta même une pension de 1000 francs à ce bienfait (2). Plus tard, elle l'invita à venir près d'elle, à Péters-

---

(1) Diderot appelait d'Alembert, *le Sage par excellence*.

(2) Diderot avait été obligé de vendre sa bibliothèque pour des dispositions de famille. Voyez les Mémoires pour servir à l'Histoire des règnes de Louis XIV, etc., tom. IV, pag. 383.

bourg. Le philosophe s'y rendit, en 1773, avec son ami Grimm, à qui il devait la protection de cette princesse. Après quelques mois de séjour dans cette capitale, il revint à Paris. Sa santé s'altéra, ses infirmités augmentèrent. Il se retira du monde, et borna sa société à un très-petit nombre d'amis, dont Naigeon, son disciple, faisait partie depuis trente ans; enfin, le 30 juillet 1784, il mourut dans les bras de sa fille unique qu'il aimait beaucoup (1), et près d'une épouse avec laquelle il vécut toujours heureux.

---

(1) Madame Caroillon de Vaudeuil, morte vers la fin de 1824, dans un âge fort avancé. Diderot mourut à table. Il avait dit plusieurs fois qu'on mourait ainsi dans sa famille. En effet, c'était à table qu'étaient morts deux de ses oncles, son père et son aïeul.

Quelques auteurs ont prétendu que Diderot ne fut point de l'Académie Française, parce qu'il avait été enfermé à Vincennes. C'est une erreur. *Bussy-Rabutin*, *Voltaire*, etc., avaient bien séjourné à la Bastille.

LA BEAUMELLE.

Après avoir terminé ses études au *collége de l'enfance de Jésus*, à *Alais*, *Laurent Angliviel* de La Beaumelle passa quelques années à Genève, où il se distingua par un esprit mordant et une vaste érudition. Sa réputation le fit appeler à Copenhague à l'âge de vingt-quatre ans, pour y professer la littérature française. Tous les arts étaient chéris et honorés en Danemarck. *Je ne veux point que le génie soit contraint dans mon pays*, disait le prince auguste qui régnait alors. Frédéric V ne se bornait pas à faire germer les talents que la nature avait répandus autour du trône ; les Muses étrangères avaient aussi des droits à ses bienfaits.

A peine arrivé à Copenhague, La Beaumelle fit l'ouverture des leçons publiques, par un discours français où le jeune professeur examina ce problème, littéraire et politique tout ensemble : *un empire se rend-il plus respectable par les arts qu'il crée que par ceux qu'il adopte?*

Ce sujet, assorti aux circonstances, parut traité avec toute la force que demandait l'art de l'éloquence.

Bientôt après il composa son premier ouvrage intitulé : *Mes pensées* ou *qu'en dira-t-on?* Il en envoya 50 exemplaires à son frère, avocat à Paris, qui les distribua, au mois de janvier 1752. Ce livre si hardi, qui renfermait des portraits fort satiriques, et dans lequel Voltaire et le roi de Prusse n'étaient pas ménagés, attira l'attention du gouvernement français. On envoya chez le frère de La Beaumelle un commissaire pour y faire des perquisitions, et l'on ne trouva chez lui que deux exemplaires de cet ouvrage, attendu que les 48 autres étaient distribués. Quoique comblé de faveurs à Copenhague, La Beaumelle eut le désir de passer à la cour de Prusse, où des littérateurs français ayant été parfaitement accueillis, répandirent notre langue dans le nord de l'Europe (1). Il demanda au roi de Danemarck un congé, qui lui fut accordé avec une gratification considérable, qu'il n'espérait pas, et avec

---

(1) On sait que Frédéric II défendit de parler allemand à sa cour.

la liberté de venir reprendre sa chaire quand il le jugerait à propos.

La Beaumelle partit pour Berlin. Aussitôt après son arrivée il alla rendre visite à Voltaire, qui était en grand crédit à cette cour, et qui lui demanda un exemplaire de ses *Pensées*. Il est facile de sentir l'impression que dut faire sur l'esprit de Voltaire le paragraphe suivant. « Qu'on
« parcoure l'Histoire ancienne et moderne, on
« ne trouvera pas d'exemple de prince qui ait
« donné sept mille écus de pension à un homme
« de lettres, à titre d'homme de lettres. Il y a
« eu de plus grands poètes que Voltaire; il n'y
« en eut jamais de si bien récompensés, parce
« que le goût ne met jamais de bornes à ses ré-
« compenses. Le roi de Prusse comble de bien-
« faits les hommes à talents, précisément par
« les mêmes raisons qui engagent un petit prince
« d'Allemagne à combler de bienfaits un bouf-
« fon ou un nain (1). Le roi de Prusse a au-
« près de lui des beaux-esprits, comme les
« princes d'Allemagne ont des singes dans leur
« palais. »

---

(1) Page 38, édition in-18.

Il n'en fallait pas davantage pour brouiller ces deux hommes, et une guerre sanglante s'alluma bientôt entre eux. Voltaire, loin de servir La Beaumelle auprès du roi de Prusse, lui suscita des dégoûts sans nombre qui le déterminèrent à quitter Berlin. La Beaumelle ne cessa de demander à M. d'Argenson la permission de rentrer en France. Cette faculté lui fut refusée. Mais enfin La Beaumelle revint à Paris au mois d'octobre 1752, et il n'y fut pas plus heureux qu'à Berlin, ainsi que nous allons le voir par une correspondance entièrement inédite et des documents authentiques que je vais placer sous les yeux du lecteur.

Ce ne fut qu'au mois d'avril 1753 qu'on fut informé que La Beaumelle était revenu à Paris avec des exemplaires d'une nouvelle édition qu'il avait fait faire du *Siècle de Louis XIV* de Voltaire, dans laquelle il avait inséré des notes critiques offensantes pour la maison d'Orléans. Une perquisition fut faite chez lui par l'ordre qui suit (1).

---

(1) **On a pensé que des mémoires calomnieux envoyés par M. de Voltaire à M. d'Argenson, avaient été la cause de cette arrestation.**

« DE PAR LE ROY.

« Il est ordonné au sieur Rochebrune, commissaire « au chatelet de Paris, de se transporter, accompa- « gné du sieur d'Hémery, lieutenant de robbe courte, « chez le sieur Angliviel de la Beaumelle, à l'effet d'y « faire une exacte perquisition de ses papiers, les saisir « et en dresser procès-verbal.

« Fait à Versailles, le 22 avril 1753.

« Louis.
« M. de Voyer d'Argenson. »

Le commissaire et le lieutenant de robe courte exécutèrent les ordres, et voici le *procès-verbal de perquisition chez le sieur Angliviel de la Beaumelle.*

« L'an mil sept cent cinquante-trois, le mardi, vingt-quatre avril sur les huit heures du matin ou environ, nous, Agnan Philippe Miché de Rochebrune, avocat au parlement, commissaire enquesteur et examinateur au Chatelet de Paris.

« En exécution des ordres de Sa Majesté, à l'effet de nous transporter chez le sieur de la Beaumelle, pour y faire perquisition dans ses papiers, et y saisir les imprimés et manuscrits.

« Sommes transportés avec le sieur d'Hémery, lieutenant de robbe courte, rue Saint André des Arts, dans une maison, dite l'hotel de Rennes, tenue garnie par le sieur Dez, et étants montés au troisième étage et entrés dans un appartement ayant vue sur la dite rue Saint André des Arts, nous y avons trouvé le sieur Laurent Angliviel de la Beaumelle, agé de vingt-cinq ans, natif de Vallerangue, diocèse d'Alais, cy-devant professeur de belles lettres françoises à Copenhague, arrivé depuis le mois d'octobre dernier à Paris, où il demeure dans le dit hôtel de Rennes depuis environ trois mois, et luy ayant fait entendre le sujet de notre transport, nous avons fait en sa présence perquisition dans ses papiers, où il s'est trouvé huit exemplaires imprimés du siècle de Louis Quatorze, en trois volumes in-douze, paroissant imprimés à Metz, chez Bouchard le jeune, marchand libraire au cloistre, MDCCLIII, (sic) dont quatre brochés, deux en feuilles et deux reliés, et plusieurs manuscrits que nous avons saisis, lesquels manuscrits nous avons renfermés dans une feuille de papier blanc sur les bouts de laquelle nous avons apposé nos scellés et cachets en cire d'Espagne rouge au nombre de deux, et le dit sieur de la Beaumelle nous a dit et déclaré qu'en passant à Metz vers le commencement d'octobre dernier, il dit à Bouchard, libraire à Metz, de lui envoyer dix ou douze exemplaires d'une édition du siècle de Louis XIV avec des remarques, et qu'on imprimoit depuis trois mois chez Eslinger, imprimeur et libraire à Francfort, d'où le déclarant arrivoit; que le cinq décembre suivant, le déclarant apprit que le dit Eslinger avoit mis les lettres initiales du déclarant sur le frontispice de cette édition sans la participation et au préjudice des instances du déclarant qui ne vouloit point que son nom y fût mis, parce que ces lettres initiales pouvoient faire croire que l'ouvrage entier étoit de lui, déclarant qu'il convient seulement n'être auteur que des notes du premier volume; sans cependant les avoir revues, ce qui étoit très important pour le déclarant, qui n'a aucune part dans les notes du second et du troisième volumes, et dont la diction est très différente de la sienne, et que le stile des dites notes peut être confronté à celui du sieur Mainvillers, à qui on les attribue généralement, quoique le déclarant ne puisse l'assurer, n'en ayant aucune connoissance personnelle; que le déclarant en ayant instruit monsieur de Malesherbes, il en obtint la permission verbale et réitérée d'en faire venir cinquante exemplaires avec promesse qu'ils seroient remis à la chambre syndicale, au déclarant, qui, ayant sçu que le dit Eslinger n'avoit point changé le frontispice, n'en demanda au dit Bouchard que douze exemplaires suivant son premier ordre, et qui furent adressés à Paris aux sieurs de Saint et Saillant, libraires associés, et comme ils furent saisis à la chambre syndicale le déclarant en a reçu le premier exemplaire de monsieur de Malesherbes qui a permis que le surplus fut remis au déclarant qui les a retirés des dits sieurs de Saint et Saillant, à qui il a payés soixante livres, suivant leur quittance du premier mars dernier qu'il nous a représentée et qu'il a paraphée; que monsieur de Malesherbes ajouta encore après la remise de ce premier exemplaire, que le déclarant, outre les onze autres exemplaires qui lui seroient rendus, pouvoit en faire venir cinquante autres sans qu'il dût passer ce nombre; que le déclarant, qui devoit remettre les dits douze exemplaires au libraire pour les débiter, ayant examiné les notes de cet ouvrage, il n'a pas jugé à propos d'en faire le débit n'y de faire venir les cinquante exemplaires qui lui avoient été accordés; qu'outre les huit exemplaires trouvés durant le cours de notre perquisition, il en a laissé deux à monsieur de la Condamine, qui n'hésitera point de les rendre; un qu'il a envoyé au sieur Angliviel, son frère aîné, demeurant à Vallerangue, et le dernier est resté entre les mains des dits sieurs de Saint et Saillant, et qu'enfin le déclarant, qui n'a point voulu le vendre, a eu la délicatesse de ne le prêter à aucun de ses amis, et a signé en notre minutte.

« Et nous, commissaire, après nous être chargé du dit billet paraphé pour le remettre à monsieur le lieutenant général de police avec la présente expédition, nous avons remis les dits huit exemplaires du siècle de Louis XIV et le dit paquet scellé au dit sieur d'Hémery, qui s'en est chargé pour en faire la représentation touttes fois et quantes qu'il sera ainsy ordonné, et il s'est encore chargé de conduire, conformément aux ordres de Sa Majesté, desquels est porteur, le dit sieur de la Beaumelle au château de la Bastille.

« Dont et de tout ce que dessus avons fait et dressé le présent procès verbal, pour servir et valloir ce que de raison, et a le dit sieur d'Hémery signé avec nous.

« Angliviel de la Beaumelle.

« Miché de Rochebrune.

« D'Hémery. »

Le 30 du même mois, d'après une lettre de M. Berryer, le commissaire de Rochebrune se transporta *à la Bastille à l'effet de reconnaître, en présence de La Beaumelle, le scellé qu'il avait apposé par ordre de Sa Majesté sur ses papiers; lesquels scellés* lui furent *représentés par d'Hémery*, qui en était gardien. Voici le procès-verbal qui fut dressé à cette occasion.

« L'an mil sept cent cinquante trois, le lundi trente avril du matin, nous, conseiller lieutenant général de police de la ville, prévôté et vicomté de Paris, commissaire du conseil en cette partie, sommes transportés au château de la Bastille, où, étant dans la salle du conseil, nous y avons fait venir de sa chambre, le sieur Angliviel de la Beaumelle, prisonnier de l'ordre du Roi, au dit château, pour être présent à la reconnoissance et levée des scellés, qui ont été apposés en vertu de même ordre sur ses papiers, le vingt quatre du présent mois d'avril, par le commissaire Rochebrune, lequel nous avons fait entrer en la dite salle pour cet effet, ainsi que le sieur d'Hémery, lieutenant de robbe courte, gardien des dits scellés, qui a représenté à l'instant un pacquet formé avec une feuille de papier, sur lequel sont apposés deux cachets en cire d'Espagne rouge, du dit commissaire, qui, les ayant reconnus sains et entiers, nous, commissaire du conseil susdit, les avons, tels et en présence du dit sieur Angliviel de la Beaumelle, levés et ôtés, et avons retiré du dit paquet tous les papiers du dit sieur de la

Beaumelle, qui y étoient renfermés; à l'examen desquels nous avons procédé, lui présent. Ensuite avons mis à part les papiers qui nous ont parû mériter quelque attention, dont nous avons fait une liasse composée de seize pièces qui ont été cottées par première et dernière, et de nous et du dit sieur Angliviel de la Beaumelle, paraphés ne varietur. Plus, avons mis aussi à part un manuscrit relié sans titre, où il y a en tête, sur le premier feuillet, ces deux lettres alphabétiques A. B., qui a été pareillement paraphé de nous, et du dit sieur de la Beaumelle : sur le dit premier feuillet et sur le dernier feuillet qui est ainsi signé anciennement, *Angliviel de la Beaumelle*, et la dite liasse ainsi paraphée, ainsi que le dit manuscrit, sont restés joints à notre procès-verbal. Et quant au surplus des autres papiers, nous les avons renfermés dans une feuille de papier, sur la quelle nous avons apposé en présence du dit sieur de la Beaumelle, notre scellé et cachet en cire d'Espagne rouge et le dit paquet ayant la forme d'une enveloppe ainsi scellé, l'avons laissé en la garde du sieur Chevalier, major de la Bastille, qui s'en est chargé.

« Berryer, Chevalier,

« Angliviel de la Beaumelle ».

M. Faventine, qui désirait voir La Beaumelle pour en donner des nouvelles à sa famille qui était en Languedoc, demanda la permission d'entrer à la Bastille, *dans le cas où il n'y aurait aucun inconvénient.* Cette faveur lui fut accordée, le 29 mai, sur la recommandation de M. de Fierbois; et il est présumable que Faventine, après cette entrevue, apprit aux parents de La Beaumelle sa détention. La lettre suivante à M. d'Argenson nous donne lieu de le penser.

« Monseigneur,

« Je viens solliciter votre clémence en faveur d'un frère détenu prisonnier à la Bastille; c'est Laurent Angliviel de la Beaumelle. J'ai appris que la cause de sa détention était quelque étourderie offensante à la maison d'Orléans, contenue dans une critique du siècle de Louis le Grand. Mais on m'a assuré que Mgr le duc d'Orléans avoit poussé sa générosité jusques à pardonner au coupable, et à dire même qu'il étoit satisfait de la punition.

« D'après cette assurance, je prends la liberté, monseigneur, de réclamer votre justice, et de vous supplier très humblement de vouloir bien vous intéresser pour un frère, coupable il est vrai de beaucoup d'imprudence, mais sincèrement repentant, et très résolu avant sa détention (j'ose vous le protester monseigneur), de ne plus écrire, et de sacrifier son ressentiment particulier contre M. de Voltaire, à son bon cœur, à sa tranquillité et à mes vives prières.

« Daignez, monseigneur, avoir pitié de l'état accablant où se trouve réduite une famille entière, un père surtout accablé d'années et d'infirmités, qui de l'extrémité du royaume, veut aller en personne solliciter la grace et le pardon d'un fils, qu'il se flattoit de voir bientôt; car, monseigneur, ce qu'il y a ici de plus désolant, c'est que mon frère se préparoit à revenir dans sa patrie; je l'attendois pour traîter avec lui sur ses droits, et pour former un établissement d'où dépend le bonheur de mes jours. Mon père est le plus tendre, le meilleur des pères, et la détention de son fils est le coup le plus terrible dont la providence pût affliger sa vieillesse.

« Combien d'autres considérations, monseigneur, ne pourrois-je pas vous faire valoir, capables d'intéresser votre sensibilité, et d'exciter votre compassion; je les sacrifie pour ne pas vous dérober un tems précieux au public; toute ma confiance est en votre bonté; j'ose espérer que vous voudrés bien nous en faire ressentir les effets; en attendant nous ne cesserons, monseigneur, de faire les vœux les plus ardens pour votre conservation, et pour celle de tout ce qui vous est cher.

« Je suis avec le plus profond respect,
« Monseigneur,
« Votre très humble et très obéissant serviteur,
« Angliviel de Vallerangue.

« Au Vigan, le 5 juin 1753. »

Le 6 du même mois, La Beaumelle écrivit la lettre suivante à M. Berryer.

« 6 juin 1753.

« Monsieur,

« Je vous supplie de donner cours à cette réponse à une lettre que vous m'avez fait la grace de m'envoier.

Si malheureusement il y avoit dans la dernière que j'ai écrite à M. de la Cour, quelque chose de contraire à vos intentions, daignez, monsieur, le faire effacer, parceque cette lettre renferme un état de quelques livres et de quelques dettes. Vos immenses occupations ne me permettent point d'aller au delà d'un remercîment, pour la bonté que vous avez de laisser venir jusqu'à moi quelques signes de vie de la part de mes amis. J'en suis pénétré de reconnoissance ; que seroit-ce si vous me rendiez libre ?

« Je suis très respectueusement,

« Monsieur,

« Votre très humble et très obéissant serviteur,

« La Beaumelle. »

Il paraît en effet que quelques amis de La Beaumelle avaient obtenu la permission de le voir et de lui écrire. La lettre qui suit nous apprend quels étaient les livres qu'il lisait pour charmer l'ennui de sa captivité.

« Mercredi, 4 juillet 1753.

« Monsieur,

« Je suis chargé par M..., votre bon ami de la rue Neuve des Petits Champs, de vous redemander le siècle de Louis XIV ; si cependant vous en aviez un extrême besoin, il m'a dit que vous pourriez le garder. Cette dame chez qui vous aviez des livres est arrivée de la campagne; elle m'a bien recommandé de vous faire ses complimens. J'ai retiré l'Esprit des Loix et l'Esprit des Beaux Arts qu'elle avoit à vous; je ne vous envoye que le dernier, M. de la Cour m'ayant dit que vous aviez l'Esprit des Loix. Je joins à cet envoi les œuvres de Voltaire, et un flacon qui a été oublié la dernière fois.

« N'étant pas sûr que les nouvelles agréables qui vous regardent puissent vous parvenir, je me borne à vous en dire une qui n'intéresse personne. M. de Voltaire et sa nièce sont arrêtés à Francfort. C'est chez M. de Maupertuis (chez qui je suis fort souvent), que je le sçais. La santé de M. de Maupertuis se raccommode au mieux, et l'on espère que son air natal le rétablira parfaitement.

« J'ai l'honneur d'être très respectueusement,

« Monsieur,

« Votre très humble et très obéissant serviteur,

« MATHIEU. »

« *P. S.* M. de Buffon vient de succéder à M. de Sens, à l'académie françoise. »

Quinze jours après la réception de cette lettre, La Beaumelle écrivit celle qui suit à M. Berryer pour qu'il améliorât sa position.

« A la Bastille, ce 19 juillet 1753.

« MONSIEUR,

« Je rougis de vous importuner si souvent. Je vous supplie de le pardonner à ma situation, que vous seul, monsieur, pouvez améliorer ou changer. Ma santé est dans un état déplorable : le mauvais air, les mauvais alimens, achèvent de la ruiner. Quoique M. le gouverneur m'ait recommandé à son maître d'hôtel, cependant il ne m'est pas possible de m'accoutumer à cette nourriture. Je vous prie monsieur, de me permettre de me faire apporter à manger à mes dépens, et de m'accorder la promenade du jardin. C'est la nécessité qui m'oblige enfin à vous faire la première demande, et à continuer à vous faire l'autre.

« Je suis très respectueusement,

« Monsieur,

« Votre très humble et très obéissant serviteur,

« LA BEAUMELLE. »

M. Berryer lui répondit : *N'y l'un n'y l'autre ne se peut, 20 juillet* 1753.

Enfin, voyant que la santé de La Beaumelle dépérissait de jour en jour, plusieurs de ses amis firent des démarches auprès de messieurs Berryer et d'Argenson. Ce dernier, après avoir acquis la certitude que le duc d'Orléans lui pardonnait, prit les ordres du Roi. Le 5 octobre 1753, on expédia d'abord un ordre pour le mettre en liberté, avec un exil à 50 lieues de Paris; mais le 12 du même mois, il lui fut accordé une permission de rester pendant trois mois à compter du 18 octobre, après quoi il obéirait à la loi de son exil. L'ordre lui fut notifié par d'Hémery, et La Beaumelle sortit de la Bastille, après avoir signé la promesse qui suit :

« Estant en liberté, je promets, conformément aux ordres du Roy, de ne parler à qui que ce soit, ni en aucune manière que ce puisse estre, des prisonniers ni d'autres choses concernant le château de la Bastille, qui auroit pu parvenir à ma connoissance. Je reconnois de plus, que l'on ma rendu tout l'or, l'argent, papiers, effets, que j'ai apportés ou fait apporter au dit château, pendant le temps de ma détention : en foy de quoy j'ai signé le présent.

« Fait au château royal de la Bastille, le douze octobre 1753, à sept heures du soir.

« ANGLIVIEL DE LA BEAUMELLE. »

Après cette sortie, quoique déja brouillé avec Voltaire qui avait été arrêté à Francfort en quittant la cour de Berlin, La Beaumelle lui écrivit une lettre où on lit le passage suivant. « Nous voilà libres; vengeons-nous des disgraces en nous les rendant utiles. Laissons toutes ces petitesses littéraires qui ont répandu tant de nuages sur le cours de votre vie, tant d'amertume sur ma jeunesse.... Je suis hors de la Bastille; vous n'êtes plus à la cour; profitons d'un bien qu'on peut nous ravir à tout moment, etc. »

Cette proposition de paix ne fut point acceptée; et Voltaire, comme on sait, ne cessa de saisir toutes les occasions de se venger de son implacable critique (1).

Pendant son exil, la Beaumelle avait souvent des permissions de venir à Paris, d'où il allait continuellement à Saint-Cyr. Au mois de janvier 1754, on apprit qu'étant à Paris, il travaillait à une vie de madame de Maintenon, dont le premier volume était déja imprimé. On envoya chez lui un commissaire qui saisit les lettres, les manuscrits et le 1er volume de Madame de Maintenon; mais on le laissa libre, et ce ne fut que le 27 août suivant que M. Berryer lui rendit tous ses papiers. Mais au mois d'août 1756, M. d'Argenson et M. Rouillé, ministre des affaires étrangères, firent expédier un ordre du roi pour mettre encore La Beaumelle à la Bastille. L'ordre fut exécuté le 6, et l'on trouva

---

(1) On raconte qu'on écrivit à Voltaire, après ses disputes avec La Beaumelle, que cet écrivain se proposait de le poursuivre jusqu'aux enfers. « Il est le maître, répondit-il, d'y aller quand il voudra; il a assez bien mérité ce gîte. »

chez lui plusieurs exemplaires d'une édition en six volumes des Mémoires de madame de Maintenon (1), imprimés par Després, Thiboust et Savoye, imprimeurs associés. Le commissaire de Rochebrune se transporta chez eux, et voici le procès-verbal de saisie qu'il dressa à cette occasion :

« L'an mil sept cent cinquante six, le vendredi six aout, six heures du soir ou environ en notre hotel, et par devant nous, Agnan Philippe Miché de Rochebrune, avocat au parlement, commissaire enquesteur et examinateur au chatelet de Paris, est comparu le sieur Joseph d'Hémery, conseiller du Roi, inspecteur de police de Paris, y demeurant, rue Sainte Marguerite, fauxbourg Saint Germain,

« Lequel nous a apporté et mis ès mains un ordre de Sa Majesté, à l'effet de faire perquisition chez les sieurs Thiboust, Després et Savoye, imprimeurs et libraires à Paris, et d'y saisir l'édition qu'ils ont fait faire en société, des Lettres et des Mémoires de madame de Maintenon, et il requiert que nous nous transportions présentement avec lui chez les dits sieurs Thi-

---

(1) Cet écrivain, dans ses Mémoires de madame de *Maintenon*, avait osé insérer cette phrase : *la cour de Vienne accusée depuis long-temps d'avoir toujours à ses gages des empoisonneurs....*

boust, Després et Savoye, pour y mettre le dit ordre du Roi à exécution, et ce, signé en notre minutte.

« Desquelles comparution et requisition cy dessus, nous, commissaire susdit, avons donné acte au dit sieur d'Hémery, et en conséquence sommes transportés avec lui rue Saint Jacques, dans une maison où pend pour enseigne, *à Saint Prosper* et *aux Trois Vertus* occupés par le sieur Guillaume Nicolas Després, imprimeur libraire; et étant montés au premier étage et entrés dans une chambre ayant vue sur la dite rue Saint Jacques, nous y avons trouvé le dit sieur Després, et les sieurs Claude Charles Thiboust, imprimeur libraire à Paris, y demeurant, place de Cambray, et Etienne François Savoye, libraire à Paris, y demeurant sus dite rue Saint Jacques.

« Lesquels instruits du sujet de notre transport et de celui du dit sieur d'Hémery, nous avons dit qu'ils avoient projetté de donner en société une édition des Mémoires et Lettres de madame de Maintenon, qui devoit être tirée à douze cent cinquante exemplaires; sçavoir : les Mémoires en cinq volumes in douze, petit format, et les Lettres en sept volumes de pareille forme, ce qui devoit composer douze volumes au lieu de quinze volumes de la première et seconde édition du même ouvrage; que, comme ils avoient dessein que cette édition parut dans le commencement du mois de septembre prochain, les dits sieurs Thiboust et Després s'étoient chargés d'imprimer quelques uns des dits volumes, et d'en faire imprimer d'autres par les sieurs Chardon, Gissey Kuepen, Barbou et Simon, aussi imprimeurs, suivant qu'ils nous l'expliqueront cy après, offrant même de se transporter avec nous chez les dits imprimeurs, pour constater le nombre des feuilles imprimées dont ils offrent de se charger, pour les faire porter au château de la Bastille, attendu que, si nous mettions sous un scellé les dites feuilles imprimées qui sont encore mouillées, elles se pouriroient et se corromproient avant qu'il fut procédé à la reconnoissance et levée d'i celui, et ont signé en notre minutte.

« Et à l'instant le dit sieur Després nous a conduit dans son imprimerie, au quatrième étage, où il nous a représenté treize feuilles du troisième volume et onze feuilles du sixième volume des lettres de madame de Maintenon, plus douze feuilles du premier volume des Mémoires et quatre feuilles du second volume.

« Sommes ensuite transportés dans une chambre à coté de la dite imprimerie, ou le sieur Thiboust nous a représenté douze feuilles du cinquième volume des Lettres, et trois feuilles du troisième volume des Mémoires qu'il a fait imprimer et envoyés au dit sieur Després.

« Le dit sieur Després nous a encore représenté deux feuilles du cinquième volume des Mémoires, que le sieur Henry Simon Pierre Gissey, imprimeur à Paris, y demeurant, rue de la Boucherie, à l'*Arbre de Jessé*, s'étoit chargé d'imprimer, et qu'il a envoyés au dit sieur Després.

« Sommes ensuitte transportés chez le dit sieur Savoye, demeurant rue Saint Jacques à l'*Espérance*, lequel nous ayant conduit dans son magasin ayant vue tant sur la cour que sur la rue, nous a représenté quatorze feuilles du premier volume des dites lettres, imprimées par le sieur Claude Sincère, imprimeur à Paris, rue des Mathurins, et qui les a envoyés au comparant; cinq feuilles du second volume des dites lettres, imprimées par le sieur André François Kuapen, imprimeur à Paris, rue Saint André des Arts; treize feuilles du quatrième volume des dites Lettres, imprimées par le sieur Joly Gérard Barbou, imprimeur à Paris, y demeurant rue Saint Jacques, lequel les lui a envoyées, et dix feuilles du septième volume des dites Lettres, et trois feuilles du quatrième volume des dits Mémoires imprimés par le sieur Jacques Chardon, à Paris, y demeurant, rue Galande, lequel les lui a pareillement envoyées.

« Ce fait, les dits sieurs Thiboust, Desprès et Savoye, se sont conjointement et solidairement chargés des dites feuilles ci dessus décrites, tirées à douze cent cinquante, et qui sont encore toutes mouillées; et ils se sont chargés de les faire sécher et de les faire porter au château royal de la Bastille sous quatre jours ou environ, et ils se sont de plus soumis de faire discontinuer l'impression de la suite du dit ouvrage.

« Dont et de tout ce que dessus avons fait et dressé le présent procès verbal, pour servir et valloir ce que de raison, et ont les dits sieurs Thiboust, Savoye, Després et d'Hémery, signé avec nous, en notre minutte.

« Et le jeudi douze du dit mois d'août, au dit huit heures du soir ou environ, en notre hotel et par devant nous, commissaire sus dit, est comparu le sieur Etienne François Savoye, imprimeur libraire à Paris, y demeurant, rue Saint Jacques, lequel nous a dit que, conformément au procès verbal par nous dressé le six de ce mois, il fit porter le jour d'hier au château de la Bastille, les feuilles imprimées des Mémoires et Lettres de madame de Maintenon, ce que le sieur Chevalier, major de la Bastille, lui en a donné son reçu, au bas de l'état des dites feuilles imprimées, pourquoi il requiert que nous annexions à notre procès verbal le dit état, afin de justifier par là, qu'il a rempli, ainsi que les sieurs Thiboust et Després, les promesses qu'il nous avoit faites de faire porter le tout au chateau de la Bastille, et qu'il en soit vallablement quitte et déchargé, ainsi que ses confrères, et a signé en notre minutte, desquelles comparution et requisition ci dessus, nous, commissaire susdit, avons donné acte au dit sieur Savoye, et en conséquence l'état des dites feuilles imprimées remises au château de la Bastille, est demeuré annexé au présent procès-verbal, après avoir été certifié véritable par le dit sieur Savoye; au moyen de quoi le dit sieur Savoye et ses confrères en demeurent valablement quittes et déchargés, et a signé en notre minutte avec nous.

« DE ROCHEBRUNE. »

Messieurs Crozades, Mathieu de Salles et de Lacour, obtinrent la permission de voir leur ami La Beaumelle (1); et comme celui-ci ne re-

---

(1) Après que de Lacour eut vu La Beaumelle, il lui en-

cevait point de nouvelles de sa famille, voici la première lettre qu'il écrivit à ce sujet à M. Berryer.

« Le 3 mars 1757.

« Monsieur,

« Je vous prie de ne pas me priver des lettres de ma famille, supposé qu'il en soit venu, comme je le crois, à en juger par le long tems qu'il y a que je n'en ai reçu. Si elles contiennent quelque chose qu'il faille me cacher, quelques ratures remédieront à cet inconvénient.

« Je suis, avec tout le respect possible,

« Monsieur,

« Votre très humble et très obéissant serviteur,

« La Beaumelle. »

Cette lettre produisit son effet. Il en était arrivé deux à l'adresse de La Beaumelle, qu'on

---

voya douze bouteilles de vin, ainsi que le prouve la note suivante de M. Berryer : « M. le major de la Bastille fera passer au sieur de la Beaumelle, prisonnier, les douze bouteilles de vin mentionnées ci-dessus, ce 26 fevrier 1757.

« Berryer. »

« J'ai reçu le contenu cy dessus.

« La Beaumelle. »

lui envoya, attendu qu'il *n'y avait rien de mal*, selon M. Berryer. Quoique La Beaumelle eût obtenu la faveur de faire porter une grande partie de sa bibliothèque à la Bastille, il faut croire que la lecture et la composition de ses ouvrages ne lui faisaient pas oublier que le séjour de la prison royale était contraire à sa santé et fatal à la gloire dont il était ambitieux. Les lettres qui suivent nous prouveront qu'un homme d'un caractère franc et décidé, mais ardent et passionné, dut être fort malheureux de passer des années en prison et de perdre les plus belles de sa vie en débats polémiques avec un homme tel que Voltaire, qui fut soupçonné d'être le principal instigateur de ces persécutions. La guerre qui s'était allumée entre ces deux écrivains était d'autant plus déplorable, que l'un disait, dans une de ses lettres : « *Ce pendard a bien de l'esprit!* » et La Beaumelle de son côté disait : « *Personne n'écrit mieux que Voltaire.* »

Mais l'histoire de ce démêlé est assez connue, et l'on sent trop bien que La Beaumelle eut les torts d'avoir lancé des traits contre Voltaire et de s'être emparé d'un de ses ouvrages afin de le défigurer, pour que je m'y arrête plus longtemps : venons-en aux lettres de La Beaumelle.

A M. BERRYER.

« De la Bastille, ce 22 mars 1757.

« Monsieur,

« Je vous supplie et vous conjure de vous défaire enfin du plus importun des hommes. Vous ne voyez que moi depuis un temps infini. Vous devriez bien en vérité vous lasser du besoin continuel que j'ai de vos bontés : cela vous est bien plus aisé que de vous lasser de vos bontés mêmes. Dans cette persuasion, je ne puis cesser de vous répéter qu'il y a ici plus de cinq mille volumes prisonniers, qui se réduiront à rien, s'ils ne sont bientôt élargis, et que leur auteur y est depuis huit mortels mois qui le tueront, s'ils sont suivis d'un neuvième.

« Je suis avec tout le respect possible,

« Monsieur,

« Votre très humble et très obéissant serviteur,

« La Beaumelle. »

Pour toute réponse M. Berryer mit sur cette lettre : *néant*, 26 *mars*; mais il permit au sieur Mathieu d'envoyer des livres à La Beaumelle (1),

---

(1) « Mémoire des livres et brochures que le sieur

et à M. de La Condamine de le voir, ainsi que le prouvera la lettre que voici :

« A M. LE GOUVERNEUR DE LA BASTILLE.

« Paris, le 26 mars 1757.

« Je vous prie, monsieur, de permettre au sieur de la Beaumelle, détenu de l'ordre du Roy à la Bastille, de parler à M. de la Condamine et à M. son neveu,

---

Mathieu a envoyés au château pour le sieur de la Beaumelle.

	VOL.
Explication des Évangiles.	5
Règne de Louis XI, par mademoiselle de Lussan...	6
Les Intérêts présents des puissances de l'Europe....	17
Histoire du traité de Westphalie.	6
De la Poésie anglaise.	6
OEuvres et lettres de M. Fréron.	16
Observations sur les écrits modernes.	3
Recueils historiques d'actes, négociations, mémoires et Traités de paix, brochures.	20
Histoire de la Succession au duché de Clèves, brochures.	2
Les poésies d'Horace.	
OEuvres de M. Houdart de la Motte.	11
Observations sur la Littérature moderne.	7

« M. le major de la Bastille peut remettre les livres ci-

M. Destouvilli, lieutenant de Roy de Saint-Quentin, ancien capitaine au régiment de Champagne, qui l'accompagnera, en observant les précautions ordinaires, et celles portées par ma lettre du 4 juillet 1747.

« Je suis avec respect, monsieur,

« Votre très humble et très obéissant serviteur,

« BERRYER. »

Ces personnes allèrent voir La Beaumelle, le 31 mars, et le lendemain il adressa les deux lettres suivantes à M. le comte d'Argenson :

« De la Bastille, ce 1er avril 1757.

« MONSEIGNEUR,

« Je suis ici depuis huit mois; j'ai perdu un établissement avantageux; j'ai perdu quinze mille francs par la saisie de mes livres; j'ai perdu ma santé qui ne se soutient plus qu'à l'aide d'une pinte de lait par jour, et tout cela pour un livre débité avec permission,

---

dessus au sieur de la Beaumelle, prisonnier, mais après avoir pris son temps de les visiter, sans se déranger de son service et de ses fonctions.

« BERRYER.

« Ce 25 mars 1757. »

« Reçu le 27 mars 1757.

« LA BEAUMELLE. »

réimprimé avec permission; pour un livre sur lequel vous me fîtes l'honneur, monseigneur, de me rassurer il y a un an.

« Je vous supplie de mettre fin à mes maux, puisque l'Impératrice reine est satisfaite. Si huit mois de souffrances ne suffisent pas pour expier quelques syllabes d'un livre, envoyez moi, je vous en conjure, monseigneur, achever ma pénitence en exil. Je ne demande pas de n'être point malheureux, je demande seulement de l'être moins. Il est inutile de me répandre en protestations sur ma circonspection à venir : quel privilège de chancelerie me mettroit à l'abri de la crainte, puisque votre parole même, monseigneur, n'a pu me mettre à couvert de la foudre?

« Je suis avec un très profond respect,

Monseigneur,

« Votre très humble et très obéissant serviteur,

« LA BEAUMELLE. »

« De la Bastille, le 1er avril 1757.

« MONSEIGNEUR,

« Je vous supplie de mettre fin à mon martyre. L'Impératrice reine étant satisfaite, mon élargissement ne dépend plus que de vous seul. Daignez faire parvenir au Roi mon repentir, mes regrets de lui avoir déplu, mes sermens de réparer par la plus scrupuleuse circonspection, ce qu'il y a eu de trop libre dans mes malheureux écrits. Je vous conjure, monseigneur, de me condamner au plus long exil, s'il est vrai que tous mes pêchés ne soient pas expiés par huit mois de prison, et que quelque particulier ait mêlé ses plaintes à celles de la cour de Vienne. Quelque peine qu'on m'inflige, tout ce qui ne sera pas la Bastille, je le regarderai comme une grace : j'oublierai même que j'avois lieu de compter, sinon sur la protection, du moins sur l'indulgence des lois, après les avoir toutes observées. Pourriez-vous, monseigneur, vous dont on vante tant la bonté, pourriez-vous, dès que l'Impératrice pardonne, opprimer un homme de lettres pour trois ou quatre phrases d'un livre débité et réimprimé avec permission.

« Je suis avec un très profond respect,

Monseigneur,

« Votre très humble et trés obéissant serviteur,

« LA BEAUMELLE. »

Le prisonnier ne fut pas plus heureux avec M. le comte d'Argenson qu'avec M. Berryer; il ne reçut point de réponse. Son ami de Lacour, qui se proposait d'aller en Languedoc d'où il devait descendre dans les Cévennes, patrie de La Beaumelle, obtint la permission de le voir, le 4 mai, pour rendre compte de sa santé à sa malheureuse famille. Mais il retarda son voyage ; et la note suivante adressée à M. Chevalier, quelques jours plus tard, prouvera combien les amis de La Beaumelle faisaient de démarches pour obtenir sa grace :

« Madame de Louvigny, monsieur, a écrit à M. de la Condamine que la Reine était venue à Saint-Cyr, et *qu'elle s'intéressoit d'une manière toute particulière à La Beaumelle, qu'elle le croyoit même déjà en liberté.* Voilà ce que je voudrois dire plus en détail à notre auteur, et pour cet effet je demande à M. Berryer une permission de le voir : je vous prie de me l'obtenir.

« Mon oncle m'invite, monsieur, à vous faire part d'une idée sur la liberté de La Beaumelle, si elle ne tenoit qu'à des doutes sur sa conduite future, et si l'on vouloit être sûr qu'il allât dans sa patrie : mon oncle part pour les Cévennes dans la quinzaine, il se chargeroit d'y mener notre parent, et en seroit caution jusques à *Vallerangue*, lieu de sa destination. Demain j'aurai l'avantage de vous détailler tous les points de vue sous lesquels on peut envisager cette proposition et qui peuvent la faire agréer.

« Il y a plusieurs jours que j'ai écrit à la Beaumelle et que je lui ai envoyé des papiers importans. Je n'ai aucune réponse. Ne lui seroient-ils pas encore parvenus? Voici une lettre de son frère.

« Je suis très parfaitement, monsieur,

« Votre très humble et très obéissant serviteur.

« De Lacour.

« Ce 23 mai. »

En effet, le 27 du même mois, la lettre suivante fut écrite au gouverneur de la Bastille.

« Je vous prie, monsieur, de permettre au sieur de Lacour de parler au sieur de La Beaumelle, détenu de l'ordre du Roy à la Bastille, au sujet de ses affaires de famille, en prenant les précautions portées par ma lettre du 4 juillet 1747.

« Je suis avec respect, monsieur,

« Votre très humble et très obéissant serviteur.

« Berryer. »

De Lacour fut introduit à la Bastille; mais il paraît qu'on trouva que ses visites devenaient trop fréquentes, et c'est sans doute pour celà qu'on lui refusa une semblable faveur quelques jours après, car il écrivit à Chevalier :

« Je n'insisterai pas d'avantage, monsieur, sur une permission de voir La Beaumelle, dès qu'on peut la croire dangereuse; cependant j'aurois sçu me taire sur tout ce qui auroit pu la rendre telle ou donner des espérances trop flatteuses, et, pour me servir de vos termes, je me serois bien gardé de montrer à notre prisonnier des paradis ouverts tandisque la clef en est égarée. Dans quelques jours je reviendrai à la charge pour une permission avec promesse de ne point enfreindre le silence que je me prescrirai sur tous ces objets de délivrance et de liberté. Je ne demanderai que la permission de le voir *littéralement*, et je vous prie alors de me l'obtenir.

« La Beaumelle m'annonce m'avoir envoyé ses supplémens du Ve livre des annales de Tacite (1), et je ne les ai point reçus. Seroient-ils égarés encore comme ces clefs du *paradis*, si le mot de paradis est fait pour la Bastille.

« J'ai l'honneur d'être très parfaitement, monsieur,

« Votre très humble et très obéissant serviteur,

« De Lacour.

« Ce vendredi 3 juin. »

Le 30 mai, la lettre suivante fut écrite par le frère de La Beaumelle à M. Berryer, mais elle ne lui parvint que le 6 juin.

« Monsieur,

« J'ai une affaire importante à communiquer à mon frère qui est à la Bastille, et, comme il est essentiel qu'elle soit secrète, je prends la liberté de vous adressser la lettre que je lui écris; elle est

---

(1) La Beaumelle travaillait à une traduction des Annales de Tacite; il en avait déjà à cette époque 47 feuilles. Il les envoya à son ami de Lacour; mais le major de la Bastille les donna à M. Berryer, ainsi que le prouve une lettre que nous avons sous les yeux.

ouverte, et je vous suplie, monsieur, de vouloir bien la lui faire parvenir cachetée. Les bontés que vous nous avez témoignées jusqu'ici me font espérer que vous voudrez bien nous permettre cette espèce de tête-à-tête.

« La maladie de mon père empire tous les jours; je suis venu exprès à Montpellier pour consulter les médecins. Ah! monsieur, daignez vous laisser toucher; si la disgrace de mon frère dure encore, il ne verra plus le meilleur des pères. Veuillez me mettre aux genoux de ceux qui peuvent la faire cesser.

« Je suis avec un très profond respect, monsieur,

« Votre très humble et très obéissant serviteur,

« ANGLIVIEL.

« À Montpellier, ce 30 mai 1757. »

M. Berryer envoya la lettre cachetée au major de la Bastille pour qu'il la remît à La Beaumelle. Angliviel proposait un mariage à son frère avec la fille aînée de M. de Nogaret de Saint-André.

Il paraît aussi, d'après celle qui suit, adressée à M. le comte d'Argenson, que le père de la Beaumelle en avait écrit une à ce ministre, mais qu'elle ne parvint point à son adresse.

« Vallerangue, le 17 juin 1757.

« MONSEIGNEUR,

« Il y a un mois que mon père prit la liberté d'écrire à votre excellence, pour implorer votre compassion en faveur de la Beaumelle, son fils, qui est depuis près d'une année à la Bastille. La maladie de mon père, qui a infiniment empiré depuis, ne luy permettant pas, monseigneur, de vous réitérer lui-même ses prières, je viens à son nom et à celui de toute sa famille éplorée, me jeter aux pieds de votre excellence, pour la suplier très humblement d'accorder à un père tendre, à un vieillard vertueux, la grace de pouvoir embrasser son fils avant de mourir. La longueur du châtiment infligé à mon frère, la nature de la faute qui le lui a attiré, le désespoir où une plus longue détention peut le réduire, la triste situation où se trouve notre famille, mais plus que tout cela, votre clémence et votre sensibilité pour les malheureux, m'autorisent a espérer que vous voudrez bien, monseigneur, avoir pitié de nous, et nous accorder la grace que nous vous demandons, et qui nous portera à faire toute notre vie, les vœux les plus ardens pour votre conservation.

« Je suis avec un très profond respect,

« Monseigneur, de votre excellence,

« Le très humble et très obéissant serviteur,

« ANGLIVIEL. »

La cruelle position de cette famille toucha M. le comte d'Argenson, qui commença à s'occuper de la sortie de La Beaumelle. Messieurs Crozades, Faventine et de Lacour firent de nouvelles démarches pour voir le prisonnier. Elles ne furent point infructueuses, et il paraît, d'après la lettre qui suit, que La Beaumelle eut connaissance des heureuses dispositions du ministre à son égard.

A MONSIEUR BERRYER, CONSEILLER D'ÉTAT ET LIEUTENANT GÉNÉRAL DE POLICE.

« De la Bastille, 7 juillet 1757.

« Monsieur,

« Dans la confiance que j'ai, qu'aidé de vos bontés et de votre protection, je sortirai bientôt d'un lieu où je suis depuis un an, j'ai pris le parti de me faire précéder par mes livres et par mes papiers, dont je viens de rendre le compte le plus exact et le plus détaillé à M. le major de la Bastille. Si mes espérances sont fondées, je vous prie, monsieur, de vouloir bien envoyer chez M. Salles mes papiers, afin que je ne sois empêché par rien de me rendre dans ma famille, où je ne puis arriver trop tôt. Si, au contraire, mes espérances sont vaines, je vous prie, monsieur, de me renvoyer ici cette petite caisse. Je vous demande mille pardons de la liberté que je prends. Ce n'est point votre secret que je veux sonder, je n'y réussirois pas; c'est une précaution que je prends à tout événement, et qui me fournit l'occasion de vous faire mes remercîmens de ce que vous avez commencé pour moi, et de vous supplier de mettre la dernière main à mon bonheur.

« Je suis, avec tout le respect possible, monsieur,
« Votre très humble et très obéissant serviteur,
« La Beaumelle. »

Les papiers ne furent point envoyés chez M. Salles; M. Berryer les garda, et cela put faire croire à La Beaumelle qu'il ne sortirait pas de sitôt. Mais son ami Crozades ayant demandé une nouvelle permission de le voir, M. Berryer mit sur la lettre : *néant! La Beaumelle va sortir.* En effet, sur un ordre du roi, du 26 août, contresigné Philippeaux, qui exilait La Beaumelle dans le Languedoc, le prisonnier sortit le 1er septembre de la Bastille. Le 2 il alla voir M. Berryer, qui lui rendit ses manuscrits (1), et il partit aussitôt pour le lieu de son exil.

---

(1) Quelques auteurs ont prétendu, sans l'assurer, que La Beaumelle avait laissé une traduction des odes d'Horace et des Annales de Tacite. Il est certain que ces ouvrages furent terminés et mis au net à la Bastille, ainsi que le prouve la note qui suit :

Mémoire des papiers du sieur de la Beaumelle.

N° 1. Traduction de Tacite, et une d'Horace, contenant 24 feuilles de grand papier, et 44 de petit.

Arrivé à Vallerangue, il y cultiva en paix la littérature. L'année suivante il réclama des livres qui étaient restés à la Bastille, et voici la lettre qu'il écrivit à ce sujet à M. Berryer :

« Nimes, ce 2 juin 1758.

« Monsieur,

« J'ai l'honneur d'écrire par ce courrier à monsieur le comte de Saint-Florentin pour le prier de m'accorder la main levée de deux caisses de livres encore détenus à la Bastille.

« Je vous supplie, monsieur, de vouloir bien appuyer auprès de lui ma demande. Ce sont des exem-

---

N° 2. Fragment de Tacite, contenant 29 feuilles de grand papier, 31 de poste, et 28 de petit.

N° 3. Toutes les lettres que ce prisonnier a reçues à la Bastille de ses parens ou amis.

N° 4. La traduction de Tacite au net, les supplémens en latin, avec l'histoire des Germains, contenant 25 feuilles de grand papier, et 483 feuilles de petit papier. Plus 4 brochures de Tacite, par Glascow, avec des notes au bas des pages; des papiers contenant diverses remarques historiques et théologiques.

« Je reconnais avoir reçu de M. Berryer les papiers énoncés au bordereau ci-dessus, après avoir été parcourus dans son bureau.

« La Beaumelle. »

plaires d'un ouvrage que les sieurs Thiboust, Després, Savoye ont réimprimé avec permission et vendent publiquement. Tolérer les leurs et confisquer les miens, ce seroit une odieuse exception de personnes, dont l'équité du ministre ni la vôtre ne sont capables.

« Que fera-t-on de ces exemplaires prisonniers? En les mettant au pilon, on n'en supprimera point cinq ou six mille qui ont été déjà vendus à Paris. En les donnant à la chambre syndicale ou à d'autres personnes, on m'ôtera mon bien pour en enrichir autrui.

« Daignez donc, monsieur, seconder de vos bontés mes sollicitations, mes instances et mes besoins. Vous êtes juste et bienfesant; faites, je vous en supplie, pour moi un acte de bienfesance qui en sera un de justice.

« Je suis, avec tout le respect possible, monsieur,

« Votre très humble et très obéissant serviteur.

« La Beaumelle. »

On ne répondit point à cette demande; et les libraires qui avaient imprimé ces ouvrages adressèrent, le 30 septembre de la même année, le mémoire suivant à monseigneur le comte de Saint-Florentin :

« Monseigneur,

« Veuve Thiboust, Desprez, Savoye, libraires-imprimeurs à Paris, ont l'honneur de représenter à votre grandeur que, d'après le débit de deux éditions des Lettres et Mémoires de madame de Maintenon, qui se sont distribuées tant dans cette ville que dans les provinces et chez l'étranger, ils ont cru qu'ils pouvoient faire une édition de cet ouvrage.

« Quoiqu'ils n'ayent pas eu une autorisation en forme, cependant ils osent avancer qu'on ne leur a pas deffendu de la faire lorsqu'ils l'ont demandée, et, en conséquence ils l'ont imprimée après avoir traité avec celui qui s'en disoit l'auteur. Leur édition n'étoit pas finie, qu'elle a été arrêtée et déposée à la Bastille, ce qui leur porte un préjudice considérable, ayant fait pour plus de vingt mille livres de frais.

« Dans ces circonstances, ils supplient votre grandeur de vouloir bien prendre en considération la perte qu'ils ont faite par la privation du débit de leur édition, qui leur auroit procuré, en partie, la rentrée de leurs fonds dont ils ont d'autant plus besoin, que le défaut de consommation dans leur commerce ordinaire, les leur rend nécessaires pour faire honneur à leurs engagemens. Ils osent espérer de votre bonté et de votre attention à soulager les sujets de Sa Majesté dans ces tems critiques, que vous voudrez bien leur faire rendre leur édition; on a accordé dans cette vue des exemplaires de cet ouvrage venant de la province, qui avoient été arrêtés sur un libraire de cette ville.

« Les supplians ne cesseront de faire des vœux pour la santé et la prospérité de votre grandeur. »

Cette démarche ne fut pas entièrement infructueuse. Voici la lettre qui fut écrite à ce sujet au commissaire de Rochebrune.

« A Paris, le 26 octobre 1758.

« Les sieurs Desprez, Savoye et la veuve Thiboust, imprimeurs, ayant reclamé, monsieur, une édition qu'ils ont commencée au mois de juillet 1756, du livre du sieur La Beaumelle, intitulé : *Mémoires et Lettres de Maintenon*, laquelle édition, en l'état qu'elle étoit, a été portée au château de la Bastille le 11 août de la dite année par le sieur Savoye, imprimeur, et remise, non scellée, au sieur Chevalier, major, qui en a donné son reçu, M. le comte de Saint-Florentin a bien voulu avoir égard en partie à leur supplique, et, par sa décision du 22 de ce mois, il a ordonné que les lettres seulement leur seroient rendues, et non les mémoires, qui seront mis au pilon dans la Bastille. En conséquence de cette décision, je vous prie, monsieur, de vous transporter à la Bastille avec le dit sieur Savoye, imprimeur, à l'effet de vous faire représenter par le sieur Chevalier, major de la Bastille, la totalité de la dite édition qui est restée en sa garde, et d'en distraire toutes les lettres, que vous remettrez sur le champ au sieur Savoye qui en donnera décharge sur votre procès-verbal, dressé de l'ordre du roi, et, quant aux Mémoires de Maintenon, s'il s'en trouve, vous en mettrez tous les exemplaires à part, et en ferez un ou plusieurs paquets cachetés du cachet du château, que vous laisserez en la garde du dit sieur Chevalier, major, pour en être par nous ordonné ce qu'il appartiendra, et dresserez du tout procès-verbal, comme dit est.

« Je suis, monsieur,

« Votre très humble et très obéissant serviteur,

« Bertin. »

Le commissaire de Rochebrune fit appeler Savoye et Desprez : ils se transportèrent à la Bastille; et voici le procès-verbal qui fut dressé à cette occasion :

« L'an mil sept cent cinquante huit, le samedi quatre novembre, sur les dix heures du matin, nous, Agnan Philippe Miché de Rochebrune, avocat au parlement, commissaire enquesteur au chatelet de Paris.

« En exécution des ordres de Sa Majesté, a nous adressés le vingt six octobre dernier par monsieur le lieutenant général de police, à l'effet de nous transporter à la Bastille, pour y faire remettre au sieur Savoye, libraire à Paris, les Lettres de Maintenon, qui y ont été portées le onze août mil sept cent cinquante six par le dit sieur Savoye, et remises, sans êtres scellées, au sieur Chevalier, major de la Bastille, qui en a donné son reçu, dont et de quoi nous dresserons procès-verbal.

« Sommes transportés au château de la Bastille, où, étant dans la salle du conseil, nous y avons fait entrer le sieur Guillaume Desprez, imprimeur libraire à

Paris, et le sieur Étienne François Savoye, libraire à Paris, y demeurant rue Saint Jacques ; et nous étant fait représenter l'état des Lettres et des Mémoires de Maintenon, apportées au dit chateau de la Bastille, le onze aout mil sept cent cinquante six, nous avons reconnu qu'il y avoit dix neuf paquets contenant les cinq volumes des Mémoires de Maintenon, et trente six paquets contenant les dites Lettres de Maintenon, et nous, commissaire, ayant prié le sieur Chevalier, major de la Bastille, de faire apporter les dits cinquante cinq paquets dans la dite salle du conseil, ce qui a été exécuté à l'instant; nous avons, en conséquence des ordres à nous adressés par mon dit sieur le lieutenant général de police, remis aux dits sieurs Desprez et Savoye les trente-six paquets numérotés six, 7, 8, 9, 10, 11 et douze, qui contiennent sept volumes de Lettres de Maintenon en feuilles, et dont les dits sieur Desprez et Savoye, tant pour eux que pour la veuve Thiboust, leur associée, donnent toutes décharges valables et nécessaires au dit sieur major de la Bastille, auquel son récépissé a été rendu; à l'égard des dix neuf paquets numérotés 1, 2, 3, 4 et cinq, contenant les cinq volumes des dits Mémoires de Maintenon, nous avons apposé sur chacun des dits paquets le cachet de la Bastille, et les dits paquets, ainsi cachetés, sont demeurés en la garde du sieur Chevalier, major de la Bastille, qui s'en est chargé jusqu'à ce qu'il en ait été ordonné par monsieur le lieutenant général de police.

« Dont et de tout ce que dessus avons fait et dressé

le présent procès-verbal, pour servir et valoir ce que de raison, et ont les dits sieurs Desprez, Savoye et Chevalier signé avec nous, commissaire.

« Savoye.

« Desprez.

« Chevalier.

« Miché de Rochebrune. »

Enfin, pour en revenir à La Beaumelle, il renonça à son inconstance naturelle et sut trouver le bonheur en épousant la fille de *Lavaisse*, célèbre avocat de Toulouse. Ce ne fut qu'en 1772 que ses amis le rappelèrent à Paris, où, voulant le fixer, ils lui obtinrent, à la bibliothèque du Roi, la place vacante par la mort de l'abbé Alary. Mais il n'en jouit pas long-temps. Une fluxion de poitrine l'enleva à sa famille et aux lettres, le 17 novembre 1773, dans la force de l'âge et du talent. Il est présumable que s'il n'eût pas été en guerre ouverte avec Voltaire, La Beaumelle, dont les premiers travaux annonçaient un observateur judicieux et un penseur profond, aurait fourni une carrière plus honorable et plus utile à la littérature.

DESFORGES.

Les biographes nous ont donné des extraits de la vie de trois hommes connus sous le nom de Desforges, et qui se sont fait remarquer, l'un, par le mérite de ses nombreuses comédies et des mémoires trop licencieux (1); le second, par le stratagème plaisant dont il se servit pour donner du prix à ses ouvrages, et dont nous croyons devoir rappeler ici l'anecdote, qui fournit à Piron le sujet de sa *Métromanie*.

Desforges Maillard avait composé pour le prix de poésie de l'Académie française, un poème sur les progrès de la navigation. Ce poème ne fut pas couronné. L'auteur crut devoir en appeler au public. Il envoya ses vers au chevalier de La Roque, qui faisait alors le *Mercure de France*. Un parent de Desforges présenta l'ouvrage à M. de La Roque, qui refusa de l'insérer dans son journal, pour ne pas se brouiller avec

---

(1) Desforges (Pierre-Jean-Baptiste Choudard).

l'Académie. Le parent insista, le journaliste se fâcha, jeta le poème au feu, et jura qu'il n'imprimerait jamais rien de *Desforges Maillard*. Le poète en fut inconsolable. Il était à Bréderac, maison de campagne de laquelle dépend une *vigne* qu'on nomme Malcrais. Il lui vint dans l'esprit de forcer de La Roque à violer son serment. Il prit le nom de mademoiselle *Malcrais de la vigne*. Une dame de ses amies transcrivit plusieurs pièces de vers qu'on adressa à M. de La Roque, qui en fut enchanté. Il se prit même d'une belle passion pour la Muse du *Croisic*, au point qu'il s'émancipa jusqu'à lui écrire : « Je vous « aime, ma chère Bretonne; pardonnez-moi cet « aveu, mais le mot est lâché. » Il ne fut pas la seule dupe de cette supercherie. *Mademoiselle Malcrais de la vigne* devint la Sapho, la Deshoulières du temps. Il n'y eut pas de poète qui ne lui rendît quelques hommages dans le *Mercure*. On ferait peut-être un volume de tous les vers publiés à sa louange; et je laisse à penser quelle fut la surprise des soupirants, lorsque Desforges vint à Paris se montrer à tous ses adorateurs.

Enfin le troisième Desforges obtint une triste célébrité par une pièce de vers fort goûtée dans le temps, mais qui lui valut une détention de trois années dans la prison du Mont-Saint-Michel (1).

Nous avons acquis la certitude que celui qui fait le sujet de cet article a été passé sous silence, parce qu'on n'a pu trouver sans doute assez de documents pour consacrer quelques lignes à sa mémoire.

Quoique pauvres de matériaux, malgré nos recherches, nous allons néanmoins essayer de réparer cette sorte d'oubli, en laissant au lecteur le droit de juger un livre contre les mœurs reçues, et dans lequel l'auteur prétend que le mariage est salutaire aux prêtres comme aux laïques (2).

Jacques Desforges, né en 1723, fut abbé et puis chanoine de la collégiale de Sainte-Croix-d'Estampes, sa ville natale.

Après avoir passé quelque temps au village d'Oysonville (3), où se trouvait une chapelle qu'il desservait, Desforges se livra à la compo-

---

(1) Desforges, clerc de procureur.
(2) *Avantages du mariage*, etc., tom. Ier, pag. 123, chap. vi.
(3) Eure-et-Loir.

sition d'un ouvrage auquel il travailla pendant six mois, et vint ensuite à Paris pour le faire imprimer. La prudence qu'eut l'écrivain de n'y pas mettre son nom, ne le garantit point des atteintes de l'autorité; car à peine le livre eut-il paru, que l'auteur fut connu, ainsi que le prouve la lettre suivante au lieutenant de police.

« MONSIEUR,

« J'ai l'honneur de vous rendre compte que c'est le sieur abbé Desforges, chanoine de Sainte-Croix d'Estampes, qui selon toutte apparence, est un des auteurs du livre qui vient de paroître, intitulé : *Avantages du mariage, et combien il est nécessaire et salutaire aux prêtres et aux évêques de ce tems-ci d'épouser une fille chrétienne*, puisque c'est lui qui a fait imprimer cet ouvrage, et qu'il l'a envoyé à presque tous les ministres et les personnes en place. La personne de confiance qui me l'a dénoncé, compte être en état, sous peu de jours, de m'indiquer le dépôt de tous ces livres, pour que je les saisisse, ce qui n'a pu être encore exécuté, parceque le retard a occasionné quelques soupçons qui ont donné de la méfiance.

« D'HÉMERY.

« Ce 21 septembre 1758. »

Le lieutenant de police écrivit au bas de cette lettre : *à M. Duval, pour m'en parler.*

Il résulta de l'entretien, que le lieutenant signa, le 23 septembre, une lettre pour *recevoir l'abbé Desforges à la Bastille*, et un ordre pour *faire perquisition chez lui, rue de la Parcheminerie, et dans une chambre qu'il louait rue de La Harpe.* Nous plaçons sous les yeux du lecteur le procès-verbal qui fut dressé à cette occasion.

« Procès-verbal de perquisition dans les chambres du sieur abbé Jacques Desforges, conduit à la Bastille par le sieur d'Hémery, inspecteur de police, ainsi que les imprimés en feuilles et brochés trouvés dans l'une des chambres du dit sieur abbé Desforges.

« L'an mil huit cent cinquante huit, le mardi vingt six septembre, cinq heures et demie du matin, ou environ, nous, Agnan Philippe Miché de Rochebrune, avocat au parlement, commissaire enquesteur et examinateur au Chastelet de Paris.

« En exécution des ordres de Sa Majesté, à nous adressés le vingt trois du présent mois de septembre, par monsieur le lieutenant général de police, à l'effet de nous transporter, avec le sieur d'Hémery, inspecteur de police, chez le sieur abbé Desforges, rue de la parcheminerie, et dans une chambre qu'il occupe encore rue de La Harpe, pour y faire perquisition dans ces deux endroits, et y saisir les manuscrits et imprimés qui s'y trouveront contraires à la religion, à l'État et aux bonnes mœurs, dont et de quoy nous dresserons procès-verbal.

« Sommes transportés avec le sieur Joseph d'Hémery, conseiller du roi, inspecteur de police, rue de la Parcheminerie, dans une maison dont la boutique par bas est occupée par le nommé Lanon, maître cordonnier, et étant montés au premier étage et entrés dans une chambre ayant vue sur la dite rue de la Parcheminerie, nous y avons trouvé un particulier qui nous a dit se nommer Jacques Desforges, agé de trente cinq ans et demi ou environ, natif d'Etampes, chanoine de Sainte-Croix de la dite ville, arrivé depuis six semaines à Paris, où il a demeuré premièrement grande rue du fauxbourg Saint-Jacques chez le sieur Simi, maître perruquier, et depuis huit jours logeant dans la dite chambre où nous sommes, et lui ayant fait entendre le sujet de notre transport, nous avons fait en sa présence perquisition dans un bas d'armoire et dans une armoire dont il nous a fait ouverture, sans qu'il s'y soit trouvé aucuns manuscripts ni imprimés, et le dit sieur abbé Desforges, interpellé de nous déclarer s'il n'a pas composé et fait imprimer un ouvrage en deux volumes in-douze, intitulé : *Avantages du mariage, et combien il est nécessaire et salutaire aux prêtres et aux évêques de ce tems-ci d'épouser une fille chrétienne*, nous a déclaré, après avoir mis la main *ad pectus* et fait serment de dire vérité, qu'étant au village d'Oysonville, où il avoit une chapelle, il a composé cette année pendant deux mois le dit ouvrage, qu'il a été ensuite quatre mois à corriger et à transcrire; que l'impression de ce livre est montée à deux mille et quelques cents d'exemplaires; et pour les faire imprimer, il a vendu une rente de trois cents livres; qu'un particulier, dont il ignore le nom, s'est meslé de l'impression du dit ouvrage qu'il avoit serré dans un magazin qu'il avoit loué rue Saint-Dominique, près la porte Saint-Jacques, où il n'a plus d'exemplaires de cet ouvrage, les ayant tous vendus à des colporteurs, et en ayant même brûlé le manuscript.

« Dont et de tout ce que dessus avons fait et dressé le présent procès-verbal pour servir et valoir ce que de raison, et ont signé avec nous en notre minutte.

« Et le dit jour mardi, vingt six des dits mois et a huit heures et demie du matin, ou environ, nous, commissaire susdit,

« Sommes transportés avec le dit sieur abbé Desforges et le dit sieur d'Hémery, rue de la Harpe, dans une maison, dont la boutique par bas est occupée par le sieur Le Roux, maître chapellier, et étant montés au premier étage et entrés dans une chambre ayant vue sur la ditte rue de La Harpe, et dont le dit sieur abbé Desforges nous a fait ouverture; nous y avons trouvé, en feuilles et broché, un ouvrage intitulé: *Avantages du mariage, et combien il est nécessaire et salutaire aux prêtres et aux évêques de ce tems-ci d'épouser une fille chrétienne,* en deux volumes in-douze, à Bruxelles MDCCLVIII, posés sur des planches soutenues sur des chaises, et le dit sieur abbé Desforges nous a dit qu'il a loué, il y a quinze jours, la dite chambre et le cabinet qui est a costé du dit sieur Leroux, à raison de deux cent livres par an, et que tous les exemplaires du dit ouvrage étant dans la dite chambre et le dit cabinet, sans qu'il puisse en dire le nombre, ont été vendus à un crocheteur dont il ignore le nom et la demeure, à raison de trois livres l'exemplaire (1), et à compte duquel marché il a reçu cent cinquante livres dudit crocheteur, qui devoit lui payer le surplus a fur et a mesure de la livraison des exemplaires brochés, et a signé en notre minutte.

« Desforges.

« Et ayant saisi le dit ouvrage en feuilles et broché, nous avons cotté par premier et dernier un exemplaire du dit ouvrage qui a été paraphé par nous, commissaire, et par le dit sieur Desforges, et le dit sieur d'Hémery, ayant arresté le dit sieur Desforges, il s'est chargé de le conduire au château de la Bastille, conformément aux ordres de Sa Majesté, desquels il est porteur, et il s'est encore chargé de faire porter au dit château de la Bastille les dits imprimés qui ont été mis en notre présence sur une charette à cet effet.

« Dont et de tout ce que dessus avons fait et dressé le présent procès-verbal, pour servir et valloir ce que de raison, et ont signé avec nous en notre minutte.

« D'Hémery.
« Desforges.
« De Rochebrune. »

---

(1) Il était dit sur le titre : *le prix est de dix-huit livres.*

Aussitôt après la rédaction de ce procès-verbal, on fit le rapport qui suit à M. le comte de Saint-Florentin.

« Ayant été informé que le sieur Desforges, prêtre et chanoine d'Etampes, étoit l'auteur du livre intitulé : *Avantages du mariage*, etc., et qu'il en avoit déposé l'édition dans une chambre rue de La Harpe, j'y ai fait faire perquisition le 26 septembre 1758, par le commissaire Rochebrune, accompagné du sieur d'Hémery, inspecteur de police.

« Et ayant trouvé dans cette chambre plus de 2000 exemplaires de ce livre, dont le sieur Desforges est convenu d'être l'auteur, le dit commissaire en a fait la saisie et les a fait transporter à la Bastille.

« Et cet ouvrage, étant fort mauvais et contraire à la discipline ecclésiastique, aux pères de l'Église et à la tradition, j'ai pareillement fait arrêter et conduire à la Bastille, sous le bon plaisir de M. le comte de Saint-Florentin, le dit sieur abbé Desforges, auteur.

« Pour autoriser les ordres que j'ai donnés, M. le comte de Saint-Florentin est supplié de faire expédier 3 ordres du Roy, en datte du 25 septembre 1758, l'un pour arrêter l'abbé Desforges, l'autre pour le recevoir à la Bastille, et le troisième pour faire perquisition chez lui rues de La Harpe et de la Parcheminerie (1). »

---

(1) On voit, d'après ce rapport, que le officiers de police agissaient d'abord de leur chef, et demandaient ensuite des *ordres en forme*.

M. le comte de Saint-Florentin mit en marge du rapport : *Bon*, et l'on envoya, le 30 septembre, au gouverneur de la Bastille, au commissaire Rochebrune et à d'Hémery, les ordres en date du 25 du même mois. Mais comme on ne doutait pas que l'ouvrage n'eût été imprimé à Paris, on écrivit à Chevalier, major de la Bastille, pour qu'il fît des questions à ce sujet à l'abbé Desforges. Voici la réponse de Chevalier :

« De la Bastille, le 1er octobre 1758.

« MONSIEUR,

« Suivant votre ordre du 30 septembre dernier que M. Duval le fils m'a fait part, j'ai esté voir tout à l'heure, à la réception du dit ordre, *le sieur abbé Desforges*, à qui j'ai demandé de votre part, monsieur, le nom et la demeure de son imprimeur, qui, après s'êstre fait un peu prier, il m'a dit que c'estoit le nommé *Granger*, *rue de la Parcheminerie*, que c'estoit un pauvre homme chargé de famille, et qu'il vous demandoit grace pour lui : à l'égard des crocheteurs ou colporteurs qui ont travaillé à porter ou transporter ses brochures, il n'en sçait le nom que d'un seul qui s'apelle *Caurat;* moyennant ce, jai rempli votre ordre.

« Je suis, avec un profond respect, monsieur,

« Votre très humble et très obéissant serviteur,

« CHEVALIER. »

On apprit ainsi les noms de l'imprimeur et du *crocheteur* qui avait colporté les exemplaires de l'ouvrage ; mais nous n'avons rien trouvé qui nous ait donné lieu de croire que ces deux individus aient été inquiétés.

L'abbé Desforges resta en prison jusqu'au 9 mai 1759, époque où il fut mis en liberté, après avoir signé sur le *livre de sortie des prisonniers* la promesse qui suit et qui était la même pour tous :

« Avant de sortir du château (1), je promets, conformément aux ordres du Roy, de ne parler à qui que ce soit, d'aucune manière que ce puisse être, des prisonniers, ni autre chose concernant le château de la Bastille, qui auroient pu parvenir à ma connoissance. Je reconnois, de plus, que l'on m'a rendu tout l'or, l'argent, papiers et effets que j'ai apportés ou fait apporter au dit château pendant le temps de ma détention : en foi de quoi, j'ai signé le présent.

« Fait au château royal de la Bastille, le 9e jour de mai, mil sept cent cinquante neuf. »

Cet ecclésiastique partit aussitôt pour Étampes. Comme les chanoines de son chapitre refusaient de lui payer les honoraires des sept mois qu'il

---

(1) On trouve souvent : *étant en liberté* au lieu de : *avant de sortir du château.*

avait passés en prison, s'il ne produisait pas un certificat qui constatât sa détention, il écrivit la lettre qui suit au major de la Bastille :

« Estampes, 30 juillet 1759.

« Monsieur,

« J'ai l'honneur de vous saluer très humblement pour vous marquer ma reconnoissance des bontés que vous m'avez témoignées lorsque j'étois à la Bastille, et pour vous prier en même tems de m'envoyer un certificat du jour que je suis entré à la Bastille et de celui que j'en suis sorti. J'y suis entré le 26 de septembre dernier et en suis sorti le 9 mai dernier. Messieurs les chanoines de mon chapître me disent qu'ils ne me tiendront point compte du tems que j'ai été détenu à la Bastille à moins que je ne leur en fasse voir un certificat. Vous obligerez de plus en plus celui qui a l'honneur d'être avec un très profond respect et la plus vive reconnoissance, monsieur, votre très humble et très obéissant serviteur,

« J. Desforges, chanoine
« de Sainte-Croix d'Estampes.

Adresse : au petit Paris, à Estampes.

« Monsieur Beau, exempt et brigadier de maréchaussée, m'a prié de vous assurer de ses civilités. »

Le major lui répondit, le 31 du même mois,

de s'adresser au ministre ou au magistrat. Voici la nouvelle lettre qui fut écrite à ce sujet :

« Estampes, 7 aoust 1759.

« Monseigneur,

« J'ai l'honneur de saluer très humblement votre grandeur, pour la remercier des bontés et de la charité qu'elle a eues pour moy, et la prier de vouloir bien me les continuer. Les chanoines de mon chapitre me disent qu'ils ne me tiendront point compte du tems que j'ai été retenu à la Bastille, à moins que je ne leur en produise un certificat en bonnes formes. Je suis entré à la Bastille le 26 septembre dernier, et j'en suis sorti le 9 de mai dernier; je prie donc votre grandeur de vouloir bien m'en envoyer le certificat. J'ai déjà des obligations infinies à votre grandeur, aussi serai-je toute ma vie avec la plus vive reconnoissance, le plus profond respect et toute la vénération possible, de votre grandeur,

« Monseigneur,
« Le très humble et très obéissant serviteur,
« Desforges, chanoine
« de Sainte-Croix d'Estampes. »

Après avoir reçu cette demande, M. de Saint-

Florentin fit écrire au gouverneur de la Bastille la lettre que voici :

A M. D'ABADIE.

« Le sieur Desforges, prêtre chanoine de Sainte-Croix-d'Estampes, ayant besoin, monsieur, d'un certificat du tems qu'il a été détenu par ordre du Roy au château de la Bastille, pour être payé de ses honoraires par son chapitre pendant le dit tems qu'il en a été absent par force majeure, je vous prie de lui en délivrer un sous le bon plaisir de M. le comte de Saint-Florentin, qui constate son entrée à la Bastille et sa sortie, et je vous prie de me l'envoyer pour que je le lui fasse passer.

« Je suis, etc.

« Le 8 aout 1759. »

Le certificat fut fait aussitôt et envoyé, le 11 du même mois, à Desforges, qui sans doute fut payé par le chapitre, mais qui profita de cette leçon, et ne fit plus parler de lui.

MARMONTEL.

Pour ne pas laisser à certains auteurs, peu délicats et avides de scandale, le malin plaisir, si commun de nos jours, de dénaturer les faits et de tromper le public, qui trop souvent est dupe des amorces qu'on lui jette, Marmontel a pris le soin de nous donner lui-même la relation de son séjour à la Bastille, dans les *Mémoires d'un père pour servir à l'instruction de ses enfants.*

Sans doute cet ouvrage se fait remarquer par l'élégance et la facilité qui caractérisent le style de l'ingénieux écrivain, dont la plume fertile n'était pas moins pure que le cœur. Mais cependant on est fâché d'y reconnaître une touche parfois un peu trop libre, et l'on regrette de n'y trouver presque aucune date. La froide chronologie, sous la fraîcheur des pinceaux pittoresques de Marmontel, n'avait point à craindre cette aridité qui paraît en être inséparable; et son ouvrage alors eût été doublement goûté par les gens qui veulent s'instruire et s'amuser à-la-fois.

Les succès qu'ont eus les écrits de cet auteur, qui a rempli sa vie de travaux utiles, nous dispenseront de revenir sur des faits très-connus. Nous ne ferons donc que passer légèrement sur le mérite de ses ouvrages, pour arriver plus vite à l'*un des événements les plus notables de sa vie*, ainsi qu'il le dit lui-même dans ses Mémoires (1).

Jean François Marmontel, issu de parents peu aisés et d'une condition obscure (2), naquit à Bort, petite ville de Limousin, le 11 juillet 1723. De bienfaisantes religieuses, amies de sa mère, lui montrèrent l'alphabet; l'abbé Vessière lui donna gratuitement les premières leçons de latin; et ce fut au collége de Mauriac, en Auvergne, dirigé par les jésuites, qu'il fit ses humanités. Quand il eut terminé ses études, son père le plaça chez un riche marchand de Clermont pour qu'il apprît le commerce. Mais l'amour de

---

(1) Édition in-12, pag. 143, tom. II.
(2) Il était fils d'un tailleur de pierre. (Voyez une note de la police, à la Bibliothèque du Roi.)

l'étude l'enleva bientôt à l'*école du comptoir*. Il fit son cours de philosophie, sans rien coûter à ses parents ; et, après avoir pris la tonsure à Limoges, il se rendit à Toulouse sans être bien décidé à entrer dans la société des jésuites. Mais la mort prématurée de son père, qui était venu l'attrister cette même année, et plus encore les larmes et les prières de sa bonne mère, qui n'avait que son fils pour unique soutien, le détournèrent de ce projet. Dès ce moment, toute idée de se faire jésuite fut bannie de son esprit, et sa mère n'eut plus la crainte de le perdre en le voyant missionnaire en Chine ou au Japon.

Quoiqu'il n'eût pas encore atteint sa dix-neuvième année, on le nomma professeur suppléant de philosophie dans le séminaire que les Bernardins avaient à Toulouse. *Presque toute l'école avait de la barbe*, dit-il dans ses Mémoires, *et le maître n'en avait pas,*

Le généreux Marmontel, par le fruit de ses travaux et de ses économies, goûta le bonheur de procurer une sorte d'aisance à sa mère, entourée d'une nombreuse famille, et c'est ainsi que le jeune professeur devint la consolation et l'appui de parents pauvres d'argent, mais riches de vertus.

Aux douces jouissances de l'ame, Marmontel cherisa bientôt à joindre l'éclat du laurier littéraire. Il envoya à l'Académie des jeux floraux une ode sur l'*invention de la poudre à canon*, qui n'obtint pas même le consolant honneur de l'accessit. Mais plus tard on le vit remporter des prix tous les ans; et la dernière année de son séjour à Toulouse, trois couronnes académiques furent posées sur son front.

Après avoir consulté sa mère, dont il prenait toujours les conseils, il partit pour Paris vers la fin de 1745, sur l'invitation de Voltaire, qui lui avait envoyé un exemplaire de ses œuvres corrigé de sa main. En arrivant à Montauban, il apprend que l'Académie de cette ville lui a adjugé une lyre, pour prix d'un ouvrage envoyé au concours. Le jeune poète avait besoin d'argent; il la porte chez un orfèvre, la vend, régale les amis qui l'avaient accompagné, et reprend le chemin de la capitale. Le patriarche de Ferney avait la certitude de le faire protéger par le contrôleur-général Orri. Malheureusement Marmontel arriva dans la capitale au moment même où ce ministre, qui n'était pas bien avec la puissante madame de Pompadour, venait d'être disgracié. Quoique attristé par cet événement, il s'arma de tout son courage. Voltaire l'engage à essayer ses forces pour le théâtre et à faire une comédie. *Je ne connais point les visages*, réplique le jeune Marmontel, *et vous voulez que je fasse des portraits!* au lieu de travailler pour la scène, il concourut à l'Académie française, qui lui décerna le prix de poésie en 1746 (1). L'année suivante, il obtint un semblable suffrage, en sorte que les palmes littéraires enflammèrent son imagination et l'affermirent dans sa résolution de poursuivre la brillante carrière poétique. Voltaire l'engagea de nouveau à travailler pour le théâtre. Melpomène se plut à exciter la noble émulation du jeune poète de 24 ans, en lui ouvrant les portes de son temple. La tragédie de *Denys-le-Tyran* obtint un plein succès. L'auteur dédia sa pièce à Voltaire ; et Marmontel se vit appelé dans les plus brillants salons de la capitale, où se trouvait réuni tout ce que la cour avait de plus

---

(1) Marmontel était si pauvre quand il arriva à Paris, qu'il allait lui-même chercher de l'eau dans une cruche à la fontaine Saint-Severin. *Je ne passe jamais devant cette fontaine*, disait-il souvent depuis, *sans ressentir une émotion délicieuse : je crois être encore à cet âge heureux, où la gloire, la renommée, les succès, tout est en avenir.*

aimable et ce qu'il y avait, parmi les gens de lettres, de plus, distingué du côté des talents. Mais *des flots d'amertume* vinrent se mêler à sa joie. Sa mère n'était plus, et le premier bonheur de ce fils bienfaisant eût été de lui apprendre son triomphe.

L'amitié qu'on lui témoigna de toutes parts allégea sa douleur; et l'amour de la gloire, ainsi que la passion que lui inspira une jeune beauté (1), le ramenèrent au travail. Madame de Pompadour, dont il était connu, lui fit avoir, par le marquis de Marigny, son frère, la place de secrétaire des bâtiments, emploi tranquille et qui laissait au jeune écrivain des loisirs à donner aux Muses. C'est ainsi que la fortune, qui fuit tant de gens, vint au-devant de Marmontel. Libre d'inquiétude, et n'ayant que deux jours de la semaine à consacrer à ses fonctions, il conserva cette place pendant cinq

---

(1) Mademoiselle Verrière, qui appartenait au maréchal de Saxe. Celui-ci lui donnait 12,000 fr. par an, et lui avait assuré 2,400 livres de rente viagère. (Voyez une note de la police du temps à la Bibliothèque du roi. Marmontel était grand, asssez bien de figure, mais fort pâle.)

années, qui furent, dit-il lui-même, les plus heureuses de sa vie.

En 1758, madame de Pompadour ayant obtenu du roi le brevet du *Mercure* pour Marmontel, qui avait soutenu ce journal par ses *contes moraux*, l'une des bases de la réputation de ce conteur naïf, celui-ci se démit de l'emploi de secrétaire des bâtiments, avec l'assentiment de M. de Marigny (1). Dès-lors il quitta Versailles pour venir à Paris chez madame Geoffrin, qui lui offrit un logement que Marmontel n'accepta qu'en payant.

Rien n'égalait le contentement de cet aimable écrivain. *Une volée de jeunes poètes commençait à essayer leurs ailes.* Malfilâtre, Colardeau et bien d'autres étaient à leur début. Les vertus indulgentes de Marmontel et ses aimables qualités le rendirent cher aux intéres-

___

(1) Connu dans le monde sous le titre de marquis *de Vandières*, que madame de Pompadour, sa sœur, changea en celui de marquis *de Marigny*, pour le soustraire aux quolibets des plaisants qui le nommaient le marquis d'*avant-hier*. Le roi appelait M. de Vandières *petit-frère*, à cause de madame de Pompadour.

Un soir le roi soupant dans les *petits cabinets*, M. le duc

sants nourrissons des Muses qui s'adressaient à lui pour en recevoir des conseils. Il se mit en relation avec toutes les académies du royaume. Le *Mercure*, sans cesser d'être amusant, acquit

---

de Bouillon voulant prendre sa place auprès de lui, le roi dit : *Ce n'est pas là votre place;* et appelant M. de Vandières, il ajouta : *petit-frère, mettez-vous là.* On critiqua beaucoup cette action; et l'on fit les vers suivants :

> « Jadis c'était Versaille
> Qui fixait le bon goût,
> Aujourd'hui la canaille
> Règne et tient le haut bout.
> Si la cour se ravale,
> De quoi s'étonne-t-on?
> N'est-ce pas de la halle,
> Que nous vient le poisson? »

Madame de Pompadour était fille de madame Poisson, dont le père était boucher à Saint-Germain-en-Laye. Madame Poisson mourut à la fin du mois de décembre 1745. On lui fit cette épitaphe :

> « Ci-gît qui sortant d'un fumier,
> Pour faire sa fortune entière,
> Vendit son honneur au fermier (*),
> Et sa fille au propriétaire. »

(*) M. Le Normand, fermier-général, dont on disait que madame de Pompadour était fille. Bibliothèque Mazarine, manuscrit déjà cité.

de la consistance et du poids. Le rédacteur parla aux gens de lettres le langage de la décence, sans prostituer sa plume à l'esprit de parti, et l'on vit alors les produits du journal recevoir aussi de l'accroissement. Madame de Pompadour le chargea de purger le *Venceslas* de Rotrou des grossièretés de mœurs et de langage qui déparaient cette tragédie. Le poète s'acquitta de ce travail ingrat. Le Kain, qui le détestait, joua le rôle à Versailles, sans avoir égard aux corrections qui avaient été apprises et approuvées, et déconcerta tous les autres acteurs en ne leur donnant pas les répliques du dialogue. Marmontel, furieux, voulait se plaindre publiquement de cette insolence inouïe; mais le duc d'Aumont, qui favorisait le grand acteur, lui fit imposer silence.

Depuis long-temps Marmontel avait fait la connaissance de Cury, intendant des Menus-Plaisirs, qui fut forcé de quitter cette charge pour avoir tourné en ridicule les gentilshommes de la chambre, dans un prologue représenté au théâtre de Fontainebleau. Le duc d'Aumont, qui *s'était obstiné à la ruine de Cury*, tirait même vanité de cette disgrace.

Cury avait conservé pour amis ses anciens camarades, dont Gagny, grand amateur des arts, faisait partie. Celui-ci les invite à aller passer les fêtes de Noël à sa maison de campagne de Garges, avec plusieurs autres personnes également distinguées par leur esprit et leur talent.

La chasse, la bonne chère, le vin et les convives rendent ce séjour des plus agréables, lorsqu'un matin Marmontel apprend que Cury est atteint d'un accès de goutte. Il va le voir, le trouve, quoique souffrant, riant à gorge déployée, et travaillant dans ce moment à parodier la fameuse scène d'Auguste avec Cinna et Maxime, pour se venger du duc d'Aumont. Cury en lit une trentaine de vers à Marmontel, qui les trouve très-plaisants et l'engage à continuer. Quand la scène est achevée, Cury la relit de nouveau, et Marmontel retient ces malins vers d'un bout à l'autre. Lors de son retour à Paris, il entend déjà parler de cette pièce, dont on ne citait cependant que les deux premiers vers. Marmontel, qui avoue savoir toute la scène, est supplié de la réciter chez madame Geoffrin, qui répond de la discrétion des amis qui l'entourent. Il débite les vers, enchante le petit comité; mais le lendemain il est dénoncé au duc d'Aumont, qui à son tour se plaint au roi de Marmontel, comme étant le véritable auteur de la pièce. On annonce à Marmontel que la noblesse criait déjà vengeance, et que le duc de Choiseul était à la tête. Il rentre chez lui, écrit au duc d'Aumont pour l'assurer de son innocence, et vole à Versailles porter la lettre suivante au duc de Choiseul.

« MONSEIGNEUR,

« On me dit que vous prêtez l'oreille à la voix qui m'accuse et qui sollicite ma perte. Vous êtes puissant, mais vous êtes juste; je suis malheureux, mais je suis innocent. Je vous prie de m'entendre et de me juger.

« Je suis, etc.

« MARMONTEL. »

Le duc de Choiseul répondit à Marmontel qu'il le recevrait *dans demi-heure*, et celui-ci se rendit à son hôtel. Voici le dialogue qui eut lieu entre les deux personnages, nous l'empruntons à Marmontel (1).

« Vous voulez que je vous entende, *dit le duc de Choiseul*, j'y consens. Qu'avez-vous à me dire? — Je n'ai rien fait, monsieur le duc, qui mérite l'accueil sévère que je reçois de vous, qui avez l'âme noble et

---

(1) Voyez ses Mémoires, tom. II, liv. VI, pag. 156.

sensible, et qui jamais n'avez pris plaisir à humilier les malheureux. — Mais, Marmontel, comment voulez-vous que je vous reçoive, après la satire punissable que vous venez de faire contre M. le duc d'Aumont? — Je n'ai point fait cette satire; je le lui ai écrit à lui-même. — Oui, et dans votre lettre vous lui avez fait une nouvelle insulte en lui rendant, en propres termes, le conseil qu'il vous avoit donné (1). — Comme ce conseil étoit sage, je me suis cru permis de le lui rappeler; je n'y ai pas entendu malice. — Ce n'en est pas moins une impertinence, trouvez bon que je vous le dise. — Je l'ai senti après que ma lettre a été partie. — Il en est fort blessé; il a raison de l'être. — Oui, j'ai eu ce tort-là, et je me le reproche comme un oubli des convenances. Mais, monsieur le duc, cet oubli seroit-il un crime à vos yeux? — Non; mais la parodie? — La parodie n'est point de moi, je vous l'assure en honnête homme. — N'est-ce pas vous qui l'avez récitée? — Oui, ce que j'en savois, dans une société où chacun dit tout ce qu'il sait; mais je n'ai pas permis qu'on l'écrivît, quoiqu'on eût bien voulu l'écrire. — Elle court cependant. — On la tient de quelque autre. — Et vous, de qui la tenez-vous? (Je gardai le silence.) Vous êtes le premier, ajouta-t-il, qu'on dise l'avoir récitée, et récitée de manière à

---

(1) Marmontel voulait se venger du tour que lui avait joué Le Kain, lors de la représentation de *Venceslas*; le duc d'Aumont lui écrivit qu'il fallait mépriser ces choses là, et qu'elles tombaient d'elles-mêmes, lorsqu'on ne les relevait point.

déceler en vous l'auteur. — Quand j'ai dit ce que j'en savois, lui répondis-je, on en parloit déjà, on en citoit les premiers vers. Pour la manière dont je l'ai récitée, elle prouveroit aussi-bien que j'ai fait le *Misantrope*, le *Tartuffe* et le *Cinna* lui-même; car je me vante, monsieur le duc, de lire tout cela comme si j'en étois l'auteur. — Mais enfin cette parodie, de qui la tenez-vous? c'est là ce qu'il faut dire. — Pardonnez-moi, monsieur le duc, c'est là ce qu'il ne faut pas dire, et ce que je ne dirai pas. — Je gage que c'est de l'auteur. — Eh bien! monsieur le duc, si c'étoit de l'auteur, devrois-je le nommer? — Et comment, sans cela, voulez-vous que l'on croie qu'elle n'est pas de vous? Toutes les apparences vous accusent. Vous aviez du ressentiment contre le duc d'Aumont; la cause en est connue : vous avez voulu vous venger; vous avez fait cette satire, et la trouvant plaisante, vous l'avez récitée : voilà ce qu'on dit, voilà ce que l'on croit, voilà ce qu'on a droit de croire. Que répondez-vous à cela? — Je réponds que cette conduite seroit celle d'un fou, d'un sot, d'un méchant imbécile, et que l'auteur de la parodie n'est rien de tout cela. Eh quoi! monsieur le duc, celui qui l'auroit faite auroit eu la simplicité, l'imprudence, l'étourderie de l'aller réciter lui-même, sans mystère, en société? Non, il en auroit fait, en déguisant son écriture, une douzaine de copies qu'il auroit adressées aux comédiens, aux mousquetaires, aux auteurs mécontens. Je connois comme un autre cette manière de garder l'anonyme, et, si j'avois été coupable, je l'aurois prise pour me cacher. Veuillez donc vous dire à vous-même : Marmontel, devant six personnes qui n'étoient pas ses amis intimes, a récité ce qu'il savoit de cette parodie : donc il n'en étoit pas l'auteur. Sa lettre à M. le duc d'Aumont est d'un homme qui ne craint rien : donc il se sentoit fort de son innocence et croyoit n'avoir rien à craindre. Ce raisonnement, monsieur le duc, est le contre-pied de celui qu'on m'oppose, et n'en est pas moins concluant. J'ai fait deux imprudences : l'une, de réciter des vers que ma mémoire avoit surpris, et de les avoir dits sans l'aveu de l'auteur. — C'est donc bien à l'auteur que vous les avez entendu dire ? — Oui, à l'auteur lui-même ; car je ne veux point vous mentir. C'est donc à lui que j'ai manqué, et c'est là ma première faute. L'autre a été d'écrire à M. le duc d'Aumont d'un ton qui avoit l'air ironique et pas assez respectueux. Ce sont là mes deux torts, j'en conviens, mais je n'en ai point d'autres. — Je le crois, me dit-il ; vous me parlez en honnête homme. Cependant vous allez être envoyé à la Bastille. Voyez M. de Saint-Florentin ; il en a reçu l'ordre du roi. — J'y vais, lui dis-je ; mais puis-je me flatter que vous ne serez plus au nombre de mes ennemis ? Il me le promit de bonne grâce, et je me rendis chez le ministre, qui devoit m'expédier ma lettre de cachet. »

M. de Saint-Florentin voulait du bien à Marmontel ; mais le duc d'Aumont, dont l'orgueil était irrité, réclamait une satisfaction que le roi lui avait accordée. Néanmoins, d'après le conseil de M. le comte de Saint-Florentin, Marmontel va trouver M. de Sartine à qui on avait déjà envoyé l'ordre du roi. Celui-ci ne l'ayant pas encore reçu renvoie tranquillement Marmontel; le lendemain notre auteur vient retrouver le lieutenant de police, qui très-poliment le fait conduire à la Bastille, ainsi que le prouve la lettre suivante à M. de Sartine.

« Monsieur,

« J'ay l'honneur de vous rendre compte qu'en conséquence de vos ordres, j'ai accompagné (1) ce matin à la Bastille le sieur de Marmontel, où il a été reçu en vertu de l'ordre du Roy que j'ai remis à M. le gouverneur, et de la lettre particulière que vous lui avez écrite à ce sujet.

« D'Hémery.

« *Nota.* M. d'Abadie vous prie, monsieur, de luy écrire pour l'autoriser à garder le domestique du dit sieur de Marmontel.

« Ce vendredy 28 décembre 1759 à onze heures du matin. »

M. de Sartine écrivit à l'instant la note qui suit.

« Monsieur le major recevra le nommé Gilles Bury,

---

(1) On remarquera que l'exempt se sert du mot *accompagné*, et non pas du mot *conduire*, employé dans les autres rapports.

domestique du sieur Marmontel, et le mettra dans la chambre de son maître. »

Réponse du major.

« De la Bastille, le 28 décembre 1759.

« Monsieur,

« Vous trouverez cy joint la lettre de M. le gouverneur au sujet de la réception du sieur Marmontel, qui est entré ce matin au château à onze heures. Ce prisonnier est logé à la deuxième chapelle; son domestique sera mis auprès de luy, lors qu'il sera de retour, estant retourné pour aller chercher quelque chose qu'il avoit oublié.

« Je suis avec un profond respect, monsieur,

« Votre très humble et très obéissant serviteur,

« Chevalier. »

Lettre du gouverneur.

« 28 décembre 1759.

« Monsieur,

« Suivant la lettre du Roy que vous m'avés fait l'honneur de m'adresser hier, le sieur Marmontel a été reçu aujourd'huy à la Bastille, où on luy a donné, suivant vos ordres, une des meilleures chambres, des livres pour s'amuser, et plume et encre pour écrire.

« Je suis avec respect, monsieur,

« Votre très humble et très obéissant serviteur,

« DABADIE. »

Autre lettre du major à M. de Sartine.

« De la Bastille, le 28 décembre 1759.

« MONSIEUR,

« Le nommé *Gilles Bury*, domestique du sieur Marmontel, a été de retour au château vers les une heure et demy, après midy, et tout de suite il a ésté chambré avec son maitre. Ce domestique nous a remis quatre lettres cachetées, adressées à son maitre, qui proviennent de correspondance du sieur Marmontel pour le Mercure.

« Le sieur de Marmontel demande la permission d'écrire à ses correspondans, de même que de recevoir leurs lettres.

« Je suis avec un profond respect,

« Monsieur,

« Votre très humble et très obéissant serviteur,

« CHEVALIER. »

On ouvrit les lettres ; la première était signée : *Donat, avocat*. La seconde était d'une femme, mais sans signature; les deux autres n'étaient point signées. M. de Sartine les renvoya au major, le 1er janvier 1760, en mettant sur l'une :

« Point d'inconvéniens à remettre les lettres. »

Le lendemain, M. Berryer écrivit la suivante à M. le comte de Saint-Florentin.

« 2 janvier 1760.

« Monsieur,

« J'ai l'honneur de vous adresser une lettre que le sieur Marmontel a demandé permission de vous écrire. Il se loue du traitement que lui fait le gouverneur.

« Il m'écrit en même temps qu'il lui seroit essentiel d'avoir avec son imprimeur et les personnes qu'il a chargées du travail du Mercure, une relation suivie et par lettres qui passeroient toutes ouvertes par mes mains; que cela est d'autant plus nécessaire que c'est dans ce mois que l'on renouvelle les souscriptions et que la besogne nourrit 10 à 12 gens de lettres. Je lui reporterai sur cela, monsieur, les choses qu'il vous plaira de me prescrire, et me bornerai à vous renouveler les assurances du profond respect avec lequel je suis, monsieur,

« Votre très humble et très obéissant serviteur,

« Berryer. »

On ne fit point de réponse à Marmontel au sujet du *Mercure*. Le même jour, l'imprimeur de ce journal adressa le placet que voici au lieutenant général de police.

« MONSEIGNEUR,

« Marie Marguerite Lefebure, épouse de Sébastien Jorry, imprimeur-libraire à Paris, chargée de l'impression du *Mercure*, supplie très humblement votre grandeur de vouloir lui permettre de parler à M. Marmontel, détenu à la Bastille par ordre du Roi, pour l'arrangement du *Mercure*. Elle continuera ses vœux pour la conservation de votre grandeur.

« Femme JORRY.

« A Paris, ce 2 janvier 1760. »

La dame n'obtint point la permission de parler à Marmontel. Mais les égards qu'on avait pour le prisonnier lui donnaient lieu d'espérer que sa captivité ne serait pas longue. Le gouverneur allait le voir tous les jours, et lui faisait servir les mets les plus délicats. Enfin, le onzième jour, on lui annonça qu'il allait sortir de la Bastille, et le soir même la liberté lui fut rendue, ainsi que le prouve la lettre suivante à M. de Sartine.

« A la Bastille, le 7 janvier 1760.

« Monsieur,

« J'ai l'honneur de vous informer que j'ai mis en liberté le sieur de Marmontel sur un ordre du Roi, contre-signé Philippeaux, daté du 5 de ce mois.

« Je suis, avec respect, monsieur,

« Votre très humble et très obéissant serviteur,

« Dabadie. »

Marmontel fut donc rendu aux lettres ainsi qu'à ses nombreux amis. Mais le crédit du duc d'Aumont, dont la vanité avait été tournée en ridicule, lui fit perdre le privilége du *Mercure* auquel étaient attachés 15,000 fr. de rente. Il lui fut seulement réservé une pension de 4,000 fr. au lieu de 3,000 comme il le dit dans ses Mémoires (1). Cette pension était honnête, sans doute, mais il n'en restait pas moins souverainement injuste de punir un homme dont la faute n'avait pas été prouvée; et quand elle l'aurait été,

---

(1) La note originale que nous avons sous les yeux, porte 4,000 fr.

sa détention, quoique de courte durée, était une peine suffisante.

La conduite de Marmontel, pleine de courage et de générosité, l'honorera toujours aux yeux des hommes doués d'une ame élevée; car s'il eût fait l'aveu que Cury était l'auteur de la parodie, il est présumable qu'il aurait perdu son ami. Toutefois, si l'on avait réfléchi que la plume de Marmontel, toujours décente et modérée, n'avait jamais été trempée dans le fiel, on aurait pu voir facilement qu'il n'en était pas l'auteur. Ses *Contes moraux*, empreints d'une morale douce et persuasive, l'avaient déjà fait connaître sous les plus heureux auspices; et après lui avoir acquis pendant sa vie les éloges du monde littéraire, ils lui ont mérité après sa mort l'estime de la postérité (1).

---

(1) Il mourut le 31 décembre 1799. Les Contes de Marmontel ont eu dans toute l'Europe le même succès qu'en France. Ils ont été traduits en anglais, en italien, en allemand, et les théâtres de Paris et de Londres s'en sont emparés.

L'ABBÉ MORELLET.

André Morellet, l'aîné de quatorze enfants, naquit à Lyon, le 7 mars 1727, d'un marchand papetier sans fortune. Il fit ses études au collége des jésuites de cette ville, d'où il fut transplanté, à son grand regret, au séminaire des *Trente-trois*, à Paris, vers la fin de 1741 (1); car il avait le désir de se faire jésuite, et il l'eût été, si ses parents n'eussent pas contrarié sa vocation. Cependant, cela ne l'empêcha point de faire, vingt ans après leur suppression, une chanson contre eux. Quoi qu'il en soit, l'élève dut aux succès qui le distinguèrent dans le séminaire, son admission dans la maison de Sorbonne, fondée par le confesseur de saint Louis (2), et relevée et dotée

---

(1) Le séminaire des Trente-trois était dans la rue de la Montagne Sainte-Geneviève, n° 52. Il fut fondé en 1638, par Anne d'Autriche, en faveur de 33 pauvres écoliers; mais on ne le bâtit qu'en 1654, sur l'emplacement de l'hôtel d'*Albiac*.
(2) Robert Sorbon.

par le fameux cardinal de Richelieu. C'est là que le jeune Morellet, appelé bientôt le *bon Morellet* (1), eut pour compagnons d'études le célèbre Turgot et l'abbé de Loménie, trop fameux par son ministère. Ce ne fut que dans la dernière année de sa licence qu'il fit connaissance avec Diderot et d'Alembert, dont les noms ont été long-temps mêlés à nos misérables discussions politiques (2).

---

(1) Voyez ses Mémoires, tom. I, pag. 19.
(2) Dans les listes de la licence en Sorbonne, qui m'ont été communiquées par M. Petit-Radel, membre de l'Académie Royale des Inscriptions et Belles-Lettres, on voit que l'abbé Morellet fit sa licence de 1750 à 1752, et qu'il fut nommé le 16me de mérite sur 113 concurrents. Turgot est inscrit sur cette liste comme *sous-Diacre*, raison pour laquelle il ne contracta point les liens du mariage : ce qu'on ignorait. Parmi ses camarades de licence, se trouve le fameux abbé de Prades, dont la Thèse fit tant de bruit, et l'abbé Hooke qui, pour se justifier d'avoir approuvé cette thèse, composa le Traité de la Religion, ouvrage très-estimé.
Voici l'épigramme qui fut faite le 29 janvier 1752, sur le jugement de l'abbé de Prades, au sujet de la thèse qu'il soutint en Sorbonne :

> Flétrir les gens sans les entendre,
> Les ouvrages sans les comprendre,
> C'est le vieux code des pédans,
> Des dévots et des ignorans.

En 1752, l'abbé de Sarcey, qui avait abandonné la conduite du séminaire des *Trente-trois*, plaça l'abbé Morellet près du fils cadet de M. de La Galaïzière (1), pour qu'il suivît les études de ce jeune homme durant sa théologie et sa licence. Le nouveau professeur, toujours pauvre, profita de cette circonstance pour apprendre lui-même l'italien et l'anglais, tout en cultivant aussi l'art d'écrire, qui est le fruit d'un goût naturel perfectionné par le travail et le temps. Mais le dimanche, pendant que son élève suivait les exercices religieux du collége, le jeune Morellet allait voir Diderot *en cachette* (2), et sans doute aussi d'Alembert et Boulanger, pour

---

    Mais condamner de par la loi,
    Sans rien entendre et sans rien lire,
    C'est de la carcasse ma foi,
    Un nouveau code, un vieux délire.

Pour frapper des erreurs dignes de l'échafaud,
Sorbonne, quel esprit tient ta main arrêtée?
Toi qui te réunis pour condamner Arnaud,
Te diviserais-tu pour absoudre un athée?

(1) Alors chancelier de Lorraine.
(2) Voyez ses Mémoires, tom. I, pag. 28, 1re édit.

recevoir à son tour des leçons de cet esprit philosophique qui déjà avait pris un libre essor dans la société. Ainsi voilà un philosophe au lieu d'un jésuite, ce qui est un peu différent. Le premier fruit de ses travaux littéraires, fut une brochure intitulée : *Petit écrit sur une matière intéressante*, qui parut en 1756. Les coryphées de la philosophie du XVIIIe siècle furent enchantés de voir un jeune abbé prendre en quelque sorte la défense des protestants du midi de la France, et aussitôt ils l'engagèrent à travailler pour l'*Encyclopédie*, ce qu'il fit en fournissant des articles sur la théologie et la métaphysique. Cependant l'esprit de l'*Encyclopédie* n'était guère compatible avec l'esprit de la Sorbonne!

Au mois de mars 1758, il publia des *Réflexions sur les avantages de la libre fabrication et de l'usage des toiles peintes en France* (1), qui furent injustement attaquées par l'avocat Moreau, ennemi des philosophes, et défendues après

---

(1) La suite des événements, et surtout l'état actuel des toiles peintes en France, prouvent combien ses vues étaient fondées.

par le chevalier Chastellux, ami de l'abbé Morellet. Fréron, Palissot, Le Franc de Pompignan et tous les adversaires de la philosophie moderne, ou du moins de l'Encyclopédie, déclarèrent une nouvelle guerre aux *encyclopédistes*, qui furent piqués au vif des réflexions mordantes qu'on leur adressa. Des plaintes furent portées à M. Lamoignon de Malesherbes. La critique littéraire était permise comme elle doit l'être dans tous les temps, lorsqu'il ne s'agit surtout que de porter un jugement sur un ouvrage, et non d'une diffamation personnelle. On trouva qu'ils avaient passé les bornes, et, par un arrêt du conseil, l'Encyclopédie fut bientôt suspendue comme attaquant le gouvernement et la religion.

A cette époque précisément, l'abbé Morellet accompagna son élève en Italie. Arrivé à Rome, les arcs triomphaux, les cirques, les mausolées que renferme cette ville, honorée jadis comme la reine du monde; l'aspect des chefs-d'œuvre des beaux-arts que le génie fit éclore et capables d'électriser l'imagination du plus froid écrivain, ne firent que peu d'impression sur l'âme de notre philosophe. Aussi cette manière de sentir le porta-t-elle à passer la plus grande partie de son temps dans une bibliothèque formée de livres de théologie, de canonistes, et dont l'entrée lui fut offerte avec un logement par l'abbé de *Canillac*. Là il trouva le *Directorium inquisitorum* (1), dont il prit des extraits qu'il publia, en 1762, sous le titre de *Manuel des inquisiteurs*, avec la permission de M. de *Malesherbes*, son ami. Aussitôt que cette brochure eut paru, il l'envoya à Voltaire, qui, après l'avoir lue, écrivit à d'Alembert : *Mon cher frère, embrassez pour moi le digne frère qui a fait cet excellent ouvrage* (2).

De retour à Paris, vers la fin de mars 1759, le jeune apôtre de la philosophie fut introduit dans ces sociétés vantées et spirituelles dont la fréquentation ajoute souvent aux dispositions du littérateur pour tout ce qui tient au goût, à la grace, à l'expression d'une pensée ingénieuse, aux saillies vives et brillantes qui sont comme les éclairs de l'esprit, à la délicatesse et même au jugement; mais il faut savoir s'arrêter et se séparer des enchantements du monde, pour ne

---

(1) Voyez Nicolas Eymeric, grand-inquisiteur au XIVe siècle (dans le royaume d'Aragon).
(2) Mémoires de l'abbé Morellet, tom. I, pag. 60.

pas perdre souvent en petits riens éphémères qui s'évaporent aussitôt, la substance d'une renommée durable. Peut-être est-ce pour avoir voulu trop philosopher et faire de Dieu même le sujet de ses discussions avec les Grimm, les d'Holbach, les Raynal, les Helvétius, les Diderot, les d'Alembert, *athées de si bonne compagnie* (1); pour avoir cherché à être aimable pendant 30 ans, écoulés pour lui dans ces sociétés où l'on travaillait la cour et la politique plus que la littérature; pour avoir enfin goûté et fait les délices des cercles attrayants formés chez les dames Geoffrin, Helvétius, Necker et d'Angiviliers, que l'abbé Morellet perdit un temps qu'il eût pu employer à la composition de quelque ouvrage digne de la postérité. Mais sans doute, alors comme aujourd'hui, il ne suffisait pas d'avoir du talent pour réussir : peut-être fallait-il appartenir à une coterie, et joindre au savoir le *savoir-faire*.

Que d'autres prouvent que les amis du baron d'Holbach ne finirent point par imposer leurs opinions au gouvernement, moi je me borne à

---

(1) Tom Ier, pag. 130.

rappeler qu'au mois de mars 1760, Le Franc de Pompignan, lors de sa réception à l'Académie Française, prononça un discours où les *d'Alembert*, les *Buffon* et tout ce qu'on appelait alors philosophes, furent maltraités. Aussitôt Voltaire envoya de Genève les *Quand* (1), l'abbé Morellet composa les *Si* et les *Pourquoi*. La guerre s'alluma. Les pamphlets les plus mordants plurent de tous côtés, et ce ne fut plus qu'un feu roulant. Palissot, dans sa comédie des *Philosophes*, venait de placer sur la scène toute la secte philosophique comme l'ennemie de l'autorité et de toute morale. L'abbé Morellet, qui avait assisté à la seconde représentation de cette comédie, quoique logeant alors dans son *collége borgne* (2), crut devoir défendre ses amis, *la philosophie et les philosophes encyclopédistes* (3), envers et

---

(1) Dans un petit poème intitulé *la Vanité*, et récité par tout le monde, on lisait :

« *César* n'a point d'asile où sa cendre repose,
« Et l'ami *Pompignan* veut être quelque chose. »

(2) Voyez ses Mémoires, tom. I, pag. 87.
(3) Page 98, tom. Ier.

contre tous. Il écrivit *presque d'un trait, et pendant une grande partie de la nuit, la préface des Philosophes ou vision de Charles Palissot*, et envoya son manuscrit à Marie Bruyset, imprimeur-libraire à Lyon, pour qu'il le fît imprimer. En effet, le 23 mai 1760, des ballots de cette brochure furent reçus à Paris.

L'auteur, qui avait gardé l'anonyme, eut l'imprudence de mettre très-indiscrètement en scène madame la princesse de Robeck, jeune et jolie femme, connue par son aversion pour les philosophes, et qui avait assisté à la première représentation de la comédie, quoique malade. Le pamphlet lui fut envoyé comme *de la part de l'auteur* inconnu.

L'abbé Morellet attribue cette perfidie à Palissot (1), quoique rien ne soit moins prouvé. La

---

(1) Palissot et l'abbé Morellet avaient été souvent en querelles dans les journaux, quoiqu'ils ne se fussent jamais vus. Un soir, pendant qu'ils attendaient leur tour d'entrée chez le ministre de l'intérieur (M. de Champagny), arriva Ameilhon. Aussitôt les deux premiers prennent une main du dernier venu, qui était lié avec eux. L'abbé Morellet demande à Ameilhon, mais à l'oreille : « Quel est ce monsieur? » Palissot en fait de même; et Ameilhon, naturellement caustique, s'é-

princesse demanda vengeance au duc de Choiseul. La police fut instruite le 29, que Robin, libraire, vendait cet ouvrage sous le manteau; et à l'instant, M. de Sartine, qui faisait la police par lui-même, donna l'ordre qui suit :

« Le sieur d'Hémery empêchera la distribution de ces deux brochures (*Préface de la comédie des Philosophes*, et *Prière universelle de Pope*), arrêtera un ou deux colporteurs, qu'il mènera chez un commissaire pour être interrogés, et me rendra compte de tout dès demain.

« 29 may au soir. »

L'inspecteur ne s'endormit pas, ainsi qu'on va le voir par la lettre qu'il écrivit à M. de Sartine, le 31 du même mois.

« Monsieur,

« J'ay l'honneur de vous rendre compte qu'en conséquence de vos ordres au sujet du nommé Robin, libraire dans le Palais-Royal, je me suis assuré du moment ou je le trouverois chez luy, rue Champ-

---

cria : « Eh bien! voilà pour le coup, qui prouve qu'on peut s'aimer sans se connaître. » — Nous tenons l'anecdote d'un témoin oculaire, M. Petit-Radel.

Fleury, après quoy je m'y suis transporté hier au soir avec le commissaire de Rochebrune, et, dans la perquisition que nous y avons faite, nous n'avons trouvé aucun exemplaire de la Préface de la comédie des Philosophes ou la vision de Charles Palissot, ni de la Prière de Pope; mais le dit Robin nous a déclaré que le 28 de ce mois un particulier à luy inconnu, vêtu d'une veste bleue, luy a apporté au Palais-Royal 250 exemplaires de la préface en question, qu'il luy a payés moyennant 6 francs l'exemplaire; le 29, pareil nombre, et ce matin encore d'autres qu'il n'a point comptés avec 400 exemplaires de la Prière de Pope, traduite en vers, et qu'il a tous vendus moyennant 9 francs et 12 l'exemplaire, en nous assurant qu'il ignoroit absolument la personne qui les luy avoit adressés, ce qui ne paroit pas trop vraisemblable par les notes que nous avons trouvées dans ses poches (1),

---

(1) Voici les notes :

« A MONSIEUR ROBIN, AU PALAIS-ROYAL.

« 1er Je me suis aperçu que je m'étois trompé; je comptois vous envoyer 300... et je n'en ai mis que 250. Je vous prie de les payer au porteur, qui doit vous en remettre autant, cela fera la somme de 75 liv. Je vous en envoye 300. J'enverrai demain, sçavoir si vous en avez besoin.

« 2e Voilà 300 préfaces à 6 sols pour vous, et 7 sols pour d'autres, 12 sols pour le particulier.

« 3e 400 prières à 7 sols pour vous, et 9 sols pour vos confrères, et pour le particulier 12 sols. »

et qu'il a paraphées parcequ'il, n'est pas naturel qu'on écrive à un homme qu'on ne connoit point.

« J'ay mis en dépot le dit Robin dans les prisons du Fort-l'Évêque, et je l'ay transféré ce matin au petit Chatelet, ou je l'ay mis au secret et écroué en vertu de l'ordre du Roy, que je vous supplie, monsieur, de me faire expédier.

« D'Hémery. »

RAPPORT DE M. DE SARTINE A M. LE COMTE DE SAINT-FLORENTIN.

« Sur l'avis qui m'a été donné que le nommé *Robin*, vendant des livres au Palais-Royal, à la porte de la rue des Bons Enfans, vendoit et distribuoit deux brochures imprimées sans privilége ni permission, intitulées :

« *Préface de la comédie des Philosophes*, et *Prière universelle de Pope*.

« J'ay envoyé chez lui rue Champ Fleury, le 30 may 1760, le commissaire Rochebrune, accompagné du sieur d'Hémery, inspecteur de police, pour y faire perquisition et saisir les exemplaires qui s'y trouveroient.

« On n'y a rien trouvé, ayant tout vendu, à ce qu'il a dit; mais, s'y étant trouvé deux papiers contenant les notes de l'envoy des dits ouvrages, et étant convenu par le procès-verbal d'en avoir débité au Palais-Royal 900 exemplaires au moins, qui luy ont été apportés par un homme qu'il ne connoît pas, je l'ay fait arrêter et conduire de l'ordre du Roy dans les prisons du petit Chatelet.

« Pour autoriser ce qui a été fait, M. le comte de Saint-Florentin est supplié de faire expédier deux ordres en forme de la date du 30 may, l'un pour l'arrêter, et l'autre pour la perquisition faite par le commissaire. »

L'Excellence écrivait en tête du rapport : *Bon pour les ordres, 2 juin* 1760 : ils furent remis au sieur d'Hémery, et au commissaire Rochebrune.

D'après un nouvel interrogatoire que subit Robin, on apprit que l'inconnu, qui avait porté les exemplaires chez lui, avait dit que c'était Désauges qui les envoyait. Néanmoins Robin prétendit toujours ne pas connaître ce confrère, malgré les menaces les plus sévères qu'on lui fit. Mais il n'en fallut pas davantage à la police clairvoyante, et aussitôt on écrivit la lettre suivante au commissaire de Rochebrune.

« A Paris, le 10 juin 1760.

« Je vous prie, monsieur, de recevoir la déclaration du nommé Désauges, que doit conduire pardevant vous le sieur d'Hémery, et vous ne manquerés point de constater les exemplaires qu'il a reçus tant de la *Prière universelle* que de la *Préface*; le nom de l'auteur de ces deux imprimés et toutes les circonstances qui peuvent éclaircir cette affaire.

« Je suis, monsieur,

« Votre très humble serviteur.

« De Sartine. »

DÉCLARATION DE PIERRE DÉSAUGES.

« L'an mil sept cent soixante, le mardy dix juin, sur les neuf heures du soir ou environ, en notre hôtel, et pardevant nous, Agnan Philippe Miché de Rochebrune, avocat au parlement, commissaire; enquesteur et examinateur au chatelet de Paris.

« Est comparu le sieur Joseph d'Hémery, conseiller du Roy, inspecteur de police, lequel nous a dit qu'il requiert que nous recevions la déclaration de Pierre Désauges, qui est icy présent au sujet de la *Prière universelle* et de la *Préface* de la comédie *des Philosophes, ou la vision de Charles Palissot,* dont il a reçu les exemplaires qui ont été distribués à Paris et a signé,

« D'Hémery.

« Est aussi comparu Pierre Désauges, bourgeois de Paris, y demeurant rue Saint-Jacques, lequel nous a dit et déclaré qu'un voiturier lui apporta, le vendredi vingt-trois mai dernier au soir, un ballot contenant douze cent cinquante exemplaires de la *Prière universelle*, et pareil nombre de la Préface; que le déclarant reçut le lendemain une lettre du sieur Bruyset, imprimeur-libraire à Lyon, lequel lui marquoit que s'il n'avoit pas été en correspondance avec le déclarant, il ne se seroit point chargé d'un ballot qui lui avoit été adressé pour le déclarant; que l'abbé Morellet, demeurant à Paris, rue des Cordeliers au collége de Bourgogne, vint trouver le même jour ou le lendemain le déclarant, et après lui avoir dit : c'est moy qui vous ay fait adresser un ballot, et je ne vous cacheray point que je suis l'auteur de la Préface et des notes de la *Prière universelle*; si vous ne voulez point vous charger des exemplaires de ces deux ouvrages je les enverrai à Robin. Au surplus, si vous vous en chargez, je ne veux que vingt-cinq exemplaires de chacun des dits ouvrages; que le déclarant a remis en conséquence les dits cinquante exemplaires au dit sieur abbé Morellet, à qui il a dit qu'il enverroit deux cent vingt-quatre livres au dit sieur Bruyset, qui lui avoit écrit avoir payé cette somme en l'acquit du déclarant, qui, par le conseil du dit abbé Morellet, a envoyé deux cents exemplaires de la *Prière universelle*, et sept cent cinquante exemplaires ou environ de la Préface au dit Robin, qui a ignoré que les dits envois vinssent de la part du déclarant.

« Ajoute le déclarant que le surplus des exemplaires de ces deux ouvrages sont chez le sieur Carel, maître à danser, demeurant au deuxième étage de la maison où demeure le déclarant, et a signé.

« Désauges.

« Desquelles comparutions et déclarations cy-dessus, nous, commissaire susdit, avons donné acte, et le dit sieur d'Hémery, ayant arrêté le dit Désauges, il s'est chargé de le conduire au château de la Bastille, conformément aux ordres de Sa Majesté, desquels il est porteur.

« Dont et de tout ce que dessus avons fait et dressé le présent procès-verbal, pour servir et valoir ce que de raison, et a le dit sieur d'Hémery signé avec nous, commissaire.

« D'Hémery.

« Miché de Rochebrune. »

« *Procès-verbal de perquisition et de saisie d'imprimés prohibés, en la demeure de Pierre Désauges.*

« L'an mil sept cent soixante, le mercredy onze juin, sur les neuf heures et demie du matin, nous, Agnan Philippe Miché de Rochebrune, avocat au Parlement, commissaire, enquesteur et examinateur au chatelet de Paris; en exécution des ordres de Sa Majesté, a nous adressés par M. le lieutenant général de police, à l'effet de nous transporter, accompagné du sieur d'Hémery, inspecteur de police, chez le nommé Désauges, pour y faire perquisition et la saisie des imprimés suspects qui s'y trouveroient.

« Sommes transportés avec le sieur Joseph d'Hémery, conseiller du Roy, inspecteur de police, rue Saint-Jacques, dans une maison dont est principal locataire le sieur Le Cocq, maître chapelier, et, étant montés au premier étage et entrés dans un appartement ayant vue sur la dite rue Saint-Jacques, nous y avons trouvé Anne Lebrun, âgée de quarante-quatre ans, native du village du Gué Lauroy, près Chartres, en Beausse, femme de Pierre Désauges, bourgeois de Paris, absent, demeurant susdite rue Saint-Jacques, dans la dite maison et appartement, et luy ayant fait entendre le sujet de notre transport et de celui du dit sieur d'Hémery, nous lui avons demandé la représentation des imprimés de deux brochures intitulées : *la Préface de la comédie des Philosophes*, et *la Prière universelle*, et elle nous a représenté à l'instant trois paquets contenant les dits deux ouvrages imprimés que nous avons saisis, et ayant entouré chacun des dits paquets avec une ficelle sans nœuds, nous avons sur les bouts d'icelle apposé un seul cachet de nos armes en cire d'Espagne rouge, et les dits trois paquets, ainsi scellés, sont demeurés en la garde du dit sieur d'Hémery, qui s'en est chargé pour en faire représentation quand il sera ainsi ordonné.

« Dont et de tout ce que dessus avons fait et dressé le présent procès-verbal pour servir et valoir ce que de raison, et a le dit sieur d'Hémery signé avec nous en notre minutte. A l'égard de la dite femme Désauges elle a déclaré ne sçavoir écrire ni signer de ce interpellée.

« De Rochebrune.
« D'Hémery. »

Aussitôt que M. de Sartine eut connaissance de la déclaration de Désauges, il fit arrêter l'abbé Morellet, et demanda à M. Morentin un ordre du roi : voici les détails et les pièces relatives à ces diverses arrestations.

« A Versailles, le 12 juin 1760.

« Monsieur,

« Je joins icy les ordres du Roy que vous proposez pour autoriser ceux en vertu desquels le sieur Morellet et le nommé Désauges ont été conduits à la Bastille.

« Je suis toujours très parfaitement,

« Monsieur,

« Votre très humble et très affectionné serviteur,

« Morentin.

« M. de Sartine. »

DE PAR LE ROY.

« Il est ordonné au S..... commissaire au Chatelet de Paris, de se transporter, accompagné du S....., chez le sieur abbé Morellet, à l'effet d'y faire une exacte perquisition, et de saisir tous ses papiers.

« Louis.

« Philyppeaux.

« Fait à Versailles le 11 juin 1760. »

« A M. DE SARTINE.

« Monsieur,

« J'ay l'honneur de vous rendre compte qu'en conséquence de vos ordres j'ay arrêté et conduit au château de la Bastille hier au soir, sur les onze heures, le nommé Désauges, colporteur, après l'avoir fait convenir, par l'interrogatoire qu'il a subi chez le commissaire de Rochebrune, que c'étoit lui qui avoit envoyé à Robin, le libraire du Palais Royal, la *Préface de la Comédie des Philosophes*, ou *la vision de Charles Palissot*, et la *Prière universelle de Pope commentée*, et que le ballot qui contenoit l'édition de ces deux ouvrages (qu'il croyoit avoir été imprimés à Genève) luy avoit été adressé par Bruyset de Lyon de la part de l'abbé Morellet, demeurant au collége de Bourgogne, qui en étoit l'auteur ainsi qu'il en étoit convenu à luy Désauges, en le chargeant de la vente de ces deux ouvrages dont le restant étoit chez le dit Désauges.

« D'après le compte que j'ay eu l'honneur de vous en rendre, Monsieur, j'ay aussy arrêté ce matin le dit sieur abbé Morellet, que j'ay conduit à la Bastille après que le commissaire a eu préalablement fait perquisition dans l'appartement qu'il occupoit au collége de Bourgogne, rue des Cordeliers, où nous avons saisi les papiers qui avoient rapport à ces deux ouvrages qui ont été mis sous les scellez, dont je suis demeuré gardien. Cet abbé est convenu d'être l'auteur de la *Préface et du commentaire de la prière universelle de Pope*, comme aussi de les avoir fait imprimer à Genève en donnant des ordres à son commissionnaire de Lyon d'adresser l'édition à Désauges à qui il avoit expressément recommandé de n'en vendre aucun, et de les envoyer à Robin sans lui dire de quelle part, pour qu'on ne pût pas les découvrir, et qu'il étoit désespéré de la publicité avec laquelle Robin avoit distribué ces deux ouvrages et du bruit qu'ils avoient fait; que d'abord qu'il avoit sçu que Robin avoit été arrêté, il avoit deffendu à Désauges d'en vendre davantage et de brûler tout ce qui en restoit, que nous avons trouvé chez le dit Désauges, dans la perquisition que nous y avons faite, et qui ont été mis sous les sçellez dont je suis demeuré gardien.

« L'abbé Morellet qui est prêtre, natif de Lyon, agé de 33 ans, est un garçon de beaucoup d'esprit, d'une bonne conduite et qui jouit de la meilleure réputation; il est fort lié avec les encyclopédistes et particulièrement avec d'Alembert. Il a travaillé au dictionnaire et a fait plusieurs articles sur la partie du commerce qu'il entend parfaitement. Il a demeuré long-tems avec l'abbé de la Galaizière et est fort connu de M. le contrôleur général et de plusieurs personnes en place qui en font assez de cas. Il est aussi l'auteur des premiers *Quand* qui ont fait du bruit et qui ont tant faché M. de Pompignan; mais je crois qu'il n'a pas fait ces ouvrages seul et qu'il a été fortement aidé par les principaux *encyclopédistes* et surtout par d'Alembert qui le voyoit souvent.

« J'ai l'honneur de vous envoyer, monsieur, l'ordre du Roy que vous m'aviez confié pour ces opérations.

« D'Hémery.

« Le 11 juin 1760. »

« Procès-verbal de perquisition et apposition de sçellez sur les papiers et imprimés du sieur abbé Morellet, conduit à la Bastille.

« L'an mil sept cent soixante, le mercredy onze juin,

sur les six heures du matin ou environ, nous Agnan Philippe Miché de Rochebrune, avocat au parlement, commissaire, enquesteur et examinateur au Châtelet de Paris,

« Lequel nous a dit qu'il est porteur d'un ordre de Sa Majesté, le jour d'hier à Saint Hubert, signé Louis et plus bas Philyppeaux à l'effet d'arrêter et conduire à la Bastille le sieur abbé Morellet, perquisition préalablement faite dans ses papiers par nous commissaire et que notre transport est nécessaire aux fins que dessus en la demeure du sieur dit abbé Morellet rue des Cordeliers, au collége de Bourgogne.

« Sommes transportés avec le dit sieur d'Hémery rue des Cordeliers au collége de Bourgogne et étant montés au troisième étage du corps de logis à droite en entrant dans le dit collége, nous sommes entrés dans un appartement ayant vue sur une cour et nous avons trouvé couché au lit le sieur André Morellet agé de 33 ans, natif de Lyon, licencié en théologie de la maison et société de Sorbonne, demeurant au dit collége de Bourgogne dans le dit appartement où nous sommes; et le dit sieur Morellet s'étant levé, il a été présent à la perquisition que nous avons faite dans les tiroirs de son bureau étant dans son cabinet et les papiers imprimés et manuscrits ayant traits au motif de la dite perquisition ont été renfermés en sa présence dans une feuille de papier sur les bouts de la quelle nous avons apposé un seul cachet de nos armes, lequel paquet ainsi scellé est demeuré en la garde du dit sieur d'Hémery qui s'en est chargé pour en faire la représentation quand il sera ainsi ordonné, et quant au dit sieur abbé Morellet il s'est chargé de le conduire au chateau de la Bastille, conformément aux ordres sus datés de Sa Majesté.

« Dont et de tout ce que dessus avons fait et dressé le présent procès verbal pour servir et valoir ce que de raison et les dits sieurs Morellet et d'Hémery signé avec nous commissaire.

« D'Hémery.

« L'abbé Morellet. »

« Interrogatoire fait de l'ordre du Roy, par nous Antoine Raymond Jean Gualbert Gabriel de Sartine, chevalier, conseiller du Roy en ses conseils, maître des requêtes ordinaire de son hôtel, lieutenant général de police, prévôté et vicomté de Paris commissaire du conseil en cette partie,

AU SIEUR MORELLET, PRÊTRE PRISONNIER DE L'ORDRE DU ROY AU CHATEAU DE LA BASTILLE.

« Du jeudi douze juin mil sept cent soixante, 1 heure de relevée dans la salle du conseil du dit château, le répondant après avoir mis la main *ad pectus* et promis de dire et répondre vérité.

« Interrogé de ses noms, surnoms, age, qualité, pays, demeure, profession et religion ;

« A dit se nommer André Morellet, agé de trente trois ans, prêtre, licencié de la maison et société de Sorbonne, natif de Lyon, demeurant à Paris au collége de Bourgogne, rue des Cordeliers.

« Interrogé s'il n'est pas auteur d'une brochure intitulée : *Préface de la comédie des Philosophes ou vision de Charles Palissot*. Interpellé de déclarer où, et par qui, il l'a fait imprimer et distribuer.

« A répondu que le dit ouvrage dont il est l'auteur, a été imprimé à Genève par les soins de Jean-Marie Bruyset libraire à Lyon et adressé à Paris au nommé Désauges colporteur, au nombre de mille exemplaires ou environ, lequel Désauges en a fait passer un certain nombre au nommé Robin, libraire au Palais-Royal, qui les a distribués et vendus.

« Interrogé s'il a travaillé seul à cet ouvrage. A répondu que ouy.

« Interrogé s'il n'est point auteur de quelque autre brochure.

« A répondu qu'il n'en a point fait d'autre qui soit relative à l'objet de la dite préface, mais qu'il est aussi l'auteur d'une brochure imprimée en lettres rouges intitulée : les *Si* et les *Pourquoy*, et des notes sur la *Prière universelle de Pope*, imprimées en dernier lieu. Le tout imprimé à ce qu'il croit à Genève.

« Lecture faite au répondant du présent interrogatoire, a dit que les réponses qu'il y a faites contiennent verite, y a persisté et a signé.

« Morellet.

« De Sartine. »

Lettre a monsieur le commissaire Rochebrune.

« Paris, le 12 juin 1760.

« Je vous prie, monsieur, de vous transporter demain matin avec le sieur d'Hémery, au château de la

Bastille à l'effet de reconnoitre et lever en présence de l'abbé Morellet les sçellez par vous apposés sur ses papiers et qui vous seront représentés par le dit sieur d'Hémery, et vous ferés une ou plusieurs liasses des papiers, les ferés parapher par le prisonnier, et me les enverrez avec copie de votre procès-verbal.

« Je suis, monsieur,

« Votre très humble et très obéissant serviteur,

« De Sartine. »

« Procès-verbal de reconnoissance et levée de sçellés sur les papiers du sieur André Morellet, prisonnier à la Bastille.

« L'an mil sept cent soixante le jeudy douze juin sur les six heures et demie du soir, nous Agnan Philippe Miché de Rochebrune, avocat au parlement, commissaire, enquesteur et examinateur au chatelet de Paris.

« En exécution des ordres à nous adressés aujourd'hui par monsieur le lieutenant général de police à l'effet de nous transporter au chateau de la Bastille pour y reconnoître et lever les sçellés par nous apposés hier sur les papiers du sieur abbé Morellet, faire des liasses des dits papiers et les luy faire parapher.

« Sommes transportés au dit château de la Bastille ou étant dans la salle du conseil nous y avons fait venir de sa chambre le sieur abbé Morellet, prisonnier de l'ordre du Roy au dit château et en sa présence nous avons reconnu sain et entier et comme tel levé et oté le sçellé par nous apposé sur les bouts d'une feuille de papier blanc contenant les papiers du dit sieur Morellet et dont représentation nous a été faite par le sieur d'Hémery, inspecteur de police qui en étoit gardien, et ayant examiné les papiers qui étoient sous le dit scellé nous en avons formé les liasses qui suivent :

« Premièrement, une liasse de deux pièces qui sont deux imprimés, l'un intitulé *Préface de la comédie des Philosophes* et l'autre la *Prière universelle,* et ayant cotté les dits deux imprimés par premier et dernier nous les avons paraphés avec le sieur Morellet sous la liasse première cy.... première liasse.

« Une autre liasse de vingt-cinq pièces manuscrites qui sont des notes détachées et des brouillons contenant des observations contre la comédie des *Philosophes*, et ayant cotté la dite liasse par première et dernière nous l'avons paraphée avec le dit sieur abbé Morellet sous la liasse deuxième et dernière cy.... deuxième et dernière liasse.

« Et les dites deux liasses ainsi paraphées sont restées en nos mains pour être par nous remises à monsieur le lieutenant général de police, et au moyen de ce que notre dit scellé a été reconnu et levé, le dit sieur d'Hémery qui en étoit gardien en demeure valablement quitte et déchargé.

« Dont et de tout ce que dessus avons fait et dressé le présent procès-verbal pour servir et valoir ce que de raison, et ont les dits sieurs Morellet et d'Hémery signé avec nous.

« MORELLET.
« MICHÉ DE ROCHEBRUNE.
« D'HÉMERY. »

L'abbé Morellet prétend qu'aussitôt que Voltaire eût appris sa détention, il s'écria : *C'est dommage qu'un aussi bon officier ait été fait prisonnier au commencement de la campagne.* En effet, le champion aurait suivi la chasse fort long-temps encore, il était *en train*.

Il est possible que Voltaire ait tenu ce langage, mais l'abbé Morellet ajoute, et je ne sais si ce n'est pas pour se rendre plus intéressant, qu'il dut sa liberté à M. de Malesherbes, à M. le maréchal de Noailles, et surtout à madame la maréchale de Luxembourg (1), près de laquelle J.-J. Rousseau fit des démarches (2). Nos recherches, bien loin de confirmer cette vérité, nous ont appris qu'il la dut plutôt à son cousin, ami et camarade de collège de M. de Sartine, et peut-être aussi à M. Trudaine de Montigny. Pour ne rien avancer sans preuves, nous allons placer sous les yeux du lecteur les seules lettres qui aient été écrites en faveur du prisonnier.

---

(1) Tom. I, pag. 90.

(2) Confessions, liv. x. *L'abbé m'écrivit aussi quelques jours après* (sa sortie) *une lettre de remercîments, qui ne me parut pas respirer une certaine effusion du cœur....*

« A monsieur Trudaine de Montigny.

« 12 juin 1760.

« J'ai reçu, monsieur, la lettre que vous m'avez fait l'honneur de m'écrire en faveur du sieur abbé Morellet qui a été arrêté en vertu des ordres du Roy que m'a adressés monsieur le comte de Saint-Florentin. Je désirerois infiniment, par l'interêt que vous voulez bien prendre à ce qui le regarde, pouvoir abréger sa détention; mais l'objet qui l'a occasionnée est entièrement soumis à la décision du ministre. D'ailleurs l'événement est trop récent pour que je puisse, quant à présent, lui rien proposer sur cela. Ce qui dépend de moy, monsieur, et que je ferai avec empressement, c'est de luy procurer tous les adoucissemens et les commodités qu'on peut donner à un prisonnier pour lui faire supporter plus patiemment son etat.

« Je suis avec respect, monsieur, votre etc.

« De Sartine. »

Lettre du cousin de l'abbé Morellet a monsieur de Sartine.

« Monsieur,

« Je n'ay eu qu'un instant l'honneur de vous voir et je n'ay pu vous exprimer toute ma reconnoissance. Soiés persuadé qu'elle ne finira qu'avec ma vie.

« Il est donc vray que la vieille amitié de collège a des droits sur les cœurs généreux; vous venés de m'en donner la preuve la plus touchante. Puissaije être assés heureux pour trouver l'occasion de vous prouver combien je vous suis véritablement attaché.

« Je n'ose pas vous faire de nouvelles instances. J'attens de votre seule amitié de mettre le comble à tous vos bienfaits.

« Je suis avec un profond respect, monsieur,

« Votre très humble et très obéissant serviteur.

« Morellet.

« A Saint-Just, ce 15 juin 1760. »

M. de Sartine écrivit en tête de la lettre : *c'est le cousin du prisonnier, réponse polie.*

AUTRE LETTRE A MONSIEUR DE SARTINE.

« Paris, le 23 juin 1760.

« Monsieur,

« Je vous supplie de ne point oublier le sieur abbé Morellet dans votre travail avec M. le comte de Saint-Florentin. J'aurai l'honneur d'aller prendre vos ordres à votre retour, ainsi que vous avez eu la bonté de me le permettre.

« J'ay l'honneur d'être avec respect, monsieur,

« Votre très humble et très obéissant serviteur.

« De Laborde. »

M. de Sartine écrivit sur la lettre : *sans réponse, ce n'est point le banquier de la cour.* 25 *juin.*

AUTRE LETTRE AU MÊME.

« Le sieur de Poilly supplie Monseigneur le Lieutenant de police de lui accorder la grace de voir M. l'abbé Morellet. Le motif de sa demande est que M. l'abbé Morellet ayant de la confiance en lui, soit pour les affaires de famille, soit pour les affaires particulières, il désireroit savoir ses intentions à ce sujet, dans la crainte qu'elles ne periclitent pendant sa détention. »

La permission fut donnée le 26 juin, et renouvelée plusieurs fois.

A MONSIEUR DE MALESHERBES, PREMIER PRÉSIDENT DE LA COUR DES AIDES.

Ce 27 juin 1760.

« MONSIEUR,

« Le sieur d'Hémery m'a dit ce matin de votre part, que vous desiriés avoir un manuscrit qui a été trouvé dans les papiers de l'abbé Morellet, lors de la levée du sçellé. J'ai l'honneur de vous l'envoyer en vous observant néanmoins que les différens cahiers qui le composent sont cottés et paraphés par le commissaire et par le prisonnier; qu'ils appartiennent à un procès-verbal qui a été dressé et que leur destination est d'y être réunis.

« Je suis avec respect, monsieur,

« Votre etc.

« De Sartine. »

« *N. B.* Tout cecy est un ouvrage pour expliquer et deffendre les passages qu'on trouve trop forts dans l'Encyclopédie et pour prendre la deffense de ceux qui ont travaillé à ce livre.

« On observe que les ennemis des encyclopédistes affectent de réunir aux encyclopédistes une troupe de petits philosophes ignorans et impies qui grossit tous les jours et dont les encyclopédistes ne font nul cas et ne veulent point d'eux. »

L'abbé Morellet rapporte un trait qui honore sans doute la générosité de son caractère (1); mais, comme il est rappelé trente-cinq ans après l'événement, la mémoire peut bien avoir été infidèle, et, partant, la vérité du trait un peu altérée. Nous allons donc la rétablir à l'aide d'une lettre de Chevalier à M. de Sartine, afin de

---

(1) Tom. I, pag. 94.

relever aussi les erreurs commises dans la Biographie universelle, où il est dit que *la prison de l'abbé Morellet se referma sur lui*. « On envoya au gouverneur un ordre de me laisser promener dans la cour, dit l'abbé Morellet ; mais après avoir usé une fois de cette permission, j'observai que, pour me donner ce plaisir, il fallait l'ôter à quelqu'un. Je demandai à parler au gouverneur, à qui je dis que je le remerciais de la permission que je supposais que lui-même m'avait obtenue, et que je le priais d'en faire jouir quelqu'autre prisonnier à qui elle fût plus nécessaire qu'à moi. Il loua ma générosité, et je restai dans ma cellule. »

Voici cette lettre du major de la Bastille.

« Le 22 juillet 1760.

« Monsieur,

« J'ai l'honneur de vous informer que nous avons fait promener ce jourd'hui le sieur abbé Morellet suivant votre ordre du 21 de ce mois dans la cour intérieure du château ; mais ce prisonnier n'a pas voulu jouir de trois heures par jour que vous lui avez accordées pour sa promenade et cela par discrétion, disant qu'il seroit fâché d'en priver quelque prisonnier, et il s'est borné de lui-même à une seule heure par jour, cela m'a paru fort raisonnable. Au demeurant il est très sensible à toutes vos bontés.

« Je suis avec un profond respect, monsieur,

« Votre très humble et très obéissant serviteur.

« Chevalier. »

Ceux qui ont lu les mémoires de l'abbé Morellet ont dû remarquer, non sans quelque plaisir, qu'il disait du bien de la Bastille, et que sa captivité lui plaisait d'autant mieux qu'il espérait que *les gens de lettres* qu'il avait *vengés*, et *la philosophie* dont il était *le martyr*, *commenceraient* sa *réputation*. La suite prouvera s'il se trompait dans ses calculs. Mais on doit croire cependant que le philosophe joyeux ne désirait pas vivement y passer *six mois*, quoique la *Bastille* fût *une excellente recommandation* et dût faire *infailliblement sa fortune* (1).

La demande qu'il fit à M. de Sartine après un mois de captivité, et qui servit de base au rapport qu'on va lire, prouve que, pour un homme qui avait *la vérité* pour devise, il ne l'avait pas toujours devant les yeux.

---

(1) Tom. I, pag. 95.

Rapport de monsieur de Sartine.

« Le sieur abbé de Morellet, prêtre du diocèze de Lyon, détenu de l'ordre du Roy à la Bastille depuis le 10 juin dernier, demande sa liberté, promettant de ne jamais écrire sur aucune matière qui puisse déplaire au gouvernement et d'employer son temps, à l'avenir, à des ouvrages utiles. Il a été arrêté pour avoir composé la brochure de la *Vision de Palissot*, qui a été imprimée à Genève.

« Si monsieur le comte de Saint-Florentin veut avoir égard aux promesses du prisonnier, il est supplié de faire expédier un ordre pour sa liberté de la Bastille. »

L'Excellence écrivit à la marge du rapport : *Rien à faire pour aujourd'hui; bon pour le 1er travail, 20 juillet* 1760. En effet, le même rapport fut représenté au ministre qui, écrivit sous sa première note : *bon pour l'ordre*, 27 juillet 1760. L'ordre de liberté fut envoyé aussitôt au gouverneur de la Bastille, et l'abbé Morellet sortit le 30, ainsi qu'on va le voir par une lettre du major à M. de Sartine (1).

---

(1) L'abbé Morellet s'est encore trompé, lorsqu'il a dit :

« De la Bastille, le 30 juillet 1760.

« Monsieur,

« Vous trouverés ci-joint la lettre de M. le gouverneur au sujet de la liberté du sieur abbé Morellet qui est sorti du château ce jourd'hui à midy.... plus vous trouverés inclus trois petites clefs dont une ouvre un portefeuille de maroquin noir qui doit vous être remis avec la présente, où sont les papiers que le sieur abbé Morellet a écrits pendant le temps de sa détention et qu'il doit vous aller réclamer demain matin au plus tard, en vous allant remercier de sa liberté.

« Je suis avec un profond respect, monsieur,

« Votre très humble et très obéissant serviteur.

« Chevalier. »

---

ma captivité finit vers les derniers jours du mois d'août, tom Ier, pag. 90. On a commis un erreur d'un autre genre, lorsqu'on a prétendu dans l'*Histoire du donjon de Vincennes, etc.*, par L. B., 3me vol., pag. 189, *que l'abbé Morellet fut enfermé à Vincennes, où il resta environ* 15 *jours*. Quant au colporteur Désauges, qui avait été transféré à Bicêtre le 1er juillet, il fut mis en liberté le 13 du même mois, et Robin sortit de prison le 25 juin. *A l'égard du libraire Bruyset*, M. le comte de Saint-Florentin donna l'ordre d'écrire à *M. l'intendant, en le priant de lui faire une sévère réprimande.*

LETTRE DU GOUVERNEUR.

« A la Bastille, le 30 juillet 1760.

« Monsieur,

« J'ai l'honneur de vous informer que j'ai mis en liberté le sieur abbé Morellet sur un ordre du Roy contre signée Pilyppeaux, daté du 27 de ce mois.

« Je suis avec respect, monsieur,

« Votre très humble et très obéissant serviteur,

« Dabadie. »

Le lendemain de sa sortie de prison, l'abbé Morellet se rendit chez M. de Sartine qu'il ne trouva point; mais on lui donna son portefeuille, ainsi que l'atteste le reçu que voici.

« Je reconnois que mon dit sieur de Sartine m'a fait
« remettre mon portefeuille contenant des écritures
« que j'ai faites à la Bastille. A Paris le dit jour
« 1er aout 1760.

« L'abbé Morellet. »

Les espérances qu'avait eues le jeune abbé que sa captivité appellerait sur lui l'attention et exciterait l'intérêt en sa faveur, ne furent point chimériques, et tous ses calculs furent justes. Il s'en aperçut bientôt d'une manière sensible par le redoublement d'amitié qu'il trouva dans ses confrères les philosophes, et dans l'accueil de madame la comtesse de Boufflers, de madame Necker et surtout du baron d'Holbach, qui, n'ayant pas moins de soixante mille livres de rente, recevait les plus marquants des hommes de lettres français et tout ce qu'il y avait d'étrangers de distinction à Paris. Deux dîners par semaine avaient lieu chez ce *bon baron, sans préjudice de quelques autres jours* (1); aussi disait-on que sa maison était le quartier-général des esprits-forts, ou bien le *café de l'Europe*, selon Galiani. Nous laissons à penser si après avoir fait une excellente chère, pris d'excellent vin et d'excellent café, on s'y jouait de la religion et du gouvernement; si l'on devait y applaudir aux épouvantables pages de cet exécrable catéchisme d'athéisme, connu depuis sous le titre de *Système de la nature*, qui fit tant de bruit en Europe, et même à celles du *Christianisme dévoilé;* si l'on y disait enfin *des choses à*

---

(1) Pendant 40 ans.

faire tomber cent fois le tonnerre sur la maison, s'il tombait pour cela (1)!

Mais comment était-il possible que ces philosophes eussent des moments pour l'étude, lorsque le dimanche et le jeudi étaient consacrés au baron d'Holbach, les lundis et mercredis à madame Geoffrin, le mardi à Helvétius, et le vendredi à madame Necker, qui souffrait moins que les autres les discussions sur les opinions religieuses. Il ne faut pas oublier avec cela que l'usage de ce temps était de se mettre à table à deux heures, et que souvent les convives se trouvaient encore tous réunis *à sept et huit heures du soir* (2). Certes, il faut croire que l'activité de leur esprit égalait au moins celle de leur estomac. Cela prouve, au reste, que dans tous les temps les dîners ont eu une certaine influence sur nos destinées politiques; et sans doute, alors comme aujourd'hui, il y avait des gens qui fesaient de leur estomac le thermomètre de leur conscience et de leurs opinions.

---

(1) Voyez les mémoires de l'abbé Morellet, tom. I, pag. 131.
(2) Page 129, tom. I.

On est donc forcé d'être étonné que l'abbé Morellet ait pu trouver des moments de loisir pour publier quelques opuscules. Aussi n'oublierons-nous pas de rappeler qu'en 1762, il écrivit un *Mémoire en faveur du reculement des barrières et de l'abolition des droits intérieurs*, et qu'il publia, l'année suivante, des *Réflexions sur les préjugés qui s'opposent à l'établissement et aux progrès de l'inoculation*. Il est vrai que ce dernier ouvrage appartient pour le fond au docteur Gatti, Toscan, qui, ne connaissant pas très-bien le français et venant d'inoculer les enfants de madame Helvétius, pria l'abbé Morellet de traduire ses notes sans changer ses idées. En 1764, il n'en fut pas de même; lui seul composa un ouvrage intitulé : *De la liberté d'écrire et d'imprimer sur les matières de l'administration;* mais, comme il le dit fort bien, il ne put *obtenir pour lui-même la liberté qu'il demandait pour tous* (1), puisque l'ouvrage ne parut qu'en 1775. Sur l'invitation de M. de Malesherbes, il fit et publia, en 1766, la traduction du fameux *Traité des délits et des peines* de Beccaria. On trouva dans

---

(1) Tom. Ier, pag. 141.

cette traduction toute la chaleur de l'écrivain original; aussi eut-elle, dans l'espace de six mois, sept éditions, sans que pour cela l'auteur en retirât plus d'argent. Les hommes de lettres travaillaient alors comme de nos jours... pour les libraires. Enfin, en 1769, il donna le *Prospectus d'un nouveau dictionnaire de commerce* (1), entreprise, dit-il lui-même, qu'il abandonna *après vingt ans d'un travail assidu*, parce qu'il lui *était impossible de la poursuivre au milieu des orages de notre révolution*, et il convient que l'abandon de ce grand projet *est le tort de sa vie littéraire*. Cela fit dire à quelques plaisants *qu'il n'avait pas fait le dictionnaire de commerce*, mais bien le *commerce du dictionnaire*. Nous aurions voulu que l'abbé Morellet n'eût pas oublié d'ajouter que, pour ce travail, toutes les archives du royaume et de l'étranger lui furent ouvertes; qu'il rassembla des matériaux qui ont servi à d'autres (2), et qu'il reçut du gouvernement, pendant 20 années, un traitement de 6000 livres, plus 1200 pour un secrétaire, ce qui

---

(1) Vol. in-8°, de 500 pages.
(2) A M. Peuchet, pour son *Dictionnaire universel de la géographie commerçante*. M. Peuchet aida l'abbé Morellet à recueillir ses matériaux. Voyez les mémoires, tom. Ier

fait bien une somme de 144000 livres (1). Nous ne parlons pas ici de la *gratification perpétuelle* de 2000 livres sur la caisse du commerce que lui donna son ancien camarade M. Turgot, lors de son arrivée au ministère, *pour différents mémoires publiés sur les matières de l'administration* (2), ni de quelque cinquantaine de louis qu'il obtint de M. Trudaine, pour les frais du voyage d'Angleterre, d'où l'on pensait qu'il pourrait rapporter des instructions *utiles en matière de commerce.*

Ce voyage eut lieu en 1772. Garrick, qu'il avait connu chez madame Helvétius, le lord Shelburne, depuis marquis de Lansdown, le célèbre Francklin et les membres les plus distingués du parlement d'Angleterre, le mirent à même de voir toutes les richesses de cette nation et de recueillir des matériaux pour son grand travail.

De retour à Paris, il commençait à profiter de

---

pag. 184. M. Peuchet convient lui-même qu'il en a profité. Voyez son discours préliminaire, pag. xxij.

(1) On peut voir encore les états de traitements aux archives du royaume.

(2) Voyez ses mémoires, tom. I, pag. 173.

ses notes, quand des écrits polémiques et des voyages vinrent interrompre ses travaux. En 1775, il se trouva à Ferney, où il passa huit jours « chez cet homme extraordinaire qui, à la différence de la plupart des hommes célèbres, a toujours paru à ceux qui l'ont vu de près, plus extraordinaire encore et plus grand que sa renommée (1). »

Ces deux écrivains ne s'étaient connus jusqu'alors que par leurs ouvrages; mais déjà depuis long-temps, Voltaire avait écrit à Thiriot : « Embrassez pour moi l'abbé *Mords-les. Je ne connais personne qui soit plus capable de rendre service à la raison* (2). »

Cet éloge de la malice de l'abbé Morellet, dont il était passablement pourvu, l'enorgueillit tellement, que depuis cette époque il devint la trompette de Voltaire.

L'abbé Morellet lié depuis vingt ans avec Marmontel, pour resserrer encore les liens de cette douce amitié, lui fit épouser une de ses nièces en 1777. Quoique le gouvernement eût déjà récompensé les travaux du premier, la fortune

---

(1) Voyez ses mémoires, tom. I, pag. 233.
(2) Lettre du 19 novembre 1760.

sembla dès-lors courir après lui. Madame Geoffrin lui laissa une rente viagère de 1278 livres. En 1783, il obtint une pension de 4000 livres que Louis XVI lui donna à la recommandation de lord Shelburne (1), sur les fonds des économats : et l'année suivante, il remplaça l'abbé Millot à l'Académie française. Bientôt après, il fit partie de la commission du dictionnaire, ouvrage qu'on perfectionne depuis le 16 janvier 1805, et qu'on devait terminer en cinq années. Ce nouvel honneur lui valut une indemnité annuelle de 4500 fr. Cependant il faut dire ici qu'il fut un des coopérateurs les plus laborieux et peut-être aussi les plus éclairés de cet utile ouvrage. Mais ceux qui lui ont acquis de justes droits à la reconnaissance publique et que nous ne passerons pas sous silence, sont sans doute les ouvrages qui furent le fruit d'un dévouement qui valut à des familles en deuil beaucoup plus qu'il ne leur était permis d'espérer à une époque désastreuse et dont le souvenir seul est épouvantable; je veux parler de ces ouvrages où il consacra sa

---

(1) Ce ministre, en signant le traité de 1783, demanda une abbaye pour l'abbé Morellet. Comme il n'y en avait pas de vacante, on lui donna cette pension.

plume à la défense du malheur : *Le cri des familles*, ouvrage dans lequel il plaida, avec une éloquence digne d'un si beau sujet, la cause des enfants de tous les Français immolés par les tribunaux révolutionnaires. A cette production succéda *La cause des pères*, plaidoyer non moins énergique et aussi hardi que le premier et qui fut suivi de plusieurs autres écrits également honorables, tels que le *Supplément à la cause des pères;—Nouvelles réclamations pour les pères et mères d'émigrés;— Dernière défense des pères et mères, aïeuls et aïeules d'émigrés*, etc.

Après avoir joui d'une fortune de près de trente mille livres de rente, tant en bénéfices qu'en pensions, il ne resta bientôt plus à l'abbé Morellet, par l'effet de la révolution, que la rente qu'il avait reçue de madame Geoffrin et qui fut réduite au tiers comme les autres. Le besoin le jeta dans une nouvelle carrière. Il traduisit des romans anglais et des voyages : *Les enfants de l'Abbaye;—Le confessionnal des pénitents noirs;—Constantinople ancienne et moderne; — Phédora, ou la forêt de Minsky*, etc. Ces traductions eurent beaucoup de succès et l'aidèrent à vivre. Quand la tempête révolutionnaire fut apaisée, il rattrapa insensiblement des places et surtout des pensions, qu'il conserva jusqu'au 12 janvier 1819, époque de sa mort.

Comme l'abbé Morellet disait souvent : « *On m'a privé de tout!* » et que les journaux, en parlant de ses mémoires, ont omis l'état de sa fortune dans les derniers temps, nous croyons devoir en donner un aperçu pour enrichir ses notes biographiques.

Comme homme de lettres, il avait une pension de..............................	2,000 fr. (1)
Comme ancien membre du conseil du commerce..................................	1,500 fr. (2)
Comme ecclésiastique 3,024 fr. réduits à.	1,208 fr.
Comme membre de l'Institut...........	1,500 fr.
Comme président de la commission du dictionnaire de la langue française.......	3,000 fr.
Comme membre de la Légion d'Honneur.	250 fr.
Comme septuagénaire, il avait à l'Institut.	1,000 fr.

Je n'en demande pas davantage pour les gens de lettres d'aujourd'hui.

---

(1) Décret du 25 thermidor an X.
(2) Décret du 14 prairial an XI.

FIN DU TOME DEUXIÈME.

TABLE DES MATIÈRES
CONTENUES DANS CE VOLUME.

A.

PAGES.

ALEMBERT (d')..................... 117. 118. 312
ALIGRE (madame la présidente d')........... 186
AMEILHON. — Trait de cet académicien....... 319
AUMONT (le duc d')..................... 297. 302

B.

BACULARD D'ARNAUD................... 145
   Sa naissance et ses études.............. 147
   Ses ouvrages, sa détention à la Bastille et
   sa sortie............................ 148
   Séjour à Berlin. Il se brouille avec Voltaire.
   Son retour à Paris................... 153-154
   Sa mort............................ 158
BARRE, sœur de Lenglet, (madame de la)... 75. 105. 108
BERNAGE, successeur de Turgot, (M. de)..... 194
BERNIS (l'abbé de).................... 138
BOURBON (M. le duc de)................ 49

C.

CLAIRON (mademoiselle)................. 178-180

	PAGES.
Coste..................................	181
Cury. — Intendant des Menus-Plaisirs.......	297

D.

Désauges................................	323. 344
Desforges. — Le chanoine. Aperçu sur trois hommes connus sous le nom de Desforges..	275
Naissance de *Jacques* Desforges. Son ouvrage sur les *Avantages du mariage*, et combien il est nécessaire et salutaire aux prêtres et aux évêques, etc......................	278
Son arrestation.......................	279
Sa mise en liberté.....................	285
Diderot..................................	205
Ses études et son mariage.............	207
Ses premiers travaux..................	208
Son entrée au donjon de Vincennes, et son interrogatoire........................	210
Moyens qu'il imagine pour travailler.....	216
Sa mise en liberté.....................	227
Départ pour Pétersbourg. Retour à Paris. Sa mort..............................	230

F.

Ferrand (madame la présidente).............	57. 59
Fontenelle. — Sollicite pour madame de Tencin...................................	114
Sa répartie à Marivaux.................	122
Preuve de son intimité avec madame de	

TABLE DES MATIÈRES. 357

	PAGES.
Tencin.	129
Preuve de son peu d'amour pour cette dame.	139
Son exclamation en apprenant la mort de madame de Tencin.	143
Fréret. — Ses études.	7
Son entrée à la Bastille.	12
Ses occupations.	14
Sa sortie de prison.	17
Fréron. — Sa naissance.	159
Ses premiers travaux.	162
Sa détention à Vincennes et sa requête au ministre.	163
Son exil et son retour à Paris.	165-166
Sa querelle avec Marmontel.	169
Il régente les écrivains.	171
Son jugement sur Voltaire.	177
Sa détention à la Bastille.	181
Sa sortie de prison.	184
Sa mort.	187
Fréron (le fils de).	188
Fresnais (de La). — Sa lettre à l'archevêque d'Embrun. Son testament et sa mort.	de 127 à 130
Frièse (le comte de). — Plaisanterie à Baculard d'Arnaud.	154

G.

Geoffrin (madame de).	142
Elle offre un logement à Marmontel.	295. 298
Elle laisse une rente à l'abbé Morellet.	352

H.

	PAGES.
HOLBACH (le baron d').	317
Sa maison et ses dîners.	346

L.

LA BEAUMELLE.	231
Séjour à Copenhague. Ses premiers ouvrages. Son départ pour Berlin. Sa visite à Voltaire. Son retour à Paris.	233
Perquisition chez lui.	235
Son entrée à la Bastille.	239
Démarches de ses parents.	241
Son exil. Retour à Paris. Nouvelle détention à la Bastille.	247
Sa sortie. Nouvel exil. Son mariage. Son retour à Paris, et sa mort.	273
LAW.	119-120
LE KAIN.	150. 297
LE LOUP (le libraire).	84
LENGLET DU FRESNOY. — Ses premiers travaux.	41
Sa mission.	43
1re entrée à la Bastille. Mémoire au Parlement.	45-46
Liberté rendue au prisonnier.	72
Mis au Fort-Pierre.	73
Envoyé à Vincennes, d'où il est transféré à la Bastille.	74
Mis en liberté.	76
Nouvelle entrée à la Bastille.	78
Sa sortie.	83
Conduit au Fort-l'Évêque, d'où il est reconduit à la Bastille. Sa mise en liberté.	84

	PAGES.
Il écrit sous le nom du chevalier de Lussan	85
Il est reconduit à la Bastille...............	98
Repentir du prisonnier.................	99
La liberté lui est rendue...............	109
Sa mort................................	111

M.

MARIGNY (le marquis de)...............de	294 à 296
MARIVAUX	122
MARMONTEL. — Querelle avec Fréron........	169
Ses études et ses premiers travaux........	292
Entretien avec Voltaire.................	293
Sa nomination à la place de secrétaire des bâtiments............................	294
Il obtient le brevet du *Mercure*...........	295
Entretien avec le duc de Choiseul........	299
Il est conduit à la Bastille..............	303
Liberté rendue au prisonnier............	307
Sa conduite envers son ami Cury.........	309
Son mariage...........................	351
MARVILLE (madame de)..................	39
MORELLET (l'abbé). — Sa naissance. Ses études	211
Ses visites chez Diderot................	313
Ses premiers travaux. Son départ pour L'Italie...............................	314-315
Son retour en France. Sa préface de la Comédie des Philosophes. Ordre pour conduire l'abbé Morellet à la Bastille........	328
Divers interrogatoires ....de	322 à 335
Son erreur sur les personnes à qui il dut sa sortie................................	336

V.

	PAGES.
VOLTAIRE. — Aperçu sur les divers ouvrages qui ont été écrits sur sa vie...............	19
Sa première entrée à la Bastille..........	22
Son exil...........................	25
Sa sortie de prison...................	28
Seconde détention à la Bastille..........	34
Liberté rendue au prisonnier. Son départ forcé pour l'Angleterre...............	37
Lettres inédites.....................	38
Sa générosité envers Baculard d'Arnaud...	147
Son entretien avec le marquis de Prezzo, à l'égard de Fréron....................	176
Sur Diderot, au sujet de sa fille.........	205
Voltaire avec La Beaumelle............	233. 246. 247
Voltaire avec Marmontel..............	292-293
Son exclamation quand il apprend l'arrestation de l'abbé Morellet; éloge de sa malice sur cet abbé, etc....................	336. 351

FIN DE LA TABLE DU TOME DEUXIÈME.